**Testimonios de los primeros le[ctores que]
han puesto a prueba *El siste[ma Clockwork]***

"*El sistema Clockwork* tuvo un impacto radical en mi manera de abordar los negocios. Una de nuestras empresas logró una cantidad récord de 22 mil clientes tan sólo en cinco días y la otra acaba de tener sus tres meses más rentables en ocho años de funcionamiento y no hay señal de que vaya a disminuir el ritmo. Ah… y ambas cosas sucedieron durante un sabático extendido que en gran medida fue posible al internalizar y trabajar hacia la fase de Diseño (la cuarta D y la más importante)."

RYAN LANGFORD
Director general de Ultimate Bundles

"Haber implementado el año pasado los principios de *El sistema Clockwork* en nuestro negocio cambió por completo la jugada. Como directora general de contenidos y como la mente creativa del negocio, me he sentido más libre que nunca para hacer las cosas que sólo yo puedo hacer, al tiempo que confío en mi equipo para que se haga cargo de lo demás. Hemos eliminado cuellos de botella y aprendí a usar herramientas de rastreo y medición para tomar decisiones mucho más inteligentes. ¡Y lo mejor de todo es que, como resultado, mi equipo está mucho más feliz!"

RUTH SOUKUP
Escritora, directora general y fundadora
de Living Well Spending Less, Inc.

"Desde que implementé las bases y principios de *El sistema Clockwork* mi negocio me ha liberado. Ya no es mi negocio quien me dirige, más bien soy yo quien está dirigiendo mi negocio. Gracias a *El sistema Clockwork*, este verano estamos a punto de hacer un viaje de cuatro semanas por Canadá, en el cual no vamos a trabajar para nada… Un sueño hecho realidad el ser capaces de alejarnos del negocio sin que éste deje de ser completamente funcional."

ASHLEY BROWN
Dueña y directora creativa de She Implements
y del estudio de danza Nuvitzo

"Siempre estaba ideando formas de vender y de lograr nuestras metas trimestrales. Gracias al método 'Cuello de botella ACER' de *El sistema Clockwork*, me di cuenta de que estaba tratando bien a la gente, ¡pero tenía un problema de prospectos! Al usar los principios de *El sistema Clockwork*, creé un sistema para rastrear cuántas personas entraban por la puerta de mi negocio y saber de dónde venían, lo cual me dio el poder para tomar las decisiones adecuadas con respecto a en qué enfocarme cada semana. ¡En cuanto comencé a enfocarme en traer más gente al negocio, casi triplicamos el número de prospectos!"

CARLEE MARHEFKA
Directora general de Eat The 80

"Como propietaria de un negocio, con frecuencia he complicado las cosas, de modo que las técnicas de *El sistema Clockwork* me ayudaron a identificar claramente en qué aspectos estaba obstaculizando mi propio camino y qué elementos de mi negocio necesitaba subcontratar para crecer (sin dejar de dormir por la noche). Tan sólo haber hecho esto representó una diferencia enorme en lo que se puede lograr invirtiendo el mismo tiempo o incluso menos trabajando en mi negocio."

TARA HUNKIN ARYANTO
Directora general de My Child Will Thrive

EL SISTEMA

CLOCKWORK

MIKE MICHALOWICZ

Autor del bestseller *LA GANANCIA ES PRIMERO*

EL SISTEMA

CLOCK WORK

DISEÑA TU NEGOCIO PARA QUE FUNCIONE SOLO, COMO RELOJITO

conecta

El sistema Clockwork
Diseña tu negocio para que funcione solo, como relojito

Título original: *Clockwork: design your business to run itself*

Publicado por acuerdo con Portfolio/Penguin, un sello de Penguin Random House LLC

Primera edición: enero, 2019
Primera reimpresión: junio, 2019

D. R. © 2018, Mike Michalowicz

D. R. © 2019, derechos de edición mundiales en lengua castellana:
Penguin Random House Grupo Editorial, S. A. de C. V.
Blvd. Miguel de Cervantes Saavedra núm. 301, 1er piso,
colonia Granada, delegación Miguel Hidalgo, C. P. 11520,
Ciudad de México

www.megustaleer.mx

D. R. © Liz Dobrinska, por el diseño de cubierta
D. R. © Ionut Alexandru Coman / Alamy Stock, por la ilustración de portada
D. R. © Mat Robinson, por la fotografía del autor
D. R. © María Andrea Giovine, por la traducción

ISBN: 978-607-317-409-1

Impreso en México – *Printed in Mexico*

El papel utilizado para la impresión de este libro ha sido fabricado a partir de madera procedente
de bosques y plantaciones gestionadas con los más altos estándares ambientales, garantizando
una explotación de los recursos sostenible con el medio ambiente y beneficiosa para las personas.

Penguin
Random House
Grupo Editorial

Para Jake Michalowicz.
¿Cómo estás, hermano?

Índice

Prólogo

La vida está hecha de tiempo,
pero así mismo es una carrera contra el tiempo.
JULIÁN SERNA

Conocí a Mike Michalowicz hace 18 años en el programa del MIT Birthing of Giants (Nacimiento de Gigantes). Desde entonces pude ver que Mike no era un emprendedor convencional; le encantaba romper las reglas y de una forma muy ingeniosa. Cuando terminamos el programa del MIT, Mike y yo seguimos en contacto en un Mastermind que llamamos el Foro 40 años, para asegurarnos de acompañarnos durante 40 años. Hablo de forma semanal con él, siempre discutimos sobre nuestras empresas y nos apoyamos para escalarlas. Mike más que un colega, es un gran amigo.

Mike logró cosas increíbles desde muy joven, antes de sus 35 años ya había creado 3 compañías multimillonarias, había sido galardonado como el Joven Empresario del Año de New Jersey por la Small Business Administration y su primera empresa la vendió a un fondo de capital privado.

En *El sistema Clockwork*, su cuarto libro, Mike acumula toda su experiencia como autor y emprendedor exitoso para enseñarle a los emprendedores y empresarios cómo tener un negocio eficiente y exitoso que funcione por sí mismo, sin la necesidad de sacrificar todo su tiempo y su energía.

Los emprendedores y empresarios tenemos un estereotipo, aquel en el que se nos reconoce e identifica como personas ocupadas 24 horas del día 7 días de la semana; no podemos dejar nuestro trabajo, no tenemos tiempo para nuestra familia, amigos ni para nosotros mismos. Se nos representa y reconoce como adictos al trabajo que están casados con su empresa, pero, ¿qué tan cierto es esto?

En mis 10 años como coach de escalamiento empresarial me he encontrado con muchos emprendedores y empresarios que encajan perfectamente con esta descripción: están tan ocupados que no pueden siquiera tomar unas vacaciones con su familia porque, de dejar un segundo su teléfono, creen que su negocio se caerá a pedazos.

¿Te identificas?

Una de las primeras cosas que les pregunto a mis socios y clientes cuando quieren hacer crecer su negocio es: "¿por qué decidiste emprender?" Las respuestas que recibo casi siempre son las mismas: por la libertad financiera; libertad en mi vida personal; libertad de trabajar las horas que quiera y de donde quiera... El objetivo es el mismo: LIBERTAD. Pero lo más triste de la mayoría de los emprendedores y empresarios es que cuando hacen un negocio, lo que más pierden es justamente eso.

Y lo entiendo, como emprendedor sé que nuestro objetivo es lograr algo con nuestro negocio pero que al mismo tiempo no consuma nuestra vida. El ideal es no tener que sacrificar nuestra vida, pero la realidad es que, con las excesivas cargas de trabajo, no nos alcanza el tiempo, nos sentimos asfixiados y en muchas ocasiones, sentimos que logramos muy poco.

El tiempo es *el* recurso más valioso que no podemos permitirnos perder, y es exactamente lo que Mike Michalowicz busca en este libro: "¿podrá mi negocio conseguir el tamaño, la rentabilidad y el impacto que deseo sin que yo haga todo el trabajo o sin que deba dedicarle todo mi tiempo?" *Spoiler alert*: claro que se puede.

El mundo de los negocios nos ha hecho creer que la única forma de dirigir y tener un negocio exitoso es dedicándole todo nuestro tiempo y energía. Y, cuando no lo hacemos, tememos que alguna mano invisible y vengativa se las cobre con nuestro negocio por habernos confiado; vivimos con miedo, nuestros hábitos cambian, dormimos menos y resentimos los estragos del estrés en nuestra salud.

Pero, ¿por qué a los líderes de negocios les falta tiempo? Concuerdo completamente con Mike: la falta de tiempo es por una mala operación y por no tener sistemas y procesos rigurosos que pueda seguir toda la organización. Lo que se necesita son sistemas que guíen a toda la empresa y funcionen por sí mismos.

Los sistemas y procesos se pueden ver como algo realmente complejo, tanto al pensarlos como al ejecutarlos, pero lo que no sabes es que, dentro de tu empresa, ya los estás corriendo. La tarea es capturar estos sistemas para luego simplificarlos y automatizarlos.

El objetivo es conseguir una eficiencia organizativa que haga funcionar tu negocio como un reloj. Sólo así podrás soltarlo poco a poco y pasarás de ser el corazón de la empresa a ser su alma: no terminarás esclavizado, tus empleados ejecutarán todos los sistemas y procesos sin necesitar de ti a todo momento. Una empresa así te da lo que tanto buscamos: libertad financiera, de decisión, de tiempo y espacio.

Mike ha escrito un libro que se basa en la eficiencia y no en la productividad en masa, esa productividad que te hace creer que entre más tiempo y esfuerzo inviertes en algo, más frutos te dará aunque no siempre sea así. Lo mejor es trabajar de forma inteligente y eficiente.

Tengo 6 años de haber creado Growth Institute, y algo que aprendí es que la mejor forma de involucrar a mis empleados es brindándoles autonomía. Mi equipo es lo suficientemente sólido en Estados Unidos y en México como para darme la libertad de no estar físicamente con ellos, en las oficinas, checando cada aspecto de su trabajo, porque cada miembro sabe qué es lo que le corresponde, están alineados, tienen objetivos y métricas por alcanzar. No tengo que microgestionarlos, y actúan como dueños en su propia área; lo que les da mayor sentimiento de responsabilidad y compromiso.

Mike demuestra su ingenio al introducir un término muy interesante llamado Papel de la Abeja Reina (PAR), el cual es el eje que debe guiar a toda la organización y que está diseñado para funcionar por sí mismo sin tu constante y enajenada supervisión. Con tu PAR permitirás que tus empleados operen como dueños y de forma más inteligente.

Pero claro, ¡no olvides las métricas! Todas las ideas y decisiones deben estar basadas en los datos. Si no lo puedes medir, no lo puedes mejorar. ¿Cuántas veces no he escuchado que las decisiones fueron tomadas por consideración o percepciones de los líderes del negocio? Analizar todo, incluido tu tiempo, te permitirá diseñar, de forma mucho más sólida, tu PAR y con ello tener un correcto flujo en tu negocio.

Mike cometió el mismo error que muchos emprendedores: tener excesivas cargas de trabajo que no le permitían tomar un descanso e irse de vacaciones con su familia; después de muchas promesas rotas a su esposa e hijos –"cuando pase este proyecto, tendré más tiempo" o "cuando consiga a este cliente, podremos pasar más tiempo juntos"–, buscó una solución a este ritmo tan agitado. En las siguientes páginas descubrirás cómo Mike le dio la vuelta a su vida y cómo tú también podrás obtener la libertad que tanto quieres al empezar y escalar tu negocio.

Daniel Marcos

CEO y Co-Fundador

www.growthinstitute.com

Introducción

"Son las dos de la mañana y le escribo desesperada." Ésta es la primera línea de un correo electrónico que recibí de Celeste,* una empresaria que me contactó en busca de ayuda. En los últimos ocho años, he recibido innumerables correos de lectores y de personas que escucharon en mis libros, en mis discursos, en un artículo o en un video o podcast el mensaje de cómo erradicar la pobreza empresarial. Les respondo a todos y guardo algunos, pero éste fue el que encendió un fuego dentro de mí para terminar este libro.

El correo continuaba así: "Soy dueña de un jardín de niños. No ganamos un solo centavo. No he cobrado un sueldo desde que comenzamos. Mis deudas se acumulan y hoy estoy quebrada. No sólo financieramente, sino también anímicamente. Estoy convencida de que acabar con mi vida de inmediato sería la solución más rápida a mi predicamento".

Al leer ese correo electrónico, sentí que el corazón se me iba al estómago. Estaba preocupado (no, aterrorizado) por la vida de Celeste. Y al mismo tiempo reconocía su vulnerabilidad.

"Por favor, entienda que no le estoy enviando una nota suicida —proseguía Celeste—, y que no haría una estupidez así en este momento. Esa decisión sólo dejaría una carga a mi familia. Pero, si fuera soltera, ya me habría ido. Verá, estoy enferma de neumonía doble. No puedo pagarle a alguien para que limpie el jardín de niños y

---

* El nombre verdadero fue cambiado.

durante las pasadas horas estuve trapeando los pisos y limpiando las paredes. Estoy exhausta. Estoy llorando y dejé de hacerlo sólo porque me siento demasiado exhausta para seguir llorando. Me muero por dormir un poco. Lo único que me queda para darle a mi negocio es mi tiempo y ahora eso también ha mermado."

Celeste me rompió el corazón. Me he sentido así un par de veces en mi vida como empresario y conozco a muchísimas personas que han estado en lo más bajo de lo más bajo, desesperadas por encontrar una solución. Nunca olvidaré las últimas líneas del correo: "¿En qué se ha convertido mi sueño? Estoy atrapada. Estoy exhausta. No puedo trabajar más de lo que trabajo. O tal vez sí. Tal vez mi trabajo es el suicidio lento en el que estoy pensando".

En qué se ha convertido mi sueño. ¿Acaso esta pregunta es cierta en tu caso? Para mí lo era cuando leí ese correo. Trabajamos, trabajamos y trabajamos y, antes de darnos cuenta, la idea de negocios que un día compartimos orgullosamente con nuestros amigos, el plan que elaboramos en un pizarrón blanco, la visión que compartimos con nuestros primeros empleados, todo parece el borroso recuerdo de una meta inalcanzable.

Normalmente pediría permiso para compartir el correo de un lector, pero no sé cómo localizar a Celeste, y espero que ella lea este libro y se ponga en contacto conmigo. Le escribí varias veces, pero nunca me contestó y no tuve suerte tratando de localizarla. Sigo pensando en ella y comparto su historia como una advertencia.

Celeste, si estás leyendo esto, por favor escríbeme otra vez. Te ayudaré. Si prefieres no ponerte en contacto conmigo, entonces debes saber esto: no eres tú quien está frenando tu negocio. Sin lugar a dudas son tus sistemas… Y esos sistemas se pueden arreglar.

Quizá te sientas identificado con Celeste; quizá (espero) estés en una situación menos dramática, esforzándote por mantener el barco a flote semana tras semana y por hacer que las ruedas de tu negocio se sigan moviendo. Sea cual sea el caso, es probable que sientas que nunca puedes bajar el ritmo, ni invertir menos tiempo o esfuerzo en tu negocio. ¿Por qué?

La mayoría de los empresarios que conozco lo hacen todo. Incluso cuando contratamos ayuda, pasamos la misma cantidad de tiempo, si no es que más, diciéndole al personal *cómo* hacer todas las cosas por las que se supone que ya no deberíamos preocuparnos. Apagamos fuegos. Nos desvelamos. Apagamos más fuegos. Nos esforzamos, nos esforzamos aún más y no dormimos lo suficiente.

Y aquí está la ironía: incluso cuando las cosas van bien en nuestro negocio, seguimos exhaustos. Tenemos que trabajar aún más cuando las cosas van bien porque "¿quién sabe cuánto durará esto?" Y día tras día vamos postergando las oportunidades de crecimiento que hay que tomar por los cuernos, el trabajo creativo que es crucial para crecer, las cosas que *amamos* hacer, hasta que nuestra libreta llena de ideas se pierde bajo un mar de papeles y listas de cosas por hacer y no volvemos a encontrarla jamás.

La estamos regando. Todos la estamos regando.

"Trabaja más" es el mantra tanto de los negocios que están creciendo como de los que están colapsando. "Trabaja más" es el mantra de todos los empresarios dueños de negocios, de todos los jugadores de primera línea y de todas las personas que están tratando de salir adelante. Nuestro pervertido orgullo sobre trabajar más, más rápido y más duro que las demás personas de nuestro ramo ha tomado las riendas. En lugar de correr un solo maratón, tratamos de hacer 10 y en *sprints*. A menos que algo cambie, a los que nos hemos comprado esta vida nos espera un colapso nervioso. E, incluso, para colmo, neumonía doble.

Tal vez te sientas identificado con esta situación. Si es así, quiero que sepas que no eres el único que está pasando por esto. No eres el único empresario que siente que debe trabajar más, que está exhausto y que se pregunta por cuánto tiempo más puede soportar este nivel de trabajo. No eres el único dueño de un negocio que se pregunta por qué todas tus mejoras no han logrado optimizar tu balance, ni te han dado más clientes, ni te han ayudado a conservar a tus empleados, ni, por lo menos, te han devuelto un poco de tu preciado tiempo. No eres el único que está leyendo este libro porque te sientes atrapado y estás desesperado por tener respuestas… y una siesta. Según un artículo publicado en 20SomethingFinance.com, Estados Unidos es "el país desarrollado que más trabaja en exceso en todo el mundo" (G. E. Miller, 2 de enero de 2018). Y lo irónico es que los estadounidenses son 400% más productivos hoy que en 1950. Y, sin embargo, como empleados, trabajamos más horas y tenemos menos tiempo libre que los empleados de la mayoría de los países. Como empresarios y dueños de negocios, nuestra carga de trabajo es aún mayor. ¿Y el tiempo libre? No tenemos ninguno.

Comencé a escribir este libro cuando me hice esta pregunta clave: ¿Mi negocio podría alcanzar el tamaño, la rentabilidad y el impacto que imaginé sin que yo haga todo (o nada) del trabajo? Esta pregunta detonó una búsqueda de respuestas de media década… para mí y para los dueños de negocios y empresarios a quienes asesoro. *Para ti.*

Si no estás familiarizado con mis libros anteriores, o si todavía no has escuchado alguna de mis pláticas, quiero que sepas que mi misión en la vida es *erradicar la pobreza empresarial*. Estoy comprometido con no permitir que un empresario viva en la carencia: carencia de dinero, carencia de tiempo, carencia de vida. En mi libro *La ganancia es primero* buscaba vencer a uno de los monstruos que lleva a la desesperación a la mayoría de los empresarios: la carencia de dinero. Voy a ayudarte a matar a un monstruo aún más grande: la carencia de tiempo.

Sean cuales sean las preguntas que tengas, en este libro encontrarás estrategias reales y factibles para hacer que tu negocio sea más eficiente, estrategias que han funcionado a innumerables empresarios, dueños de negocios y, por supuesto, a mí.

La meta no es hacer que tu día tenga más horas. Ése es el enfoque de la fuerza bruta aplicado a la operación de negocios y, aun si lo consigues, lo único que harás es llenar ese tiempo con más trabajo. La meta es la eficiencia en la organización. En este libro aprenderás cómo hacer cambios sencillos pero poderosos en tu forma de pensar y en tus operaciones día a día que harán que tu negocio funcione en automático. Estoy hablando sobre resultados predecibles, mi exhausto amigo. Estoy hablando sobre crecimiento real y sostenido. Estoy hablando sobre una maravillosa cultura de trabajo. Estoy hablando de libertad para concentrarte en lo que haces mejor y en lo que *amas* hacer. Y ésa, compadre, es la única forma de construir un negocio verdaderamente exitoso… lo cual nos libera para hacer el trabajo que hacemos mejor y que más amamos.

También te vamos a liberar del grillete. Te vamos a aliviar del yugo constante sobre tu tiempo, tu cuerpo, tu mente… y tu cuenta bancaria. Sí, es posible sentirte tranquilo con respecto a tu negocio. Sí, es posible recuperar el optimismo que sentías cuando empezaste tu empresa. Sí, es posible hacer crecer tu negocio sin matarte ni sacrificar tu felicidad.

Necesitas dejar de hacer todo tú. Necesitas modernizar tu negocio para que pueda dirigirse solo. Estoy hablando de que tu negocio funcione como una máquina bien aceitada, dirigido por un equipo muy eficiente alineado con tus objetivos y valores. Un negocio que funcione, bueno, pues como relojito.

El sistema que descubrirás en este libro es ridículamente sencillo. No encontrarás atajos, ni trucos. En cambio, descubrirás cómo hacer el trabajo que más importa, evitar lo que no y tener la sabiduría para distinguir la diferencia. (Sí, tomé prestado un poco de la "Oración de la serenidad".) Tener serenidad puede parecer una meta imposible para la mayoría de los visionarios exhaustos de tanto trabajar como tú. Probablemente en este momento te conformes con salud mental. Pero, a través de los siete pasos que te voy a presentar en este libro, ¡la serenidad definitivamente volverá a estar dentro de las metas accesibles!

La vida consiste en impacto, no en horas. En mi lecho de muerte estaré preguntándome si cumplí mi propósito de vida, si crecí como individuo, si realmente serví a los demás y si amé de manera activa y profunda a mi familia y amigos. Si me permites ser así de directo, creo que tú te estarás preguntando lo mismo.

Es hora de unirte al exclusivo Club Clockwork. En serio, anímate y sé parte de nosotros, primero en nuestro sitio de internet Clockwork.life* y luego en la playa en poco tiempo. Es hora de volver a lo que amas… en tu vida, en tu trabajo y en tu negocio. Es hora de implementar las estrategias con facilidad y alegría. Es hora de recuperar el equilibrio en tu vida. Este libro te ayudará a lograrlo. Eso es lo que te prometo desde el fondo de mi corazón.

---

* Para que te resultara muy fácil obtener todos los recursos gratuitos de este libro, creé un sitio llamado Clockwork.life. Todo lo que necesitas para este libro, incluyendo una "Guía de inicio rápido", está ahí. Además, si requieres ayuda profesional de un asesor no corporativo, un experto dispuesto a ensuciarse las manos, tengo un pequeño negocio que hace precisamente eso en RunLikeClockwork.com. Fíjate cómo Clockwork.life no es .com sino .life porque el Club Clockwork es un estilo de vida. Y RunLikeClockwork.com es .com porque consiste en que nuestra empresa trabaje para la tuya.

Capítulo 1

¿Por qué tu negocio (todavía) está atorado?

Como es tradición para muchas personas que nacieron y crecieron en Nueva Jersey, todos los veranos mi esposa y yo empacamos y nos vamos con los niños una semana a visitar a mi hermana y a su familia en la playa de Jersey. Hasta hace unos años, nuestro viaje de verano era más o menos así: todo el mundo pasaba el día en la playa y luego los adultos empezábamos la hora feliz alrededor de las cuatro de la tarde, hablábamos sin parar sobre cómo nos íbamos a divertir hasta el amanecer y luego nos quedábamos dormidos a las siete de la noche.

Yo casi nunca llegaba a la hora feliz ni pasaba mucho tiempo en la playa. Estaba trabajando. Siempre. Cuando no estaba concentrado en terminar un proyecto, o en una junta, estaba tratando de aprovechar "unos minutos" para revisar mi correo. Cuando lograba salir a estar con los demás, estaba tan distraído por pensamientos relacionados con el trabajo que en realidad no estaba ahí. Esto me causaba estrés y molestaba mucho a mi familia.

Todos los años trataba de romper el hábito de trabajar en vacaciones. Siempre tenía el mismo plan: adelantaría todo el trabajo para que "esta vez" por fin pudiera disfrutar mis vacaciones y estar realmente presente con mi familia. Luego, pensaba, regresaría de vacaciones sin trabajo pendiente, o por lo menos con muy poco, y fácilmente volvería a encarrilarme. Pero mi plan nunca funcionó. Con frecuencia, era lo opuesto a lo que había planeado.

La última vez que traté de demostrar que era posible llevar a cabo este plan de vacaciones fue un desastre total. Surgió un problema con un cliente la tarde anterior a nuestra partida. Ni siquiera recuerdo cuál fue el problema, pero en ese momento pensé que era lo suficientemente importante como para trabajar durante la noche en la solución. Luego, me desvelé aún más para hacer el trabajo que tenía que realizar antes de que surgiera la crisis del cliente.

Casi estaba amaneciendo cuando logré regresar a casa del trabajo. Dormí tres horas y luego nos dirigimos a Long Beach Island. (Si no eres de Nueva Jersey, quiero que sepas que Long Beach Island es la verdadera playa de Jersey, no el festival de alcohol del programa que lleva por título precisamente *Jersey Shore*.) Antes de salir a la playa, decidí revisar mi correo para "asegurarme de que todo estuviera en orden". No lo estaba. Me pasé el resto del día haciendo llamadas y enviando correos. Incluso cuando logré salir a la playa al día siguiente, mi mente estaba en el negocio y mi cuerpo se moría por dormir. No obstante, una vez más, yo no estaba realmente ahí. Las vacaciones de mi familia también se vieron afectadas porque mi tensión se esparció como el humo en un bar. Una sola persona puede apestar el lugar y arruinar la diversión de todos los demás.

Mi esposa se sentía frustrada por mi adicción al trabajo, así que una tarde me pidió que diéramos un paseo, sin llevar mi celular. Mientras contemplaba las casas de playa pensé: "La gente que vacaciona en esas mansiones espectaculares lo tiene todo resuelto". Tenían libertad financiera. Podían tomar vacaciones sin preocuparse por el trabajo. Podían disfrutar el momento y regresar a un negocio que fluía solo, que no dejaba de crecer y de generar dinero. Eso era lo que yo quería.

Pero, a medida que me fijaba con atención, veía una persona tras otra sentada en su terraza tecleando frenéticamente en su laptop. Incluso vi gente en la playa con la laptop recargada en las rodillas, con miedo a que la arena se metiera en el teclado mientras trataban de proteger la pantalla del reflejo del sol. Las personas que yo creía que tenían todo resuelto no eran diferentes a mí. Todas estaban trabajando en vacaciones. ¡Pero cómo!

En ese punto de mi vida había creado y vendido un negocio multimillonario a un particular y otro a una empresa Fortune 500, había escrito dos libros de negocios y había pasado una buena parte del año hablando con miles de empresarios sobre cómo hacer crecer sus empresas de una manera rápida y orgánica. Suena como que mi sueño se había hecho realidad, ¿verdad? Pensarías que había dejado de lado mi adicción por el trabajo de una vez por todas. Pero estar estresado por temas de trabajo durante otras vacaciones demostró que no era así. Ni siquiera estaba cerca. Y era claro: definitivamente no estaba solo. Y tú tampoco lo estás.

La solución no es la solución

Pensé que la cura para mi adicción al trabajo era mejorar la productividad. Si podía hacer más, a mayor velocidad, podría tener más tiempo para mi familia, para mi salud y para divertirme y podría *volver a hacer el trabajo que de verdad amaba*. El trabajo que alimentaba mi alma. Estaba equivocado.

En un esfuerzo por ser más productivo lo intenté todo: aplicaciones para enfocarme, el método Pomodoro, trabajar en bloques. Comenzar mi día a las cuatro de la mañana. Terminar el día a las cuatro de la mañana. Listas en libretas de notas amarillas. Listas en el celular. Listas de sólo cinco cosas. Listas de todo. De nuevo, listas en libretas de notas amarillas. El método "No rompas la cadena", que rápidamente me llevó al método "Encadenarme a mi escritorio". Sin importar qué estrategia o técnica probara, sin importar qué tan productivo me volviera, por la noche seguía metiéndome a la cama mucho después de lo que debía hacerlo y al día siguiente me levantaba mucho antes de lo que debía, con una lista de cosas por hacer que parecía haber crecido durante la noche como por arte de magia. Tal vez hacía las cosas más rápido, pero sin duda alguna no estaba trabajando menos horas. En realidad, estaba trabajando más. Tal vez estaba haciendo progresos en muchos proyectos pequeños, pero muchos nuevos proyectos se estaban acumulando. Y mi tiempo seguía sin ser mío. Todos mis años estudiando la productividad no me habían dado nada más que trabajo. Era un fracaso rotundo.

Si no has probado algunas de las estrategias de productividad que yo había acumulado como dietas que no surtieron ningún efecto, estoy seguro de que tienes tu propia lista. Toda una industria está construida en torno al deseo de hacer más y más rápido. Podcasts, artículos y libros; *coaches* y grupos de apoyo; retos de productividad, calendarios, diarios y software. Compramos la idea de la nueva solución de productividad que alguien nos recomienda porque estamos desesperados. Desesperados por hacer crecer nuestras empresas haciendo más cosas más rápido y administrando nuestro trabajo sin perder la razón.

Algunos expertos en el tema de la productividad se están saliendo del juego de las "estrategias de tiempo". Mientras realizaba la investigación para este libro, me hice amigo del experto en productividad Chris Winfield. Justo acababa de terminar uno de sus famosos retiros en los que enseña a una veintena de líderes de negocios y profesionistas a hacer más cosas en menos tiempo.

Nos vimos para tomar un café en el Lincoln Center de Nueva York con el fin de que pudiera enseñarme qué se necesitaba para ser productivo. Estaba listo para descubrir por fin el secreto de la productividad que me liberaría de mi vida conducida por el estrés. Llegué 45 minutos antes. No podía esperar para saber cuál era la estrategia. Chris llegó exactamente a la hora, al minuto… típico de un experto en productividad.

Luego de que hicimos los comentarios obligados, estilo "qué bueno está este café", Chris me miró a los ojos y me dijo:

—La productividad es una mierda.

—¡¿Quéeee?! —dije, casi escupiendo mi delicioso café brasileño excelentemente balanceado. Puedo convertirme un poco en un esnob del café (o, mi título preferido, "experto en granos") cuando tengo 45 minutos libres antes de una junta.

—Es una mierda, amigo. He enseñado sobre productividad durante años y todas las personas a las que les he dado clases de hecho están trabajando más, incluyéndome.

—No lo entiendo. ¿Por qué pasa eso? —dije.

—Porque la productividad deja todo sobre la mesa. La productividad te permite hacer más, más rápido. Y el eje eres tú. *Tú* puedes hacer más; en consecuencia, *tú* lo haces todo. Incluso cuando dices que estás delegando trabajo, en realidad no lo estás haciendo, porque no puedes delegar las decisiones. Le estás dando una tarea a alguien más, pero esa persona regresa a buscarte con un millón de preguntas. De hecho, necesitas trabajar aún más, cuando intentas no hacer el trabajo.

Chris continuó:

—Así es, Mike. La productividad está afectando a muchas personas. Yo ya me harté de matarme por ella y también ya me harté de predicar al respecto. Voy a abandonar la industria para poder trabajar menos, hacer más y vivir la vida.

Me quedé atónito.

Resulta que la productividad no te saca de hacer lo que estás haciendo, sino que hace que tengas más por hacer. ¡Había comenzado a buscar el mecanismo de relojito yendo tras el Santo Grial equivocado!

Repaso a la Ley de Parkinson

Tanto tú como yo conocemos a personas extremadamente productivas que trabajan 16 horas al día. Tanto tú como yo conocemos al tipo de personas que dicen: "Soy mejor bajo presión". Tal vez tú eres así. Hace tiempo, yo también era así.

Me tomó alrededor de 15 años descubrirlo. De hecho, llevaba la medalla de honor de la productividad... la medalla del adicto al trabajo. Era un orgulloso miembro. Era el más rápido de todo el mundo para ofrecerme a hacer una tarea. (¿Por qué? Es una manía que tengo.)

En mi libro *La ganancia es primero*, apliqué al tema de las ganancias la Ley de Parkinson: "Nuestro consumo de un producto se expande para hacer frente a su suministro". Del mismo modo en que usamos todo el tiempo del que disponemos para un proyecto con el fin de terminarlo, también gastamos el dinero que tenemos, razón por la cual la mayoría de los empresarios pocas veces ganan tanto como sus empleados y menos aún obtienen ganancias. Cuanto más dinero tenemos para gastar, más gastamos. Cuanto más tiempo tenemos, más tiempo pasamos trabajando. Ya te haces una idea.

La solución para este comportamiento es ridículamente simple: limita el recurso y limitarás el uso que haces de él. Por ejemplo, cuando, después de reunir tus ingresos, apartas primero la ganancia y la escondes (en una cuenta bancaria remota), tienes menos dinero para gastar. Así que adivina qué: Gastas menos. Cuando no tienes acceso inmediato a todo el dinero que fluye por tu negocio, te ves obligado a administrarlo con menos.

Y ahora que estamos hablando sobre tiempo, la Ley de Parkinson es aún más relevante. El tiempo que te asignes para trabajar será el tiempo que usarás. Noches, fines de semana, vacaciones… Si crees que lo necesitas trabajarás durante tu tiempo libre. Ésta es la causa del fracaso de la productividad. La meta de la productividad es hacer lo más posible lo más rápido posible. El problema es que, como has priorizado una cantidad aparentemente infinita de tiempo para administrar tu negocio, siempre seguirás buscando una forma de llenar ese tiempo. Cuanto más productivo eres, más trabajo puedes hacer. Cuanto más haces, más productivo debes ser. ¿Ves cómo la productividad es una trampa?

Si eres como yo y como la mayoría de los empresarios que conozco, usas para trabajar más el tiempo que habías apartado… tal y como dijo Chris. Y no se trata del trabajo que alimenta tu alma. No es el trabajo que de verdad podría hacer una diferencia para tu negocio. No, te ocupas del nuevo bomberazo. Apagas los fuegos y luego haces las siguientes tareas que serán los siguientes fuegos, hasta que te interrumpe un bomberazo aún más urgente que acaba de aparecer. Sigues trabajando sin descanso y sintiendo que cuanto más progreso haces, más trabajo tienes.

No fue sino hasta que conocí a Chris Winfield cuando me di cuenta: sí, la productividad es importante; todos necesitamos usar nuestro tiempo de la mejor manera posible. No ser productivos es como pecar en contra de los dioses de los negocios. (Además, sentarse a comer Cheetos y a ver programas de ventas por televisión no va a hacer avanzar el negocio de nadie.) Pero, en cuanto al tiempo, logré entender que el verdadero Santo Grial es la eficiencia en la organización. La productividad te pone en el terreno de juego. La eficiencia en la organización te permite hacer *home runs*.

La eficiencia en la organización se da cuando todos los engranes de tu negocio trabajan conjuntamente en armonía. Es la mejor ventaja que existe, porque diseñas los recursos de tu empresa para trabajar juntos, maximizando el resultado. La eficiencia en la organización consiste en conocer los mejores talentos de tu equipo (aunque sea un equipo de una sola persona) para hacer el trabajo más importante. Consiste en administrar recursos de modo que el trabajo importante se lleve a cabo, en vez de estar siempre corriendo para hacer lo más urgente. No consiste en trabajar más; sino en trabajar de una manera más inteligente.

Muchos de nosotros celebramos 20 años de tener negocios dándonos cuenta de que sobrevivimos 20 años a una continua experiencia cercana a la muerte. Pero no tiene que ser así. No estás solo. Hay millones de personas justo como tú. Yo era una de ellas y estoy aquí contigo. De hecho, sigo haciendo progresos en este tema, incluso mientras escribo esto. Aún tengo que recordarme que debo trabajar de una manera más inteligente, no con más fuerza; es muy fácil creer que existe una estrategia de productividad mágica que será la salvación. Hayan sido cuales hayan sido las decisiones que tomaste y que te pusieron donde estás hoy, está bien. Aquí estás. Estás en el campo de juego. Ahora, deja esa salchicha, ponte a jugar y juega en grande.

Estás a punto de hacer el *home run* de tu vida. Puedes tomarte una *selfie* en este momento, apuntando hacia las estrellas, porque tú y tu negocio están a punto de irse al cielo. Tómate tu tiempo y haz una gran pose. Aquí te espero.

Entonces, ¿cuál es el truco? Cambiamos el sistema que nos rodea para que nosotros no tengamos que cambiar (de cualquier manera, no podemos cambiar mucho que digamos) y disponemos los sistemas de modo que aprovechen nuestras tendencias naturales para lograr las metas que deseamos.

Parte de la solución Clockwork en realidad consiste en restringir tiempo, para usar la Ley de Parkinson a nuestro favor. Pero eso por sí solo no nos va a sacar de la rueda del hámster. Cuando nos damos menos tiempo, también necesitamos descubrir *dónde* enfocar el tiempo restante. No se trata de hacer más con menos. Se trata de hacer menos con menos para lograr más. Necesitas hacer las tareas adecuadas con el tiempo limitado que tienes *tú* y hacer que otras personas hagan las tareas adecuadas con el tiempo limitado que tienen *ellas*.

En otras palabras, un negocio que marcha como relojito tiene que ver con eficiencia selectiva, no con productividad masiva.

Jugar a lo seguro

Mi primer *coach* de negocios, Frank Minutolo*, me acompañó en la puesta en marcha de tres empresas nuevas y en la venta de dos, incluyendo una realizada a una compañía Fortune 500. Frank llevó la compañía japonesa Konica a Estados Unidos e hizo que pasara de ser una empresa que estaba empezando a una de 100 millones de dólares. Luego de dejarla de lado, se dedicó a su vocación: asesorar a grupos muy selectos de empresarios jóvenes. Yo fui uno de los 30 afortunados que podían llamarlo su asesor.

---

* Sigo viendo a veces a Frank, aunque ya tiene mucho tiempo que se retiró. No puede resistirse a que lo invite a comer y yo no puedo resistirme a aprender de él.

Siempre estaré en deuda con Frank por sus consejos sabios y directos. Basé mi libro *The Pumpkin Plan* en la sencilla estrategia para alcanzar un crecimiento orgánico que él me enseñó. Todo comenzó con nuestro primer encuentro en persona. Frank había pasado cuatro horas con nuestro equipo evaluando todos los aspectos de nuestro negocio e inmediatamente después tuvimos una reunión solos.

Frank se parece un poco a Regis Philbin y suena un poco como *El padrino*. "Mike —me dijo—, tienes que ser más inteligente con respecto a hacer crecer tu negocio. No quieres invertir todo este esfuerzo ni soportar todo este estrés sólo para terminar sin nada a cambio. Te pasarás tu retiro sentado en una silla oxidada con una moneda en el pantalón, mientras te lamentas por una vida de trabajo duro."

¿Una moneda? ¿Pero cómo? Esa descripción era lo más extraño que había escuchado. Es algo que una vez que lo imaginas no puedes dejar de verlo.

Resulta que visiones muy descriptivas de tu cliente en un estado decrépito, condimentadas con algunas referencias flagrantes a sus genitales es una estrategia de ventas sorprendentemente efectiva. Contraté a Frank ese mismo día y él se aseguró de que yo evitara ese terrible futuro al ayudarme a hacer crecer rápido dos empresas y a venderlas. Pero no fue sino hasta 10 años después de trabajar juntos cuando logré entender lo que estaba tratando de decirme. El miedo puede ser un gran catalizador del cambio.

Una tarde llevé a Frank a comer a un Fuddruckers y por fin le pregunté por qué me había contado una historia tan extraña el día en que nos conocimos. Frank se rio como suelen hacerlo los hombres mayores, que luego de reír comienzan a ahogarse un poco.

"El punto de esa historia —explicó Frank— es que el obstáculo eres tú. El problema es el arrastre que tiene lo familiar. Los empresarios no son distintos de otros seres humanos en el hecho de que, cuando algo resulta familiar, se vuelve cómodo. Los empresarios, incluyéndote Mike, trabajan como animales. Y, aunque digas que lo odias o que ya no lo vas a seguir haciendo, la verdad es que te resulta familiar. Y cuando algo te es familiar, por feo que sea, es más fácil seguir haciéndolo. Hacer lo que te resulta familiar te pondrá en esa silla oxidada con una moneda en tus pantalones.

"Mi meta es que tengas más miedo de hacer lo que es seguro y familiar que de dar el salto a algo nuevo y prometedor. Quería que sintieras terror del camino en el que estabas. Usé tu miedo de a dónde te dirigías cómodamente para llevarte al nuevo lugar incómodo al que necesitabas ir."

Por doloroso que pueda ser estar atorado, nuestra creencia de que necesitamos "trabajar más" y "trabajar más duro" se vuelve familiar. A pesar de estar exhaustos, la situación es cómoda, de modo que el mismo problema proporciona las mismas soluciones. Trabajar por horas y horas no nos exige salir de nuestra zona de confort ni aprender algo nuevo ni dejar de lado nuestra necesidad de manejarlo todo movida por nuestro ego.

Los empresarios se han llegado a sentir demasiado cómodos con la adversidad, así que siguen haciendo las mismas cosas que los mantienen en ese estado. Si quieres que tu negocio sea lo más eficiente posible, debes dejar de hacer lo que estás haciendo, que es obstaculizarte a ti mismo. Hacer tú el trabajo o meterte en el trabajo de otras personas quizá sea lo único que conoces en este punto. Quizá sea muy cómodo por ahora. Pero deja de hacerlo.

La trampa de la sobrevivencia

Si has leído mis libros anteriores, probablemente has escuchado sobre la "trampa de la sobrevivencia". He hablado sobre este tema desde hace mucho. Y, una vez más, voy a regresar a esto porque, por desgracia, es el estado en el que terminamos la mayoría de los empresarios y del cual muy pocos logramos escapar.

La "trampa de la sobrevivencia" es como yo llamo al ciclo interminable de reaccionar ante todo lo que ocurre en tu negocio (ya sea un problema o una oportunidad) con el fin de seguir adelante. Es una trampa porque, a medida que respondemos a lo que es urgente en vez de hacerlo a lo que es importante, sentimos la satisfacción de arreglar un problema. La adrenalina liberada por haber salvado algo (la cuenta, la orden, la venta, el día de trabajo) nos hace sentir como si estuviéramos haciendo progresos en nuestro negocio, pero en realidad estamos atorados en un ciclo que consiste sólo en reaccionar. Saltamos de una cosa a otra, arreglando esto, salvando lo otro. Como resultado, nuestro negocio se inclina a la derecha, a la izquierda. Luego vamos en reversa, después lo impulsamos hacia el frente. Nuestro negocio es una red de mala dirección y, con el paso de los años, se vuelve un desastre lleno de nudos… Todo porque estábamos tratando de sobrevivir.

La "trampa de la sobrevivencia" consiste en librar el día de hoy ignorando por completo el mañana. Consiste en hacer lo que resulta familiar, como advirtió Frank. Nos sentimos bien porque sobrevivimos ese día. Pero luego, en algún punto distante del futuro, nos despertamos y nos damos cuenta de que años y años de trabajo no nos movieron hacia adelante ni un ápice, que tratar de sobrevivir es una trampa que trae como resultado que nuestro negocio y nuestra fuerza de voluntad se ahoguen para siempre.

Por desgracia, descubrirás que vivir en la trampa de la sobrevivencia conduce a una vida cotidiana espantosa que consiste en picos rápidos, caídas profundas y hacer lo que sea por conseguir unos centavos. Con toda franqueza, no es la vida del empresario modelo. Es la vida, y aquí hay que encoger los hombros de vergüenza, del empresario que se prostituye. Yo también era uno de ellos. Era adicto a hacer lo que cualquiera quisiera al precio que ofreciera. Prostituí mi negocio para que sobreviviera por un día más y luego seguí con ese comportamiento a medida que me fui expandiendo para crear más negocios desastrosos.

Hace 10 años limpié la escena y me salí para siempre. Comencé por tomar mi ganancia primero, como compartí en mi libro *La ganancia es primero*. Luego, al enfocarme en mis clientes más importantes, mi negocio creció de manera rápida y orgánica. Hoy me encuentro en las etapas finales para volver a ser dueño de mi vida porque he diseñado mi negocio para que pueda funcionar en automático. Tú estás a punto de hacer lo mismo.

En *La ganancia es primero* escribí una pequeña sección que fue la semilla de este libro: "Tener una rentabilidad constante depende de la eficiencia. No puedes volverte eficiente en plena crisis. Cuando estamos en crisis, justificamos el hacer dinero a cualquier costo, ahora mismo, aunque signifique no pagar impuestos o venderle nuestra alma al diablo. En momentos de crisis, la trampa de la sobrevivencia se convierte en nuestro *modus operandi*, hasta que nuestras estrategias de sobrevivencia crean una nueva crisis, aún más devastadora, que de plano nos aterroriza o, más comúnmente, aterroriza a nuestro negocio".

¿Celeste, la dueña del jardín de niños que mencioné en la introducción, estaba atrapada en la trampa de la sobrevivencia? Sin lugar a dudas. Estaba experimentando la versión extrema de la trampa. Puede ser que estés cómodo en tu trampa. Tal vez es manejable. Tal vez te enorgulleces de manejarla. ¿Pero qué importa eso si sigues en la trampa?

La trampa de la sobrevivencia es lo que te está impidiendo avanzar hacia tu sueño o cumplir metas a corto o largo plazos. En cierto sentido, lo sabemos. Nos sentimos culpables por ese plan a cinco años que no hemos abierto en siete. Vemos otros negocios que lanzan nuevas iniciativas o productos según las tendencias y nos preguntamos cómo tuvieron tiempo para predecir y responder a los cambios en nuestro ramo. (Seguramente tienen superpoderes, ¿verdad?) Sabemos que estamos rezagados en cuanto a hacer el mejor uso de las innovaciones en términos de tecnología y de cultura empresarial. Y sabemos que, para llevar a nuestro negocio al siguiente nivel, necesitamos recuperar nuestras raíces visionarias: las ideas, los planes y el *corazón* que teníamos cuando empezamos nuestro negocio.

Es difícil escapar de la trampa de la sobrevivencia porque tu negocio constantemente te arrastra y te impide mantenerlo a flote. Pero te voy a mostrar cómo escapar de esto para siempre al diseñar tu negocio con el fin de que funcione solo, liberándote para hacer sólo lo que quieras hacer, cuando quieras hacerlo. Así que a continuación vamos a ocuparnos de *desocuparnos*, ¿sale?

Los siete pasos sistema Clockwork

En los siguientes siete capítulos vamos a abordar los pasos que necesitas dar para hacer que tu negocio funcione como relojito. Un paso puede llevarte más tiempo que otro y es posible que tengas que regresar y mejorar alguno de los pasos de vez en cuando. Este proceso puede tomarte dos días o dos meses, pero, si sigues los pasos llegarás al punto deseado.

Para que un negocio crezca y sirva a sus clientes, necesita hacer las cosas. Ésta es la parte de "Dar acción" de un negocio. El negocio también debe orquestar sus esfuerzos de manera que la gente y los sistemas hagan avanzar al negocio de una forma complementaria. Ésta es la fase de "Diseño" de un negocio. A medida que la gente de tu equipo trabaje en conjunto, sus comunicaciones consistirán en "Decidir" y "Delegar" trabajo que se debe llevar a cabo. La manera en que distribuyes el tiempo del negocio en las fases de Dar acción, Decidir, Delegar y Diseñar es tu "Mezcla de 4D", y lograr que tenga las proporciones adecuadas es crucial para que tu negocio funcione solo.

La mayoría de las microempresas y pequeños negocios pasa demasiado tiempo en Dar acción. Imagina al empresario que trabaja solo y que siempre está corriendo como pollo sin cabeza haciéndolo todo, o a ese pequeño negocio en el que todos, incluyendo el jefe, están trabajando horas y horas sin un solo minuto para la planeación. La meta de hacer que tu negocio funcione como relojito es avanzar a la fase de Diseño para que funcione solo mientras otras personas o recursos se ocupan de la parte de Dar acción. Para que esto suceda, necesitamos comenzar contigo y tener claridad sobre el tiempo que pasas Dando acción, y para hacerlo necesitamos analizar tu Mezcla de 4D y la de tu empresa.

Como sucede con cualquier problema u oportunidad en la vida, si quieres mejorar las cosas, necesitas saber cuál es tu punto de partida. Una vez que lo sepas, damos los pasos deliberados y directos para lograr que tu empresa (y tú) lleguen a donde quieren llegar. La Mezcla de 4D óptima se da cuando el negocio invierte 80% de su tiempo en Dar acción, 2% del tiempo en tomar Decisiones por otros, 8% del tiempo en Delegar resultados y 10% del tiempo en ser Diseñado para tener mayor eficiencia, mejores resultados y menos costos en el proceso. Sin importar si tienes un empleado, mil o la cantidad que sea, la Mezcla de 4D óptima sigue siendo la misma.

A continuación se enlistan los siete pasos para hacer que tu negocio funcione solo.

1. **Analiza la Mezcla de 4D:** Fija los niveles de base para la mezcla compuesta por Dar acción, Decidir, Delegar y Diseñar con la que tu negocio está operando actualmente. Un negocio que funciona como relojito equilibra el hacer el trabajo, administrar los recursos y mejorar constantemente. En la primera fase para hacer que tu empresa funcione sola haremos un sencillo análisis de tiempo para ver cuánto se invierte en cada una de las cuatro categorías. Y, una vez que lo sepamos, entonces puedes ajustar tu empresa a la Mezcla de 4D óptima.

2. **Define el Papel de la Abeja Reina corporativa:** Identifica la función principal de tu negocio que más claramente determina el éxito de tu empresa. En cada empresa existe una función que define de la manera más significativa la salud de la empresa. Es donde el carácter único de lo que ofreces se reúne con tus mejores talentos y los de tu personal. Es el éxito del que dependerá la empresa. Yo lo llamo "Papel de la Abeja Reina", o PAR. Cuando esta función está a toda velocidad, el negocio va de maravilla, y cuando se ralentiza o se detiene, todo el negocio se ve afectado. Todos los negocios tienen un PAR. Debes identificar y declarar cuál es el PAR de tu empresa, pues a medida que mejores su desempeño, todo el funcionamiento de tu negocio se elevará.

El PAR es el "factor de progreso" de tu negocio y debes decidir en qué consiste.

3. **Protege y trabaja para el Papel de la Abeja Reina:** Empodera a tu equipo para garantizar que lo que más determina el éxito de tu empresa sea cultivado y cumplido. El PAR es un papel tan esencial para tu negocio que cada empleado, incluso si no son los que sirven al PAR, necesita saber qué es y cómo protegerlo y fomentarlo. En un negocio muy eficiente, el PAR siempre es la prioridad y los sistemas están dispuestos de modo que las personas y los recursos que trabajan para él no lo abandonen. Sólo cuando el PAR está funcionando adecuadamente todas las personas del negocio pueden hacer su trabajo más importante (esto se denomina "Trabajo primario").

4. **Captura los sistemas:** Documenta o registra los sistemas que ya tienes de modo que tu equipo pueda hacer el trabajo como quieres que lo haga. Aunque pueda parecer que no tienes sistemas, sí los tienes. De hecho, cada negocio en cada etapa tiene todos los sistemas que necesita. Esos sistemas simplemente necesitan ser capturados, desechados, transferidos o recortados. Todo empresario y todo empleado tienen una forma de ejecutar varias tareas, pero con frecuencia no están documentadas ni se pueden transferir a alguien más. Mediante un simple método de evaluación y captura impartirás fácilmente esa información a tu equipo o a quienes trabajan por honorarios para tu empresa. Ojo: *no* vas a crear un manual. Tanto la creación como el consumo de manuales es ineficiente y, por lo tanto, no tienen cabida en un negocio que funciona como relojito.

5. **Equilibra al equipo:** Ajusta los papeles que desempeñan y cambia los recursos para maximizar la eficiencia y la calidad de lo que ofrece la empresa. Los negocios son como organismos: crecen, se relacionan y cambian. Para que se desempeñen de manera óptima, debes empatar los rasgos de fuerza inherentes de tus empleados con las tareas que más los requieren. En lugar de un organigrama tradicional, una empresa optimizada es

más parecida a una telaraña. Nunca restrinjas a los empleados a desempeñar una sola función. En cambio, una organización eficiente identifica los rasgos de fortaleza inherentes de los empleados y los empata con las tareas que más benefician esos rasgos.

6. **Comprométete:** Dedica tu proceso a atender una necesidad específica de los clientes de una manera específica. La mayor causa de ineficiencia de los negocios es la variabilidad. Cuantos más servicios proporciones a una mezcla de clientes más amplia, más variabilidad tendrás y más difícil se volverá proporcionar servicios extraordinarios y consistentes. En este paso, identificarás el mejor tipo de cliente para tu negocio y determinarás la menor cantidad de productos/servicios que les sirven en el más alto nivel.

7. **Conviértete en un negocio que funciona como relojito:** Libera al negocio de su dependencia hacia ti y libérate de tu dependencia hacia tu negocio. Un negocio que funciona como relojito es un negocio que proporciona resultados consistentes, incluyendo metas de crecimiento, sin que tú te involucres de manera activa. Dado que estás menos disponible para tu negocio, éste, de forma natural, será diseñado para funcionar sin ti. En este paso aprenderás cómo crear un "tablero de control" para tu negocio que te permita mantenerte a la cabeza, incluso si no estás ahí todavía.

Eso es todo. Siete pasos. En ese orden. Descubrirás y llevarás a cabo esos siete pasos a lo largo del resto del libro. A medida que pases por este proceso, te sentirás frustrado o atorado y querrás rendirte. No te asustes, ésos sólo son signos de que te estás empezando a sentir cómodo con las incómodas cosas nuevas que te estoy enseñando. Una vez más, no te asustes y nunca te atrevas a detenerte. Y, como resultado, experimentarás un negocio que funciona en automático, justo como relojito.

SIETE ETAPAS DEL SISTEMA CLOCKWORK

ETAPA	CONCEPTO CLAVE	ACCIÓN CLAVE
1	**La Mezcla de 4D** Los cuatro tipos de trabajo son Dar acción, Decidir, Delegar y Diseñar.	Realizar un análisis de tiempo y clasificar el tipo de trabajo.
2	**El PAR** La función principal de la cual decides que depende el éxito de tu empresa.	Define el PAR de tu empresa e identifica quién trabaja para ese papel.
3	**Protege y trabaja para el PAR** La función principal de tu negocio siempre es la prioridad.	Educa a tu equipo sobre el PAR y empodéralo para mantener o cumplir ese PAR.
4	**Sistemas de captura** En este momento ya cuentas con todos los sistemas creados para tu negocio.	Usa el método de desechar, transferir o recortar para liberar tiempo con el fin de llevar a cabo trabajo de Diseño, trabajo relacionado con el PAR y Trabajo primario.
5	**Equilibra al equipo** Un organigrama optimizado es una estructura semejante a una telaraña.	Empata los rasgos más fuertes de los miembros del equipo con las tareas que más requieren de dichos rasgos.
6	**El compromiso** La fortaleza de tu negocio es primero; luego identificas al cliente que más se beneficiará de ella.	Identifica, enfócate y atiende a los consumidores que se beneficiarán más de aquello que sólo tu negocio puede ofrecer.
7	**Negocio en modo automático** Dar acción hace que trabajes para el negocio, Diseñar hace que el negocio trabaje para ti.	Tómate las vacaciones de cuatro semanas.

FIGURA 1.

* * *

El tiempo lo es todo. Absolutamente todo. El tiempo es lo único en el universo (hasta que alguien invente una máquina del tiempo) que no es renovable. O lo usas sabiamente o no. El tiempo seguirá corriendo sin importar cómo lo inviertas. Sospecho que incluso en este momento echaste algunos vistazos nerviosos al reloj, a medida que pasa el tiempo, esperando poder avanzar en este libro (y en tu trabajo) más rápido. ¿Estoy en lo cierto? ¿Aunque sea sólo un poco? Si estás experimentando eso, quiero que sepas que no es tu culpa, sino de la Ley de Parkinson. Y quiero que sepas que de hecho te encuentras en una buena posición. Mejor dicho, estás en una posición salvable. Es probable que tu negocio tenga demanda y tú estés haciéndole frente (aunque no de manera eficiente). Lo que vamos a hacer es llevar a cabo algunos sencillos ajustes para hacer que tu negocio funcione como una máquina bien aceitada y, en el proceso, te vamos a devolver ese precioso tiempo que parece moverse de una forma más lenta y cómoda.

Quiero dejar claro que este libro *no* trata sobre hacer más con el tiempo que tienes. Trata sobre cómo tu negocio puede hacer más con *su* tiempo y acerca de darte la libertad para que tú puedas hacer otras cosas con el tuyo. Trata sobre cómo puedes recuperar tu vida mientras desarrollas el negocio de tus sueños. Eso puede suceder. De hecho, sucede, todo el tiempo, en el caso de otros negocios. Nuestra tarea, hoy, es lograr que suceda en el caso del tuyo. Pero para que esto funcione tienes que estar al cien en esto conmigo. ¿Estás listo? Muy bien. Vamos a trabajar.

Tacha eso. Vamos a trabajar *menos*.

El sistema Clockwork en acción

Tu enfoque principal es diseñar el flujo de trabajo de tu empresa que permita que otras personas y otras cosas hagan el trabajo. Comprométete a poner en primer lugar los resultados de tu empresa y en segundo tu productividad. ¿Cómo haces esto? Fácil… encontrarás mejores respuestas cuando hagas mejores preguntas. Deja de preguntarte: "¿*Cómo* puedo hacer más cosas?" y comienza a preguntarte "¿*Cuáles* son las cosas más importantes que hay que hacer?" y "¿*Quién* va a hacer este trabajo?"

Al final de cada uno de los siguientes capítulos, compartiré pasos de acción que puedes dar rápidamente —por lo general en 30 minutos o menos— y aun así experimentar un gran progreso. En el primer capítulo sólo tengo un paso de acción para ti, pero quizá es el más importante. Te obligará a hacer ajustes inmediatos en tu forma de ver tu papel para hacer avanzar tu negocio. ¿Cuál es ese paso? Quiero que te comprometas… conmigo.

Mándame un correo electrónico a Mike@OperationVacation.me con el tema: "Mi compromiso con el sistema Clockwork". De esa forma podré identificarlo entre otros correos. Luego, en el cuerpo del correo, por favor escribe algo como esto: "A partir de hoy me comprometo a diseñar mi negocio para que funcione solo." Incluye cualquier otra información que creas que es relevante, como por qué no seguirás dirigiendo tu negocio como antes o qué implica esto para ti y para tu familia.

¿Por qué te pido que me mandes un correo electrónico? Porque, si eres como yo, cuando te comprometes con alguien más, el seguimiento que le das a algo se va por las nubes. Recuerda, yo respondo personalmente todos los correos de los lectores (aunque a veces súper lento). Espero con ansias recibir el tuyo.

P. D. Fíjate cómo el dominio de mi correo es único: OperationVacation.me. Sé que quizá no tenga sentido en el momento, pero para mí lo tiene. Y pronto, de hecho muy pronto, aprenderás en qué consiste la "Operación Vacaciones".

Capítulo 2

Paso uno: Analiza el tiempo del que dispone tu empresa

La primera vez que Scott y Elise Grice me visitaron en mi oficina de Nueva Jersey hablamos sobre lavar la ropa durante 20 minutos. Sí, leíste bien. Sobre lavar la ropa. En específico, sobre cómo logran, los dos, lavar la ropa de tres semanas en una hora y 10 minutos… mientras atienden otros pendientes. Nunca había pensado a fondo en el tema de lavar la ropa y, no obstante, mientras Scott y Elise me explicaban cómo lo llevaban a cabo, yo estaba cautivado. En serio, ellos son ninjas de los sistemas.

A medida que nuestra conversación progresaba, aprendí por qué los sistemas son tan importantes para Scott y para Elise. Fundadores de Hey, Sweet Pea, un equipo cuya sede original se encuentra en Austin, Texas, la pareja ha asesorado y desarrollado marcas para más de 1 400 empresarios creativos (fotógrafos, escritores, estilistas, diseñadores gráficos). A dos años de haber comenzado su negocio, manejaban a la vez entre 30 y 40 clientes con marcas a la medida. Para que te des una idea de lo exitosos que eran, otras empresas en su ramo por lo general manejaban de cuatro a cinco clientes con marcas a la medida a la vez. La estaban haciendo en grande… hasta que la vida intervino.

En 2013 Elise contrajo el virus del Nilo Occidental, que hizo que estuviera internada en el hospital y que rápidamente se convirtió en meningitis bacteriana. En los siguientes dos meses, pasó seis semanas en el hospital y dos más completamente inmovilizada en casa o en una ambulancia yendo de vuelta al hospital. Debido a su enfermedad, cada vez que Elise miraba una pantalla (su teléfono, su tableta, su laptop) experimentaba fuertes dolores de cabeza. Demasiado exhausta como para escribir en el teclado, Elise no podía trabajar en lo absoluto. Tuvo que dejarlo por la paz y eso significaba que ella y Scott también tendrían que renunciar a sus negocios porque cuando Elise Grice, alias *la Coach* no podía trabajar, el equipo del negocio no podía hacer ninguna jugada.

"Teníamos un equipo de nueve empleados que estaban trabajando, pero Elise era la directora creativa y no podíamos enviar nada a los clientes sin su aprobación —explicó Scott—. Como no podía ver una pantalla para aprobar el trabajo, todo se retrasó. La empresa llegó a un punto en que todo se detuvo y no podíamos facturar a nadie."

Dos meses después de contraer la enfermedad, Scott y Elise estaban sentados en su cama de hospital, rodeados de cuentas por honorarios médicos, preguntándose qué harían si ella no mejoraba. "Ambos estábamos llorando. Le dije a Elise: 'Si no te recuperas por completo, no podremos seguir con el negocio. Tú eres la única que tiene la capacidad de aprobar. Nadie más puede hacerlo, ni siquiera yo'. Estábamos pagando la nómina con nuestros ahorros. Estaba aterrorizado por mi esposa y también por nuestro negocio. No tenía idea de qué íbamos a hacer."

Sus negocios dependían por completo de Elise y en sólo dos meses sin ella, la exitosísima empresa estaba en terribles aprietos. Sólo se necesitaron dos meses. Esto es a lo que más le tememos los dueños de negocios: que si nos hacemos a un lado de nuestros negocios, si nos vamos, aunque sea por pocos días, nuestros negocios se vean afectados o mueran. Sé que he sentido eso incontables veces y usé ese miedo como una razón justificable para trabajar y trabajar y trabajar y luego trabajar un poco más. Sospecho que a ti también te ha pasado. (Aquí tienes un secreto: el trabajo no se acaba nunca.)

En las siguientes páginas regresaremos al caso de los Grice y descubriremos si su negocio sobrevivió, pero si tienes miedo de lo que podría pasarle a tu negocio si te tomas un descanso (o si te ves obligado a tomártelo) es una señal importante, tan grande como un anuncio espectacular con luces de neón, de que tu negocio necesita ser diseñado para funcionar solo. Si tuvieras implementados sistemas para que tu negocio pudiera seguir funcionando contigo o sin ti, no te preocuparías por tomarte un tiempo libre. Creo que lo sabes, dado que estás leyendo este libro. De lo que quizá no te des cuenta es que lograr que tu negocio funcione solo comienza contigo y con cómo ves tu papel en la empresa. Primero tenemos que hacer que pases de Dar acción a Diseñar.

Como dije en el capítulo anterior, la productividad es una trampa al final, porque el trabajo lo sigues haciendo tú. La mayoría de nosotros estamos acostumbrados a hacer lo que sea necesario para mantener nuestro negocio a flote y aquí la palabra operativa es "hacer". En los primeros tiempos no tenemos otra opción que desempeñar todos los papeles en nuestras empresas incipientes. Incluso, entre empresarios, es común la frase: "Soy el director general, el encargado de las fotocopias y de todos los puestos intermedios". Te aseguro que la has escuchado. Es tierna. Pero no es la forma de hacer crecer un negocio.

Los empresarios por naturaleza son personas a las que les gusta hacer las cosas por sí mismas. El canal de televisión HGTV, dedicado a temas de diseño, remodelación y decoración de casas, no tiene ningún programa sobre nosotros. ¡Hey, deberíamos tener nuestro propio canal! Nosotros hacemos todo cuando estamos en las etapas iniciales de un negocio, porque *debemos* hacerlo todo. No podemos darnos el lujo de contratar a otras personas y aún tenemos tiempo de hacerlo todo. Por lo general no somos muy buenos en todo (aunque nos convenzamos de que lo somos), pero hacemos las cosas lo suficientemente bien. Aunque tiene sentido que tengamos que asumir tantos papeles distintos cuando empezamos un negocio, seguir así no es saludable ni sostenible. Por fin, hacemos la primera contratación y, aun con la presión financiera* que esto trae consigo, sentimos un poco de alivio porque ya no podíamos mantener el alocado ritmo de hacerlo todo nosotros. Pero el ritmo acelerado en realidad no desaparece. Incluso cuando contratamos gente que nos ayude (empleados o personas subcontratadas) a menudo terminamos "haciendo" un montón de trabajo... Borra esto último. Terminamos haciendo *más* trabajo, porque nosotros, como Elise en su negocio, somos los ejes.

Diseñar un negocio para que funcione solo es factible. De hecho, es sumamente factible. Para lograrlo tienes que dejar de *Hacer* y enfocar más y más tiempo en *Diseñar* el flujo de tu negocio.

Las cuatro D para lograr que un negocio funcione como relojito

Hay cuatro fases de actividad que llevas a cabo como empresario. Se trata de las cuatro D: Dar acción, Decidir, Delegar y Diseñar. Aunque estás comprometido en las cuatro fases en distintos grados durante el curso de la evolución de tu negocio (pasaste algo de tiempo Diseñando tu negocio antes de lanzarlo) y, a pesar de que tu negocio siempre tendrá una mezcla de las cuatro D, nuestra meta es que tú, el empresario, Des menos acción y Diseñes más.

Pasar de Dar menos acción a Diseñar no es un cambio que puedas hacer de la noche a la mañana. No es un interruptor que enciendes. Es un acelerador. Construyes para conseguir llegar ahí. Con el

---

* El dilema financiero de contratar gente es muy difícil para los dueños de pequeños negocios. Cuando contratas a un empleado, es posible que tengas que restringir tu propia compensación, que ya de por sí es escasa. Así que retrasamos la contratación hasta poder pagarle a un empleado, pero nunca llegamos a ese punto. Estamos atrapados entre la espada y la pared. Trabaja aún más, lo cual es imposible. O contrata a alguien, lo cual no puedes costear. No obstante, hay una solución que expliqué en mi libro *La ganancia es primero*. Hice un video que muestra exactamente cómo abordar esta situación con éxito. Está disponible en la página Clockwork.life.

tiempo te vuelves cada vez más parecido a un diseñador y no hay límite.

1. **Dar acción.** Ésta es la fase en la que tú haces todo. La conoces bien y la realizas (lo suficientemente) bien. Cuando eres el único en un negocio, hacerlo todo tú es una necesidad. Así es como comienzan casi todas las empresas y donde muchas se quedan atoradas de manera permanente. De los 28 millones de negocios pequeños que hay en Estados Unidos, más de 22 millones no tienen ni un solo empleado.* En otras palabras, el dueño lo hace todo.

2. **Decidir.** En esta fase asignas tareas a otras personas. Ya sea que se trate de empleados de tiempo completo o de medio tiempo, o bien de personas que trabajan por proyecto, no se dedican más que a tareas específicas. Intentan llevar a cabo una tarea que les das y luego regresan contigo para hacerte más preguntas, para tener tu aprobación, hacer que resuelvas problemas y que les ayudes dándoles ideas. Si se presenta alguna anomalía con la tarea que está llevando a cabo, la persona regresa contigo para que tomes una decisión. Cuando termina la tarea o se queda inmóvil o te pregunta ahora qué tiene que hacer.

La mayoría de los empresarios confunde Decidir con Delegar. Si le asignas a alguien una tarea, pero necesita que le respondas preguntas para llevarla a cabo, no estás Delegando... estás Decidiendo. Los dueños de negocios que tienen tres o cuatro empleados pueden quedar atorados y pasar la mayor parte de su tiempo en esta fase. Tus empleados hacen el trabajo, pero, como tú tomas la decisión por ellos, nunca eres capaz de crecer a más de dos o tres empleados. El trabajo se convierte en un flujo constante de preguntas hechas por los empleados que te distraen sin cesar. Al final, se vuelve tan malo que te rindes

---

* www.forbes.com/sites/jasonnazar/2013/09/09/16-surprising-statistics-about-small-businesses/.

lleno de frustración y tomas la decisión de "regresar a como estabas antes" y hacer todo el trabajo tú solo. Te deshaces de la ayuda, te quedas solo por un tiempo (porque es más fácil hacer el trabajo que tomar decisiones por todos los demás), sólo para poco después estar abrumado con el trabajo y volver a contratar gente y volver a estar frustrado en la etapa de Decisiones. Mientras dura el negocio, pasas de hacer todo el trabajo a decidir por unos cuantos empleados, y viceversa, una y otra vez.

3. **Delegar.** En esta fase eres capaz de asignar tareas a los empleados, así como de empoderarlos para tomar decisiones con respecto a la ejecución de la tarea. La persona es completamente responsable de realizar la tarea. Están solos. A medida que pases más tiempo en la fase de Delegar, comenzarás a sentir alivio en relación con tu carga de trabajo, pero sólo si delegas de la manera correcta. En un inicio *debes* recompensar a tus empleados por el proceso de realizar una tarea —*no* por el resultado— porque la meta es pasar la responsabilidad de tomar decisiones de ti a ellos. Si se les castiga por tomar malas decisiones, lo único que estarás haciendo es entrenarlos para que acudan contigo en busca de decisiones. Tú también has tomado decisiones equivocadas en el pasado; y es así como van a crecer. La fase de Delegar puede ser sumamente difícil para los empresarios, porque podemos hacer todo a la perfección (en nuestra mente) y nos sentimos frustrados cuando no es así. Debes olvidarte de esta mentalidad de hacer las cosas a la perfección si quieres que tu negocio funcione solo de manera exitosa.

4. **Diseñar.** Aquí es donde trabajas en la imagen, en constante evolución, de tu empresa y en el flujo de negocios que apoya dicha imagen. El negocio funciona solo. Así que tú incluso podrías tomarte cuatro semanas de vacaciones sin que el negocio eche en falta nada. (Subraya esto.) Cuando estés en este modo, no sólo serás libre del grillete diario sino que también experimentarás más alegría que nunca con respecto a tu trabajo. Tu trabajo ahora consistirá en administrar el negocio en términos

financieros y en arreglar el flujo de negocios cuando las cosas no marchen como deberían hacerlo. Aquí es cuando ya no necesitas hacer el trabajo; no estarás supervisando el trabajo (hasta el punto que tú quieras) y harás sólo el trabajo que quieras hacer. Ésta es la buena vida, amigos y amigas.

Dar acción no te está llevando a ninguna parte

Puedo leer tu mente. Lo sé, da un poco de miedo. Pero eres mi alma gemela y mi amigo por siempre y estoy seguro de lo que estás pensando en este momento: "No puedo dejar de hacer el trabajo. Soy la única persona que realmente sabe cómo hacer x, y, z en este lugar. Mi equipo es genial, sin duda alguna, pero ellos sólo pueden hacer lo suyo. En lo que respecta a lo que yo hago, nadie más puede siquiera acercarse. Así de comprometido estoy. Así de bueno soy. Soy la única persona que será capaz de hacer lo que yo hago. Y, cuando se arme en grande, todo dependerá de mí. ¡Todo de mí!"

¿Es más o menos lo que estabas pensando? Creo que sí. No me resulta difícil leer tu mente porque sospecho que tú y yo no somos muy distintos. Me tomó años dejar de creer en mi propia retahíla y, la verdad, sigo luchando contra la necesidad de "hacerlo todo yo". Durante mis más de 20 años como empresario, "hacerlo todo" fue algo que yo esperaba de mí. Era un empresario "serio". Hacía "lo que fuera necesario" para hacer crecer mi negocio. Y como tenía éxito, atribuía mucho de ese éxito a mi "incansable" ética del trabajo. Incluso cuando tenía un equipo de casi 30 personas, seguía forzando mi máquina, haciendo gran parte del trabajo y supervisando el resto porque "nadie podía hacer lo que yo". Lo único que deseaba era que mis empleados "avanzaran" y "actuaran como si fueran dueños del negocio". Pero no era así. Simple y sencillamente me molestaban con un flujo interminable de preguntas. ¿Notaste todas las comillas que hay en este párrafo? Se deben a que la mayoría de mis percepciones eran, como dije antes, una retahíla de tonterías.

Una vez más, como líder de un negocio, la mejor forma de invertir tu tiempo es *Diseñando* y no *Dando* acción. ¿A qué me refiero con "Diseñando el trabajo"? Usemos la analogía del futbol americano. (¡Arriba los Hokies!) Es la historia del dueño del equipo, el coach y los jugadores. Los jugadores están empoderados para tomar decisiones en fracciones de segundo en el campo de juego, el coach crea el plan de juego y establece las jugadas y el dueño del equipo diseña al equipo. El dueño establece la franquicia, elige al o a los coaches para que lleven el equipo y luego mira desde la distancia cómo el equipo implementa el plan de juego. Para alguien que mira desde fuera, puede parecer confuso. No es otra cosa que un tipo rico que come hot dogs desde un palco de cristal. Pero está sucediendo mucho más de lo que puedes ver. El dueño del equipo siempre está optimizando cada elemento de la franquicia: el equipo, los tratos con los patrocinadores, las ventas de los asientos, la mercadotecnia, el presupuesto, etcétera.

Como diseñador, debes anticipar varios pasos. Eres estratégico. Mides las oportunidades y los riesgos. ¿Todos los movimientos que haces son buenos? Por supuesto que no. Pero mides los resultados de los movimientos y haces ajustes según tus siguientes movimientos. Y para ser el diseñador de tu empresa necesitas salir del campo y estar en un palco de cristal. Sólo evita los hot dogs. No traen nada bueno.

Todos los empresarios comienzan siendo gente de acción, porque hacer las cosas es para lo que somos buenos. El problema surge cuando estás atrapado en esa fase y toda esa acción te impide dedicarte a una visión mayor para la creación de tu negocio. Ya estás familiarizado con el trabajo de Diseño. Es lo que te gustaba en un inicio: crear una visión para tu empresa y crear los movimientos estratégicos que podías llevar a cabo. De modo que éste es el trabajo para el cual tienes conocimiento de primera mano que te permite hacerlo de manera efectiva: dirigir el flujo de negocios. Cuando estás invirtiendo la mayor parte de tu tiempo en la fase de Diseño, tu empresa logra eficiencia absoluta y potencial de crecimiento. Como diseñador, le estás dando lo mejor a tu empresa: tu genio, el genio con el cual comenzó todo. También te haces a un lado de las operaciones cotidianas de modo que tu negocio pueda funcionar sin ti, lo cual significa que también puede crecer sin ti. Tu propósito es diseñar el flujo de tu negocio, apuntar en la dirección del crecimiento y luego tomar decisiones estratégicas para arreglar, cambiar o mejorar las cosas cuando el flujo no sea el adecuado.

Incluso cuando apreciamos el valor del trabajo de Diseño, la mayoría de nosotros sigue dedicando demasiadas horas a Dar acción. Esto no sólo se aplica para los empresarios que aún no tienen empleados y que todavía no han delegado nada, sino que se aplica a los líderes de equipos formados por cinco, 50 o 500 personas. Los dueños, administradores y equipos operativos pueden caer en la trampa de Dar acción tanto como cualquier empresario sin empleados.

Un estudio de 2009 realizado por el Instituto Max Planck para la Cibernética Biológica en Tubinga, Alemania, confirmó que las personas que estaban tratando de encontrar cómo salir de un bosque o un desierto sin señales (y sin tener el sol como guía) tienden a caminar en círculos. Las personas caminaron en círculos hasta 20 metros mientras creían que estaban caminando perfectamente en línea recta. Es como si te pusieras una venda en los ojos y trataras de cruzar un campo de futbol, por el camino corto, de un lateral al otro, y nunca lograras cruzarlo.

Los investigadores concluyeron que, en ausencia de marcadores claros de distancia y dirección, hacemos un continuo flujo de pequeños ajustes a lo que consideramos una línea recta, pero esos ajustes están más inclinados hacia un lado que hacia el otro. Nuestro sentido de lo que es recto cambia constantemente y hace que caminemos en círculo. Vamos en círculo, hasta que no podemos más, cuando fácilmente habríamos podido salir si hubiéramos caminado en línea recta.

Puedes superar esta tendencia si posees una señal clara para avanzar y si tienes la suerte suficiente de estar equipado con una brújula o un GPS. Esa señal clara y distante nos permite recalibrar constantemente nuestra dirección y seguir en línea recta. Aun cuando se presenta un obstáculo, podemos evitarlo, rodearlo o alejarnos corriendo, y luego volver a identificar nuestra señal y usarla para corregir nuestro curso.

¿Por qué te estoy diciendo todo esto? Porque un negocio que no dedica tiempo para definir a dónde quiere ir, que no busca formas de llegar a ese punto y que no identifica las señales que le ofrecerán la ruta más directa está destinado a girar en círculos por toda la eternidad. La lucha para escapar de la "trampa de la sobrevivencia" es constante. El dueño del negocio y el equipo trabajan como locos, mes tras mes, año tras año, esperando avanzar, pero, en ausencia de un sentido claro de dirección, se sienten sorprendidos y frustrados cuando siguen caminando en círculos y llegando al mismo punto.

Al convertirte en diseñador de tu negocio, tu trabajo consiste en definir hacia dónde está caminando tu empresa, en identificar las señales que significan progreso, en equiparte a ti y a tu equipo con las herramientas (por ejemplo, un tablero de mando que actúe como el GPS de tu negocio) y en establecer las estrategias necesarias para que tu camino sea más seguro, más fácil, más rápido y más eficiente (como crear un puente sobre un río).

Un negocio sólo puede experimentar un progreso extraordinario si tiene un diseño extraordinario. Y sólo puedes lograrlo si dedicas tiempo a su tarea más importante. Tiempo para establecer cuál es "la meta más importante y noble de tu negocio". Tiempo para descubrir cuál es la estrategia adecuada para alcanzar ese impacto. Y tiempo para determinar qué elementos vas a usar para medir el progreso de tu empresa y de tu equipo. Ése es el destino de tu empresa y la visión que tienes de ella.

¿Cuál es la peor parte de estar caminando en círculos? Que no creemos estarlo haciendo, a pesar de ver las pruebas. En el estudio realizado por el grupo de investigación alemán, a los participantes los dejaron en mitad de un bosque de Alemania y a otro grupo en el desierto del Sahara. Llevaban un dispositivo GPS para poder rastrearlos y les dieron instrucciones muy sencillas: caminar en línea recta por unas horas. Cuando el sol o la luna se podían ver, las personas lograban mantenerse en una ruta más o menos directa. Pero en un día nublado o en una noche sin luna, la gente de inmediato comenzaba a seguir un patrón de círculos. Lo peor es que el terreno ocasionaba aún más complicaciones con la dirección, creando un efecto de canales. La gente no podía caminar en línea recta sin un elemento que sirviera como señal, y cuando se presentaban complicaciones, a menudo ponían a las personas en una dirección completamente nueva otra vez.

Intentar construir un negocio sólo Dando acción y sin Diseñar es como caminar con los ojos vendados a través de un denso bosque. Es inevitable que camines en círculos y que tropieces si te topas con un obstáculo sustancial. Navegar por el terreno de una empresa que está en crecimiento requiere un diseñador que mire más allá del contante flujo de desafíos y oportunidades que están inmediatamente enfrente y que, en cambio, pueda hacer un esbozo del camino hacia el éxito. Y ese diseñador eres tú. Sí, incluso si has perdido contacto con la visión que alguna vez tuviste, incluso si sientes que no has visto tu creatividad en la última década e incluso si te preguntas si de verdad tienes lo que se requiere para navegar tu barco hacia costas nuevas y prósperas… eres la persona más indicada para la tarea de "diseñar". Puedes hacerlo.

La complicación de delegar

Cuando por primera vez quieres hacer crecer tu negocio, la fase de Decidir llega rápidamente. El proceso es simple: contratar gente y decirle qué hacer. ¿Lograr que haga su trabajo sin tu intervención? No tan fácil. Y nos compramos ese problema. Cada vez que mi personal tenía una pregunta y me buscaba para que tomara una decisión, tenía sentido. Eran nuevos empleados y necesitaban aprender la forma adecuada de hacer las cosas… mi forma de hacer las cosas. Así que les daba las respuestas que necesitaban y los mandaba a hacer su trabajo. Además, cada vez que tenían una pregunta que sólo yo podía contestar, mi ego se veía aumentado y se satisfacía mi necesidad de sentirme importante. Sólo estoy siendo realista. Y tú también necesitas serlo: saber lo que otros no saben hace que tu ego aumente.

Pensé que la necesidad de responder las preguntas de todo el mundo no duraría mucho. Estaban aprendiendo a hacer las cosas y yo esperaba que las preguntas fueran disminuyendo. Sin embargo, por raro que parezca, aumentaron. El problema que yo no veía, hasta que fue demasiado tarde, es que les estaba enseñando a regresar siempre con más preguntas para hacerme. Lo único que ellos dominaban era el sistema "Ven a molestarme cuando quieras" que yo les había enseñado.

Apuesto a que tú también le has enseñado este mismo sistema a tu equipo. Y apuesto a que estás demasiado familiarizado con la forma en que funciona. Comienza con el momento "más bueno que el pan". Contratas ayuda virtual o un empleado de tiempo completo o de medio tiempo. El primer día, la única persona más emocionada y nerviosa que el empleado eres tú. A los pocos días, estás pensando: "Este nuevo empleado me está quitando muchísimo trabajo. ¿Por qué no lo pensé antes? Es 'más bueno que el pan'".

El recién llegado tiene toneladas de preguntas, pero es de esperarse. De hecho, eso es lo que quieres: un aprendiz. Pero, unas semanas después, esa persona sigue teniendo toneladas de preguntas. Te pregunta cosas cuya respuesta debería saber a estas alturas. ¿Qué está sucediendo? Entonces, en unas semanas, el nuevo "pan" es una absoluta distracción. Sus preguntas nunca se acaban. Constantemente debes distraerte de tu trabajo para atenderlo. Ahí es cuando te das cuenta de que ese pan es soso, como los que no tienen gluten. Ya sabes, es tan flexible como el concreto y tiene el sabor del cartón. Ahí es cuando comienzas a pensar: "Es más fácil hacer todo el trabajo yo solo".

Cuando les das todas las respuestas a tus empleados, bloqueas su aprendizaje. Sospecho que cuando aprendiste a manejar, la única forma en que lo lograste fue manejando. Sí, estuviste seis horas en el curso de manejo teórico en un salón de clases donde te dijeron que el acelerador está a la derecha y el freno a la izquierda. Pero, incluso con esas instrucciones, cuando llegó el momento de manejar, es muy probable que hayas acelerado en exceso o que hayas pisado el freno con demasiada fuerza. Apuesto a que mientras aprendías a conducir, alguna vez calculaste mal la distancia y aplastaste uno o dos conos.

El aprendizaje —el verdadero aprendizaje— sucede haciendo algo. Debes experimentarlo para poder interiorizarlo. Nuestros empleados deben experimentar el proceso de tomar decisiones para que puedan interiorizarlo. La ironía, por supuesto, es que, cuando contratas a alguien, lo haces específicamente para que puedas reducir tu trabajo. Pero si te permites tomar todas las decisiones por esa persona, tu trabajo aumenta y su aprendizaje se detiene.

Tener que supervisar a mi personal no reducía mis horas de trabajo. De hecho, trabajaba más, porque constantemente me distraía de lo que debía estar haciendo para tomar decisiones por otra persona. Luego, cuando regresaba a mi trabajo, tenía que volver a agarrar la onda, lo cual, como bien sabes, toma tiempo. La distracción de ser quien decidía me hacía súper ineficiente. Los empleados suspendían su trabajo mientras esperaban su turno para hacerme una pregunta. Literalmente *dejaban* de hacer cosas hasta que yo les daba instrucciones. ¡Mi trabajo se detenía y el suyo también! Tratar de hacer mi trabajo y supervisar a mi equipo era como tratar de escribir una carta mediante un teclado y, al mismo tiempo, escribir a mano las instrucciones. Inténtalo. Es imposible.*

Esta experiencia me llevó a creer que tenía menos trabajo que hacer, así que contrataba a otra persona. Y a otra. Y a otra más. Hasta que estaba tomando decisiones por todo el equipo y tenía que

---

* Si quieres tratar de demostrar que estoy equivocado, por favor envíame un video en el que estés escribiendo en un teclado y a mano al mismo tiempo. Me encantaría verlo.

intentar hacer mi trabajo por la noche, o los fines de semana, o en la madrugada. Como resultado, la empresa se volvió más ineficiente porque todas esas personas estaban esperando que yo tomara decisiones. En lugar de capturar y utilizar el recurso más poderoso que tenía (sus cerebros) todos estábamos dependiendo del mío. Para colmo, todos sus sueldos drenaban mis cuentas bancarias.

Decidí volver a lo que funcionaba: estar yo solo. Despedí a todo el mundo y regresé a hacer mis cosas. Pensé que eso sería más fácil. Tenía una idea romántica sobre el empresario solo que hace todo. Estaba loco; era como si hubiera olvidado lo que era hacer todo el trabajo. El ciclo comenzó una vez más. Pasar de Dar acción a Decidir es más común de lo que crees. Por eso la mayoría de los negocios no llega a tener más de uno o dos empleados.

Responder sus preguntas hacía que mi propio trabajo tuviera que esperar y realizar mi trabajo hacía que mis empleados tuvieran que esperar para recibir una respuesta. De acuerdo con S. Vacanti, autor de *Actionable Agile Metrics for Predictability: An Introduction*, más de 85% del tiempo de vida de un proyecto transcurre en una fila, esperando algo de alguien. El tiempo de espera, además de ineficiente, es agotador. Si podemos reducir el tiempo de espera, podemos mejorar el crecimiento… y obtener más salud mental.

Muchos negocios con menos de tres empleados se atoran jugando el juego de esperar y en las idas y vueltas entre las fases de hacer y decidir. Los dueños de negocios comienzan diciendo: "Yo tengo que hacerlo todo" y pasan a "Necesito contratar gente que lo haga". Entonces, cuando descubren que su carga de trabajo no se ha aligerado, y que están más estresados y cortos de dinero que nunca, terminan pensando: "Todos son unos imbéciles. Los voy a despedir y yo voy a hacerlo todo", lo cual al final los lleva a: "Dios mío, no puedo seguir así. Necesito contratar gente cuanto antes" y de nuevo a: "¿Todos en este planeta son idiotas?"

No, tu personal no es idiota. Para nada. Sólo necesitan que tú dejes de Dar acción y de Decidir y comiences a Delegar, no sólo los hechos, sino las decisiones. De verdad.

Estaba hablando con Scott Oldford, fundador de Infinitus Marketing and Technology y me dijo lo siguiente: "El mayor problema es que nadie les ha enseñado a los empresarios la mentalidad de delegar. No es que no sepan que necesitan hacerlo. Sólo necesitan entrar en la mentalidad de dejar ir las cosas. Luego, cuando estén comprometidos a lograrlo, necesitan hacerlo de la forma adecuada".

Scott explicó que delegar es un proceso. "Primero asignas una tarea. Luego asignas la responsabilidad. Luego les pides que se adueñen de los resultados. Por último les pides que se adueñen de la meta, que consiste en resultados repetidos una y otra vez."

¿Qué podrías lograr si tu personal no estuviera enfocado en realizar tareas sino en cumplir metas para tu empresa? Esto cambia las cosas, ¿verdad? Hablaremos con más detalle de esto en el capítulo 4, pero, por ahora, déjame explicarte el concepto de delegar. Pregúntate: ¿Mi vida sería más fácil si mis empleados estuvieran empoderados para tomar decisiones y yo me sintiera confiado de que siempre tomarán decisiones que harán crecer mi negocio? ¿Mi vida sería más fácil si mis empleados actuaran como si fueran dueños del negocio?

No tiene ninguna ciencia, ¿verdad? La única respuesta es: "¡Obvio sí, Mike! Mi vida sería una cadena infinita de maravillas".

Cuando *tu* meta deseada es también *su* meta deseada, es más fácil que puedas soltar y dejar que tu equipo haga su trabajo. Y va a estar bien. Va a estar más que bien. Vas a ser una máquina delegadora. Vas a ser la Oprah Winfrey de los que delegan: "¡Tú tienes un proyecto! ¡Y tú tienes un proyecto! ¡Y *tú* tienes un proyecto!"

Si vas a salvar tus sábados y tu alma y a hacer crecer tu negocio, es esencial que sepas en qué fase de las cuatro D estás. ¿Alguna vez vas a dejar de Dar acción por completo? Tal vez no, pero harás una fracción de lo que haces hoy y pasarás a hacer sólo el trabajo que amas.

Por un momento piensa en Jeff Bezos, la mente maestra atrás de Amazon. El jueves 27 de julio de 2017 las noticias dieron a conocer que Jeff Bezos había desbancado a Bill Gates como la persona más rica del mundo. Fue algo momentáneo, pues la bolsa volvió a jugar a favor de Bill Gates al final del día y él de nuevo fue la persona más rica del mundo.* Elige a cualquiera de estos dos empresarios. Tanto Gates como Bezos han concentrado sus energías en la fase de Diseño. Pero, aún hoy, siguen haciendo algunas cosas. Puedes apostar lo que quieras a que, cuando se negocia una sociedad importante, Bill Gates participa en el trato. Y cuando Amazon adquiere otro producto que va a cambiar el juego, no sólo el equipo de diseño prueba los prototipos sino que Bezos hace algunas pruebas él mismo. La fase de Dar acción nunca desaparecerá por completo para un empresario; simplemente le tomará menos tiempo.

Decidir cada pequeño detalle... Puedes mandar muy lejos esa fase. No dejarás de Decidir por completo; sólo pasarás de tomar decisiones menores a tomar sólo las decisiones más importantes a medida que la gente en quien delegues se sienta más cómoda tomando sus propias decisiones. En cuanto a Delegar cómo tu negocio va a evolucionar y a cambiar, tendrás que dedicar algo de tiempo a Delegar. Vas a Delegar hasta que contrates a alguien que lo haga por ti, alguien cuyo "Trabajo primario" sea empoderar continuamente al equipo para tomar sus decisiones en el campo de juego y protegerte mientras tú haces el trabajo de Diseño.

Recordatorio: no se trata de pasar de una fase a otra; es un acelerador. La meta es que dejes de pasar la mayor parte de tu tiempo laboral controlando el flujo de trabajo y diseñando el futuro de tu empresa. Si quieres que tu negocio funcione como relojito, como el de Gates y el de Bezos, debes concentrar la mayor parte de tu esfuerzo en ser un diseñador.

---

* Pocos días después del anuncio de que Jeff Bezos había sido momentáneamente el hombre más rico del mundo, con una fortuna de más de 90 mil millones de dólares, Bill Browder, director general de Hermitage Capital Management, anunció que el presidente ruso, Vladimir Putin, en realidad era el hombre más rico del mundo, con bienes por más de 200 mil millones de dólares. Gates y Bezos se encuentran en la marca de los 90 mil millones y luego este monstruo ruso del dinero llega al ring y noquea a todos. A mí me suena como *Rocky IV*. Sin embargo, en este libro no usaré a Putin como un ejemplo de cómo dirigir un negocio.

Los porcentajes meta de las cuatro D

Si quieres mejorar tu cuerpo o tu negocio, o prácticamente cualquier cosa, necesitas saber qué es lo que tienes que lograr y dónde te encuentras hoy. Fijar la meta de bajar 100 kilos no es buena idea si sólo pesas 50. La claridad viene de saber cuál es tu meta ideal y dónde estás empezando. Eso es lo que vamos a hacer por tu negocio en este paso.

CUATRO TIPOS DE TRABAJO

FIGURA 2.

Hay cuatro formas en que las personas que trabajan para un negocio sirven a ese negocio. Cada persona en una empresa está Dando acción para llevar a cabo el trabajo, Decidiendo por otros sobre el trabajo, Delegando el trabajo a otros o Diseñando el trabajo. Como mencioné antes, denomino a esto las cuatro D.

Las cuatro D tienen lugar en tu negocio y en todas las demás empresas del mundo. Esto es cierto si tu negocio es una empresa de una sola persona, de 100 o de 1000 o del número que sea. Y esto es cierto para todas las personas de tu empresa. Desde el becario hasta el miembro de la mesa directiva, desde el que va con un traje elegante hasta el que lleva un uniforme de limpieza, todos trabajan con las cuatro D.

Todas las personas de tu empresa llevan a cabo su propia mezcla de las cuatro D, aunque tal vez tú no las estés dirigiendo (todavía) de manera deliberada. Puede ser que algunas personas estén dando acción constantemente. Otra persona puede que esté decidiendo lo que otras van a hacer mientras hace el trabajo de 10 personas y con los pocos segundos que le quedan trata de diseñar una estrategia a futuro. ¿Te suena familiar?

En conjunto, el trabajo de las cuatro D de cada persona se combina para formar una Mezcla de 4D para tu negocio. Si el negocio está compuesto sólo por ti, el empresario solitario, tu propia mezcla de las 4D es la Mezcla de 4D de la empresa. Si la empresa tiene varios empleados, la suma de las 4D de cada empleado es la Mezcla de 4D de la empresa.

La mezcla ideal de una empresa es 80% (Dar acción), 2% (Decidir), 8% (Delegar) y 10% (Diseñar). (Véase la figura de la página 57). ¿Por qué un negocio necesita dedicar tanto tiempo a Dar acción? Porque los negocios necesitan hacer cosas que los clientes desean y eso crea valor en el mercado; así es como hacen sus ganancias los negocios. El otro 20% de esa mezcla ideal se distribuye entre manejar y guiar el negocio. Para que diseñes la empresa con el objetivo de que funcione, necesitas dominar la mezcla. Dicho simplemente: necesitas saber cuál es la Mezcla de 4D de tu empresa en comparación con la Mezcla de 4D óptima y luego necesitas usar el sistema Clockwork para optimizar continuamente tu negocio.

Atajo útil y críticamente importante: analizar la proporción adecuada puede ser arduo y llevar mucho tiempo. Como los negocios son dinámicos, es muy difícil (a veces imposible) ajustar constantemente la proporción. Así que lo único en lo que deberías enfocarte, por encima de todo lo demás, es en la parte más grande, es decir, en el 80% del tiempo que consiste en Dar acción. ¿Tu empresa está invirtiendo la mayor parte de su tiempo en servir a los clientes (el 80% de Dar acción), pero no todo? Si tienes un 95% de Dar acción, al instante puedes decir que no hay suficiente Diseño u otro trabajo porque sólo queda 5% del tiempo de la empresa para las otras tres D. Si Dar acción corresponde a 60%, eso también te dice que estás en problemas, porque tu negocio no está invirtiendo el tiempo suficiente en hacer las cosas. Así que, si tan sólo rastreas el Dar acción y fijas como meta que sea el 80%, las otras tres D se van a alinear de manera natural. Enfócate en pasar el 20% restante Diseñando, y el Delegar y Decidir a menudo caerán solos en su lugar, siempre y cuando te comprometas a empoderar a tus empleados para ser dueños de su propio trabajo.

MEZCLA DE 4D ÓPTIMA

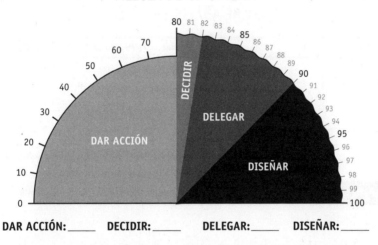

DAR ACCIÓN:_____ DECIDIR:_____ DELEGAR:_____ DISEÑAR:_____

FIGURA 3. (Nota: esta gráfica no está elaborada con incrementos equilibrados para que resulte más fácil de leer.)

Ahora que sabes cuál es la mezcla óptima, vamos a descubrir dónde está tu negocio en este momento. Al final necesitamos evaluar cómo están usando su tiempo todas las personas de tu empresa, pero como tú eres el que está leyendo este libro y es muy posible que seas tú quien esté sirviendo al PAR (hablaremos de esto más adelante), necesitamos analizar primero tu mezcla. Y si tienes un negocio de una sola persona, entonces *tú* eres el negocio. Sin importar cuántos empleados tengas, es importante que entiendas este proceso y lo que revela sobre tu propia mezcla de 4D. Este proceso te ayudará a entender cómo evaluar la Mezcla de 4D de tu empresa.

Revisa tus últimos cinco días de trabajo. Si llevas una agenda o una herramienta para rastrear tareas, esto será relativamente fácil. Para que esto salga mejor, escribe cada tarea que hiciste y cada acción que llevaste a cabo en los cinco días que estamos evaluando.

1. En una hoja haz seis columnas, tituladas "Fecha", "Actividad", "Inicio", "Final", "Tiempo total" y "Tipo de trabajo" (elaboré una tabla que puedes descargar en Clockwork.life). Ésta es tu "Hoja de análisis de tiempo".

HOJA DE ANÁLISIS DE TIEMPO

FECHA	ACTIVIDAD	INICIO	FINAL	TIEMPO TOTAL	TIPO DE TRABAJO
					DAR ACCIÓN | DECIDIR | DELEGAR | DISEÑAR
					DAR ACCIÓN | DECIDIR | DELEGAR | DISEÑAR
					DAR ACCIÓN | DECIDIR | DELEGAR | DISEÑAR
					DAR ACCIÓN | DECIDIR | DELEGAR | DISEÑAR
					DAR ACCIÓN | DECIDIR | DELEGAR | DISEÑAR
TIEMPO TOTAL	DANDO ACCIÓN:_____ DECIDIENDO:_____ DELEGANDO:_____ DISEÑANDO:_____				

2. Llena el formato escribiendo cada tarea o acción que llevas a cabo durante cada uno de los cinco días. Para facilitar el proceso lo más posible, haz tu mejor esfuerzo por recordar un día completo a la vez y luego repítelo para cada uno de los cinco días.
3. En la columna "Fecha", escribe el día de la actividad.
4. En la columna "Actividad", escribe algunas palabras que describan la tarea o acción que llevaste a cabo.
5. En las columnas "Inicio" y "Final", escribe la hora en que comenzaste y terminaste las tareas. (Esto sólo es necesario cuando haces un "Análisis de tiempo activo". Como estás haciendo esto de memoria, sáltate las columnas de "Inicio" y de "Final" y simplemente llena el "Tiempo total" que pasaste haciendo una tarea.)

6. Como paso final clasifica la tarea como Dar acción, Decidir, Delegar o Diseñar. O, si estás usando el formato que descargaste de Clockwork.life, simplemente encierra en un círculo la categoría adecuada para cada actividad.

7. Si no tienes una agenda con buenos registros y estás teniendo dificultades para recordar tus últimos cinco días de trabajo (bienvenido a la vida de empresario), sólo llena la "Hoja de análisis de tiempo" a lo largo de los próximos cinco días. A medida que te metas más de lleno en el sistema Clockwork y se lo transmitas a tus empleados y colegas, un "Análisis de tiempo activo" es una forma más precisa de proceder. En este proceso vas a rastrear las acciones que llevas a cabo a medida que las realizas, lo cual garantizará que no te pierdas nada.

El análisis activo

Espera… estoy a punto de aventarte un montón de números. Como Dorothy, de *El mago de Oz*, tal vez no tengas ganas de caminar por el bosque para llegar a Ciudad Esmeralda. Para ella era algo aterrador. Porcentajes, porcentajes y más porcentajes. ¡Dios mío! Sé que tal vez tú no seas un nerd de los negocios como yo, que me vuelvo loco haciendo ejercicios de aritmética y análisis. Pero confía en mí, ¿sí? Necesitas esta información para llegar a donde vas. (Que, por cierto, espero sea la maravillosa tierra de Oz y no el polvoso escenario que era Kansas en la era de la Depresión. ¿Por qué querría regresar ahí Dorothy?)

1. Prepara una nueva "Hoja de análisis de tiempo" como describí en el paso 1 que acabas de leer.

2. A medida que el día vaya transcurriendo, escribe la fecha y la actividad en la que estás trabajando, junto con la hora en la que comenzaste. Luego trabaja en esa actividad. En cuanto cambies a otra labor distinta, a cualquier labor, incluyendo distraerte a

causa de una pregunta que te hizo un colega, responder un correo electrónico urgente o salir a almorzar, rápidamente escribe la hora en la que terminaste la tarea actual (aunque no la hayas terminado... se considera terminada por el momento). Luego escribe la nueva actividad (por ejemplo, responder la pregunta que te hizo tu colega) y en qué momento la comenzaste. Después, una vez que la actividad esté terminada, escribe a qué hora la terminaste. Luego haz lo mismo para la nueva tarea. Repite esto todo el día.

3. Cuando hayas terminado de trabajar por ese día, asegúrate de que todas las fechas estén anotadas. Una línea de arriba hacia abajo resulta adecuada y efectiva (después de todo éste es un libro sobre eficiencia). Luego toma la siguiente tarea del día y marca en la hoja de qué tipo de trabajo se trata: Dar acción, Decidir, Delegar o Diseñar. Sólo elige uno para cada tarea. Si no estás seguro, elige los niveles más bajos que estés considerando (Dar acción es el más bajo y Diseñar es el más alto). Sé que esto es laborioso, pero son sólo cinco días de tu vida, y es muy revelador (te sorprendería la brecha que puede existir entre tu percepción y la realidad) y es un paso esencial para lograr que tu negocio funcione en automático. Necesitas claridad sobre dónde te encuentras, ahora mismo, de modo que podamos hacer que te muevas rápidamente hacia donde necesitas estar.

4. Una vez que hayas llenado la "Hoja de análisis de tiempo" para los cinco días, suma el total del tiempo que invertiste Dando acción. Luego suma el total del tiempo que pasaste Decidiendo. Después, Delegando. Y, por último, hazlo para el tiempo que pasaste Diseñando. Coloca los totales al final del formato y guárdalo para análisis futuros.

5. Con los totales de cada una de las 4D, crea una gráfica (o llena la que verás a continuación o descarga una en Clockwork.life) que muestre tu Mezcla de 4D. Calcula los porcentajes dividiendo el total de cada D entre la suma de las cuatro D. Por ejemplo, si pasaste 45 horas Dando acción, 14 horas Decidiendo, una hora

Delegando y cero horas Diseñando, el total de las 4D (45 +14+ 1 + 0) es igual a 60 horas.

MEZCLA DE LAS 4D

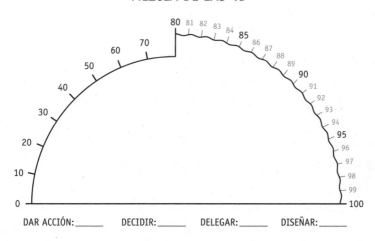

FIGURA 5.

Para obtener el porcentaje correspondiente a Dar acción, divide 45 horas entre 60 horas, con lo cual obtienes 0.75, es decir, 75%. Siguiendo con el ejemplo, Decidir es 23%, Delegar es 2% (ambos redondeados) y Diseñar, 0%. Con los porcentajes calculados, llena cada categoría de D al final de la gráfica.

6. Como último paso en el análisis, llena las "rebanadas del pay" correspondientes a cada D para representar los porcentajes adecuados en la gráfica (la Mezcla de 4D). Las rebanadas mostrarán la distribución de cada tipo de trabajo (las 4D). También puedes descargar esto de la pestaña de recursos que se encuentra en Clockwork.life.

Aunque todos los tipos de trabajos son necesarios, muchos negocios están desequilibrados. Más adelante veremos el negocio completo, pero por ahora vamos a empezar viendo dónde te encuentras. Y, una vez más, si eres un empresario que trabaja solo o tienes un negocio con cinco o menos empleados, o tú eres el negocio o eres la parte más importante de éste. ¿Qué puedes notar? ¿De qué te has dado cuenta?

Muchos empresarios que trabajan solos caen en la trampa de tener 95% o más de su tiempo dispuesto para Dar acción. Están viviendo en una trampa de "tiempo por dinero" —la "trampa de la sobrevivencia"—, donde la única manera de crecer es Dando más acción, pero no puedes hacerlo porque no tienes tiempo.

También he visto a empresarios que trabajan solos caer en una Mezcla de 4D de mucho Diseño. Invertir 40% de tu tiempo en Diseñar (lo cual es mucho más del 10% óptimo) tal vez indique que eres un soñador, pero, con toda seguridad, significa que no estás pasando suficiente tiempo Dando acción para convertir en realidad esos sueños.

¡Advertencia! Como te abocaste sólo a cinco días de tu vida, tal vez analizaste una semana en la que, por ejemplo, estabas haciendo un plan trimestral para establecer el rumbo del negocio. En *The Toilet Paper Entrepreneur* detallo la estrategia de fijar el rumbo del negocio, pero la esencia es simple: se trata de un protocolo trimestral en el que observas el mercado que te rodea y la influencia que puede tener en que alcances tus metas y luego ajustas tu estrategia de negocios para que vuelva a estar alineada con "la meta más importante y noble de tu negocio".

Si llevas a cabo tu análisis de tiempo durante un periodo para establecer el rumbo del negocio, ese análisis no es representativo de tu típica distribución del tiempo. Es así: puedes y deberías confiar en ti. Tú sabes cómo es una hoja de trabajo típica para ti, porque es la hoja de trabajo con la que vives. Así que tienes permiso de regresar al paso 1 y escribir lo que consideras que corresponde a una semana típica.

Por supuesto, la Mezcla de 4D funciona para empresas de muchos empleados. Por ejemplo, si tienes dos empleados (y tú eres uno de ellos), el promedio de sus Mezclas de 4D individuales constituye la mezcla de la empresa. Así que si tu 4D es 50% Dar acción, 0% Decidir, 0% Delegar y 50% Diseñar, y la del otro empleado es

80% Dar acción, 20% Decidir, 0% Delegar y 0% Diseñar, es el promedio de cada categoría el que define la mezcla de tu negocio.

(Nota: sé que tal vez tú trabajes 70 horas a la semana y tu empleado 40, razón por la cual se debe poner más énfasis en los porcentajes. Pero ese nivel de detalle no genera mucho impacto en los resultados, así que no vamos a ponernos tan quisquillosos. Además, nuestra meta es reducir tu tiempo de 70 horas a mucho menos. ¿Recuerdas?)

En este ejemplo, la mezcla de la empresa es 65% Dar acción (el promedio de 50 y 80%), 10% Decidir (promedio de 0 y 20%), 0% Delegar (promedio de 0 y 0%) y 25% Diseñar (promedio de 50 y 0%). Así que el negocio es 65/10/0/25. Compara esto con la Mezcla de 4D óptima de 80/2/8/10 y es posible que veas la necesidad de aumentar el Dar acción (hacer el trabajo) y reducir el Decidir por los demás (tal vez subcontratamos ayuda virtual y necesitan demasiada dirección). No se está Delegando nada y queremos que 8% del tiempo se invierta en empoderar a los demás para lograr resultados. Veinticinco por ciento del tiempo entre esas dos personas se invierte en Diseñar (visión y pensamiento a futuro) el negocio, lo cual es demasiado (debería ser de alrededor de 10 por ciento).

Si tienes una empresa grande con docenas, cientos o miles de empleados, sigue siendo posible que lleves a cabo este ejercicio para todos. Pero hazlo en grupos de departamentos y responsabilidades. Por ejemplo, digamos que tienes 200 empleados y tu departamento de contabilidad tiene 10 personas. Haz que cada persona del departamento de contabilidad analice su Mezcla de 4D. Luego promedia los resultados de todos los que trabajan en ese departamento. Haz lo mismo en el caso de otros departamentos y después elabora gráficas para cada uno. Suma la Mezcla de 4D de todos los departamentos para ver cuál es la de tu empresa.

Comienza con 1%

Sé que el cambio hacia el que te estoy pidiendo que te dirijas puede parecer abrumador, en especial si en este momento no puedes imaginar cómo podrías liberar algo de tiempo para enfocarte en Diseñar tu negocio. Por esta razón, a medida que comiences el proceso, te pido que apartes tan sólo 1% de tu tiempo de trabajo para Diseñar. Si trabajas 40 horas a la semana, eso significa 24 minutos a la semana, que, redondeado, es media hora. Si trabajar 60 horas a la semana está más cerca de tu realidad, eso se puede redondear a una hora de tiempo para Diseñar. Ni siquiera tienes que disponer una hora completa (o el equivalente a tu 1%) para el trabajo de Diseño; puedes dividir el tiempo.

Con tan sólo 1% de tiempo para Diseñar, puedes enfocarte en optimizar tu Mezcla de 4D y otras estrategias que te ayudarán a mejorar tu negocio. ¿Sabes qué más podrás hacer? Por fin serás capaz de elegir el fólder de "Ideas reservadas para algún día" que tenías en el cajón y descubrir si quieres seguir adelante con ellas. Los artículos sobre tendencias en tu ramo y nuevas tecnologías que has estado queriendo leer, los entrenamientos en video que pagaste y aún no has visto… puedes usar tu 1% de tiempo para hacer, por fin, una investigación importante. Incluso con 30 minutos a la semana, tendrás tiempo para hacer uno de los análisis más importantes de tu negocio: preguntar qué está funcionando y encontrar formas de hacerlo más y preguntarte qué no está funcionando y hacerlo menos.

Una vez que te hagas el hábito de apartar tiempo, te sentirás más cómodo tomándote tiempo… y harás buen uso de ese tiempo. Comenzarás a ver cambios en tu actitud hacia tu negocio y cambios en tu negocio a medida que comiences a implementar algunas ideas y estrategias que creaste durante el tiempo de Diseño. Y, una vez que te acostumbres a tomarte tiempo para Diseñar, querrás más.

Sí, puedes hacer que cualquier negocio funcione como relojito

Si eres un empresario creativo o un empresario con una habilidad especial de la cual depende tu negocio, ¿cómo pasas de Dar acción a Diseñar? De vez en cuando me hacen esta pregunta. Es importante recordar que Dar acción, Decidir e incluso Delegar mantienen tu negocio. Diseñar *eleva* tu negocio. E incluso si estás en un ramo especializado e independiente como la pintura, puedes ser el diseñador del negocio. ¿No me crees? Dejaré que Peter te lo explique.

Sir Peter Lely, artista alemán del siglo XVII, sin lugar a dudas no fue el primer artista en sistematizar su arte, pero se dice que fue el primero en hacer que su empresa funcionara como un reloj cucú bien aceitado. (¿Ya viste mi analogía?) Lely pintaba al estilo barroco, que era popular en aquel tiempo. Luego de mudarse a Londres, rápidamente se convirtió en el retratista más buscado y después en el pintor principal de la familia real. Era muy conocido por una serie de 10 retratos de damas de la corte ("Las bellezas de Windsor") que se encontraban colgados en el Castillo de Windsor.

Como había mucha demanda por su trabajo, Lely abrió un taller y entrenó a otros pintores para ayudarle a terminar sus pinturas. Este señor no sólo tenía unos cuantos asistentes: tenía una operación en masa que le permitía hacer aquello por lo que era conocido; lo que hacía mejor: pintar rostros, dejando el resto de la pintura a sus asistentes. Cuando un cliente quería algo similar a "Las bellezas de Windsor" sólo se trataba de los rostros. Sin embargo, si Lely pintaba cada retrato completo, incluyendo el atuendo y el entorno de la persona, pasaba la mayor parte de su tiempo trabajando fuera de la zona de su genialidad, es decir, capturando rostros. Si se quedaba exclusivamente en las fases de Dar acción, Diseñar y Delegar, la única forma en que podría escalar era trabajar más duro y por más tiempo.

Así que, saltando directo a la fase de Diseño (aunque nunca abandonó del todo la otra fase), Lely dibujó una variedad de poses y las numeró. A menudo usaba el mismo diseño de vestido y la misma escenografía. Después de terminar el rostro de una persona, su artista principal asignaba a algún miembro del equipo de artistas para usar una plantilla con la pose numerada requerida y pintar el resto del cuadro. A todas luces, Lely era *El padrino* de la pintura con números.

El negocio floreció porque él daba una de las cosas que más deseaban sus clientes: la interpretación que Lely podía hacer de sus rostros. El resto (la escenografía, el color del vestido, la utilería empleada en el fondo) no importaba gran cosa. Y, como fue capaz de enfocarse sólo en Dar acción respecto de pintar los rostros Delegando el resto, fue capaz de realizar miles de pinturas a lo largo de su vida, mientras que sus contemporáneos apenas lograron llegar a un centenar.

La próxima vez que te atrevas a decir "Mi negocio no se puede optimizar" o "Yo tengo que hacer todo el trabajo", haz una pausa. Te estás mintiendo. Tu negocio puede funcionar solo. Si un pintor de la vieja escuela pudo hacerlo, sin lugar a dudas, tú también puedes.

Por demasiado tiempo luché contra la idea de que, en mi negocio, otros pudieran hacer el trabajo principal o, te lo digo de corazón, *todo* el trabajo. Mi enemigo era mi ego. Creía que era la persona más inteligente… al menos en lo referente a mi negocio. Pero todo cambió cuando mi amigo Mike Agugliaro me contó de un sencillo cambio que hicieron él y su socio. Mike y su socio de negocios, Rob Zadotti, hicieron crecer un negocio de plomería que, de los días en los que los dos corrían de un lado a otro en un camión destartalado, se convirtió en un negocio de servicio a domicilio con valor de 30 millones de dólares. ¿Cómo hizo Mike el cambio de Dar acción a Diseñar un negocio de clase mundial (que en el verano de 2017 vendieron, en palabras de Rob, por "un dineral inimaginable")? Lo hicieron cambiando la pregunta que hacían. Ya no preguntaban: "*¿Cómo* hago para sacar el trabajo de plomería?" Preguntaban: "*¿Quién* sacará el trabajo de plomería?" Ese sencillo cambio en la pregunta comenzó a traer respuestas que los convirtieron en diseñadores del negocio. Para que puedas convertirte en diseñador de tu negocio, ya no puedes preguntar "cómo", sino "quién". Esa única pregunta, "¿quién hará el trabajo?", te abrirá los ojos a un negocio que transitará directo a la fase de Diseño.

No te imaginas la cantidad de veces que un empresario me ha dicho: "Mi negocio es demasiado singular. No es posible sistematizarlo". Lamento decírselo, pero no son especiales. Sí, tienen algunas cosas que los hacen especiales, pero 90% de su negocio es igual que el de los demás. Así pasa con el mío. Así pasa con el tuyo.

Pocos negocios en el mundo son singulares. Y cuando realmente lo son (y tienen éxito en serlo), todos los demás les copian. Así que dile adiós a la singularidad. Ahora, no te pares de pestañas. Tu mamá tenía razón, eres especial y diferente de todos los demás. Lo que estoy diciendo es que los fundamentos de los negocios siguen siendo constantes de un negocio a otro. Dado que estás leyendo este libro, voy a asumir que al menos estás dispuesto a dejar de lado tu ego e intentar dirigir tu negocio usando el sistema Clockwork.

La mejor parte es que optimizar tu negocio no requiere una cantidad ridícula de trabajo para generar un montón de sistemas. De hecho, es ridículamente *fácil* cuando te das cuenta de que ya tienes todos los sistemas. La meta es sólo extraerlos de donde ya se encuentran documentados: en tu cabeza. Aprenderás cómo hacerlo en el capítulo 5. Y, cuando lo hagamos, serás libre de hacer lo que haces mejor. Sea cual sea el trabajo que hagas, puede dividirse en pasos y delegarse a alguien más.

¿Y qué tal si no quieres renunciar a mucha de la parte de Dar acción porque eso es lo que amas hacer? Entonces, haz lo que amas hacer. Tu negocio debería hacerte feliz. El punto es que *puedes* delegar más de lo que crees hacer. Incluso si tu trabajo es una obra de arte.

Operación Vacaciones

Al inicio del capítulo te conté la primera parte de la historia de Scott y Elise Grice. Elise pasó un total de seis semanas en el hospital, totalmente incapaz de trabajar en su negocio. La mayoría de nosotros no podemos imaginar tomarnos seis horas de nuestro negocio; imagínate seis semanas. Y no sólo pasa con los empresarios. Los empleados están tomando cada vez menos vacaciones. Un estudio de 2017* mostró que, en Estados Unidos, de los empleados que pueden tomarse tiempo libre pagado, sólo 50% lo hace. Y no es de sorprender que en Estados Unidos dos de cada tres empleados que *sí* toman vacaciones terminan trabajado en parte de ese tiempo. No sólo es un asunto de los empresarios… es parte de nuestra cultura de trabajo. Pero, ¿qué tal si nos viéramos obligados a tomarnos un tiempo libre?

En nuestra conversación ese día, Elise dijo: "Estamos agradecidos por mi estancia en el hospital porque fue un giro de 180 grados para nosotros. Ese día, cuando todo parecía sin esperanza, decidimos partir de cero y hacer preguntas distintas. En lugar de preguntarnos: '¿Cómo vamos a salir de ésta?', hicimos la pregunta: 'Si nos pagaran por hacer cualquier cosa en el mundo, ¿qué querríamos hacer?' Habíamos tocado fondo y eso en realidad nos liberó para poder hacer esa pregunta".

Yo conozco muy bien la libertad que viene de haber tocado fondo. Estoy seguro de que has escuchado una pregunta que es muy popular para descubrir tu pasión y tu misión: "Si tuvieras todo el dinero del mundo, ¿en qué trabajarías?" Es una gran pregunta, pero está viciada. Sugiere que lo que elijas no necesita ofrecer sustentabilidad. Podrías decir: "Vería repeticiones de mis programas favoritos desde la mañana hasta la noche" y, como tendrías un flujo constante de dinero, tu maratón de series sería una buena elección. La meta, por supuesto, es encontrar una actividad que te satisfaga y que no dependa de la necesidad de ganar dinero.

Descubrí una segunda pregunta, que muy pocas veces se hace, que es igual de importante y funciona en conjunto con la anterior:

---

* Encuesta Harris para Glassdoor: Amy Elisa Jackson, "We Just Can't Unplug: 2 in 3 Employees Report Working While Vacation" [Simplemente no podemos desconectarnos: dos de cada tres empleados reportan que trabajan durante vacaciones], 24 de mayo de 2017, en www.glassdoor.com/blog/vacation-realities-2017/.

"Si no tuvieras nada de dinero, ¿qué trabajo te gustaría llevar a cabo para mantenerte?" Cuando la respuesta a ambas preguntas es la misma, has encontrado el rumbo. Así fue como descubrí la pasión de mi vida: ser escritor. Había fantaseado sobre ser escritor "algún día" cuando me hice la pregunta de "si tuviera todo el dinero del mundo…", pero nunca jalé el gatillo. Cuando casi me puse en bancarrota (y a mi familia también), me vi obligado a hacer la pregunta: "¿Qué es lo que quiero hacer ahora que no tengo nada de dinero?" La respuesta fue la misma. Quería ser el escritor más prolífico de este siglo dedicado a temas de pequeños negocios. La misma respuesta y mi camino estaba claro.

Aunque sólo el tiempo determinará si seré capaz de logar mi "meta más importante y noble" (ser el autor más prolífico dedicado a temas de pequeños negocios), el viaje ha sido lo más cercano posible a experimentar el cielo en la tierra. Amo lo que hago. Elise y Scott amaban generar marcas y querían hacer crecer su negocio, pero no podían hacerlo con el modelo de negocios que tenían. Y querían algo distinto, algo más.

Elise dijo: "Antes de que me enfermara, le había estado dejando a Scott notitas en las que decía: 'Renuncio', sobre todo porque mi papel en el negocio era de mucha confrontación. Continuamente tenía que decirles a los clientes que su marca estaba mal y ya no quería hacer eso. La verdad sólo quería que me pagaran por ir a tomar café con distintas personas".

La respuesta de Scott estaba enraizada en su pasión por los sistemas de negocios: "Quería que las personas experimentaran libertad en su vida personal gracias a su negocio".

Cuando Elise comenzó a mejorar, reunieron de nuevo a su equipo, terminaron el trabajo que tenían con sus clientes, pagaron la deuda del hospital y comenzaron a construir un negocio con un modelo nuevo que les permitiría satisfacción y libertad personal. Cambiaron su modelo de negocios para enfocarse en proporcionar entrenamiento y contenidos a grupos en lugar de hacerlo a clientes individuales. Ya no manejaban proyectos de clientes; a través de cursos en línea comenzaron a asesorar a los clientes que ya tenían, a nuevos estudiantes y a seguidores sobre cómo gestionar sus propios proyectos. Aunque no estaban conscientes del término en ese momento, equilibraron de manera muy exitosa la Mezcla de 4D de su empresa. En siete semanas habían creado un negocio optimizado que educaba a su clientela (y a una nueva y creciente base de clientes) sobre cómo desarrollar una marca y sistematizar un negocio a través de cursos en línea.

Hoy Elise y Scott dirigen su negocio desde un camper de ocho metros. A menudo se toman vacaciones de cuatro y seis semanas, vacaciones completamente lejos de las operaciones cotidianas. ¿Y qué sucede con su negocio cuando están fuera? Crece y crece.

"El verano pasado los dos nos tomamos tres meses lejos del negocio y viajamos juntos por Europa —me contó Elise—. Nos alejamos por completo. Nada de redes sociales. No escribimos ningún *newsletter*. No respondimos un solo correo. Construimos nuestro negocio de forma que, si queremos tomarnos un descanso, nuestro negocio siga creciendo. Automatizamos el proceso completo. Y cuando regresamos de Europa teníamos más trabajo y más ingresos que cuando nos fuimos."

Elise y Scott hicieron algo esencial para lograr eficiencia en las operaciones: dejaron de hacer lo que no les gustaba. No sólo lo delegaron; reestructuraron su negocio completo de modo que ya no hacían las cosas que no les gustaban y hacían sólo las que disfrutaban. Luego buscaron formas de hacer lo que querían con la flexibilidad que querían. El lugar en el que te encuentras en tu negocio es un resultado directo de lo que piensas con respecto a lo que necesitas hacer para estar donde estás. Si crees que necesitas matarte trabajando para crecer, te demostrarás que es cierto. Si crees que puedes hacer que tu negocio crezca con poco esfuerzo, te demostrarás que es cierto. Pero esto sólo sucede si crees que puede suceder. Y la única forma de llegar a creer que puede suceder es comenzar a hacer preguntas que te empoderan. Justo como hizo Scott. Justo como hizo Elise.

En mi propia búsqueda por desarrollar una forma sencilla de hacer que mi negocio funcionara en automático, conocí a muchas otras personas que se tomaron sabáticos de sus negocios sólo para regresar a encontrar un negocio más exitoso que el que dejaron, ¡incluyendo una persona que se fue durante dos años completos! Compartiré más de esas historias a lo largo del libro. Escuchar sus historias me hizo darme cuenta de que tomar unas vacaciones largas era la mejor prueba de la automatización del negocio y comprometerse en tomar esas vacaciones es el mejor incentivo para automatizar tu negocio en preparación para esas vacaciones.

Luego tuve una epifanía: comprometerse a tomar unas vacaciones de cuatro semanas (lo que dura la mayoría de los ciclos de negocios) es el incentivo perfecto para automatizar tu negocio. Durante un periodo de cuatro semanas, la mayoría de los negocios pagará facturas, venderá a prospectos, conseguirá clientes, pagará la nómina, hará la contabilidad, atenderá tareas administrativas, dará mantenimiento a la tecnología, proporcionará servicios, enviará productos, etcétera. Si sabemos que vamos a estar fuera durante cuatro semanas sin tener acceso a nuestro negocio, haremos lo que sea necesario para que esté listo para nuestra ausencia. Si no nos comprometemos con las vacaciones, invertiremos nuestro propio tiempo valioso en realizar los pasos del sistema del negocio y, como somos humanos, probablemente nos detendremos antes de que nos ofrezca un alivio duradero. Y la atracción del yugo que nos resulta tan familiar, por doloroso que sea, es una elección más fácil, simplemente porque nos resulta familiar. Sin la meta obligada, nunca lo hacemos.

Con este libro estoy lanzado la Operàción Vacaciones. Tú y yo y todos los demás estamos en esto juntos y podemos apoyarnos unos a otros para dar los pasos necesarios con el fin de hacer crecer nuestros negocios y recuperar nuestras vidas. *Mi desafío para ti es que te comprometas a tomarte unas vacaciones de cuatro semanas en algún momento de los próximos 18 meses.* Y cuando digo que te comprometas me refiero a que reserves esas vacaciones. Y para asegurarte de que no te eches para atrás, diles a tus hijos, a tu madre y escríbelo en tu diario. O bien, haz la declaración más contundente de todas: postéalo en Facebook para que el mundo entero te castigue si no lo haces. Pase lo que pase, escríbeme un correo con tu compromiso (en un momento te diré cómo). Quizá terminemos de vacaciones al mismo tiempo en el mismo lugar. Podemos tomarnos una margarita mientras tu negocio crece en tu ausencia.

En el capítulo 10 te daré un cronograma detallado y paso a paso que te ayudará a que tu negocio esté listo para tus vacaciones de cuatro semanas. Si eres un rebelde o un escéptico, y ya has decidido no tomarte las vacaciones de cuatro semanas en los próximos años, por favor lee el capítulo de todas formas. El cronograma proporciona un marco temporal para automatizar tu negocio a través de siete pasos.

Déjame aclarar que no estoy sugiriendo que *sólo* puedes tomarte unas vacaciones de cuatro semanas. Para algunas personas cuatro semanas parece demasiado poco. O, si estás pensando en tener un bebé, tal vez quieras tomarte tres o seis meses, o más, y no tienes idea de cómo lo lograrás al tiempo que mantienes vivo tu negocio. Por eso vamos a *planear* tomar unas vacaciones de cuatro semanas, de modo que podamos hacer que nuestro negocio funcione solo. Una vez que eso suceda, podrás apartar tanto tiempo libre como quieras o necesites. Imagínate… ¡tal vez no tengas que posponer decisiones de vida importantes por mantener tu negocio funcionando y creciendo!

Mientras escribo este libro yo también me comprometí a tomar mis primeras vacaciones por un mes completo en diciembre de 2018. Para ser exactos, el viaje dará inicio el 7 de diciembre y terminará el 7 de enero. Dieciocho meses antes comencé el plan para tomarme el sabático de un mes y he hecho varias pruebas de una semana estando lejos de mi negocio para demostrar que está listo. Y a lo largo de esos 18 meses he estado pensando en mi negocio de una manera completamente distinta. Sabiendo que este viaje se acerca, estoy enfocado en no estar en ningún papel esencial. Estoy trabajando hacia la Mezcla de 4D óptima. ¿Lo habría hecho si no me hubiera visto obligado a forzar la salida? No, no lo creo. Y creo que tú tampoco.

Como dice mi maravilloso *coach* de negocios Barry Kaplan de Shift 180: "Algunas veces, la única salida de la maleza, Mike, es simplemente salir de la maleza".

Eso es todo. Deja de pasar todo el tiempo planeando cómo salir de la maleza. ¿Qué tal si las cosas no salen como lo planeado? ¿Qué tal si el negocio colapsa? ¿Qué tal si…? ¿Qué tal si…? Simplemente sal de la maleza y luego mide los resultados. ¡Reserva esas vacaciones ahora mismo! ¡Renta un auto (que irónicamente no es lo mejor para salir de la maleza)! En el momento en que tomes en serio tu viaje, tu forma de pensar cambiará y podrás pasar a la fase de Diseño del negocio.

El sistema Clockwork en acción

1. Es hora de que tengas un poco de tiempo para Diseñar. En *La ganancia es primero* les supliqué a los lectores que se comprometieran a apartar un mínimo de 1% de su ingreso como ganancia. Incluso si no seguían ningún otro paso del libro, sabía que el hecho de tomar 1% de ganancia lograría dos cosas: descubrirían lo fácil que era apartar dinero y aprenderían a vivir sin él. Para este paso, me gustaría que apartaras 1% de tu tiempo de trabajo para enfocarte en Diseñar tu negocio. Sólo 1%. Sin importar qué tan grande sea tu lista de pendientes ni qué tan demandantes sean tus clientes o tu personal, tu negocio puede sobrevivir si te tomas una cantidad de tiempo diminuta cada semana para hacer el trabajo que ayudará a tu negocio a avanzar.

2. Aparta ese tiempo en tu agenda, todas las semanas, durante los próximos 18 meses. A medida que avances estarás expandiendo la cantidad de tiempo destinada a Diseñar, pero por ahora tú y yo sólo necesitamos asegurarnos de que ese 1% esté protegido por un largo tiempo.

3. Así como necesitas tomar tu ganancia primero en tu negocio, necesitas destinar ese 1% de tiempo al principio de tu semana. No esperes al final de la semana para hacer el trabajo de diseño. Mejor aparta el tiempo cuando ésta vaya empezando. Al trabajar en la visión al principio de la semana, el resto de esa semana apoyará esa visión de manera natural, haciendo que llegues antes a esa meta. Realiza el análisis de tiempo en tus actividades de los próximos cinco días y determina tu Mezcla de 4D.

Capítulo 3

Paso dos: Plantea cuál es el Papel de la Abeja Reina de tu empresa

¿Cómo lograr que tu negocio tenga la Mezcla de 4D ideal? ¿Cómo empiezas el proceso para hacer que tu negocio sea más eficiente? Comencé a buscar soluciones para mi negocio hace cuatro años con una pregunta muy sencilla: ¿cuál es la organización más eficiente del mundo? Es decir, la organización que todos aspiramos tener... Una organización eficiente que genere dinero en automático, lo cual, a su vez, nos dé la libertad de hacer lo que queramos, cuando queramos. ¿El resultado que me dio Google? Adivina.

Sería maravilloso si las respuestas a nuestras preguntas de negocios más apremiantes estuvieran disponibles en internet. Navegar a través de teorías complicadas, listas y definiciones hace que resulte imposible encontrar soluciones probadas. Es como si quisiéramos agitar una varita mágica para que nos diera respuestas sobre la vida. ¡No va a suceder! Pero yo estaba desesperado. Estoy seguro de que tú también has escrito en el buscador: "¿Cómo hago que mi negocio deje de matarme de estrés?", o algo parecido. Y Google responde con una receta de panquecitos sin azúcar, sin gluten y sin sabor, que, con la mayor ironía del mundo, te estresa aún más... Si quitas el azúcar y el gluten de un panquecito, lo único que te queda es aire. Y el papelito de abajo.

Tras no haber tenido mucha suerte en Google, fui a la biblioteca. (Sí, todavía existen.) Libros, artículos y reportes de investigación que explican el sistema empleado por empresas específicas: cómo un productor de zapatos logra producir más tenis en menos tiempo, cómo un distribuidor aceleró su proceso de envíos, cómo Disney logró el éxito usando "El estilo Disney".

Estaba seguro de que alguien, en algún lugar, tenía una lista de "los negocios más eficientes" y yo quería estudiar cómo se habían vuelto eficientes y traducir lo que hacían a consejos prácticos que yo pudiera usar y compartir contigo. El problema era que los negocios que arrojó mi investigación siempre parecían haber hecho lo mismo. Simplemente habían descubierto lo que *ellos* necesitaban, no lo que *todos* necesitábamos. Y eso no se puede replicar. Después de todo, nunca has ido a Disney 2 ni has tomado Coca-Cola 2, ¿verdad? Puedes competir, digamos, como lo hacen Six Flags o Pepsi, pero no puedes simplemente copiar otro negocio al pie de la letra y esperar resultados idénticos.

Luego, un día catastrófico mientras manejaba en un largo trayecto, iba cambiándole al radio y me topé con un reportaje sobre abejas. Un reportero de NPR estaba con un apicultor en el campo, reportando de qué manera esos insectos hacen su maravilloso trabajo. Y, en el típico estilo de NPR, compartían parte de la acción en vivo, incluyendo un piquete que le dieron al reportero cuando se acercó demasiado al panal.

Mientras escuchaba, lo que me impresionó más sobre las colonias de abejas fue su capacidad para escalar extremadamente rápido y casi sin esfuerzo. Tal vez tú mismo lo has visto. Un día, una abeja revolotea alrededor de tu ventana y en un abrir y cerrar de ojos tienes un enorme panal. ¿Cómo lo hacen?

Cada abeja de la colonia sabe que necesita hacer sólo dos cosas, en el mismo orden, cada vez. Primero, cada abeja debe garantizar que la abeja reina esté protegida (nada es más importante por el papel que desempeña). Entonces, y sólo entonces, las abejas se van a hacer su "Trabajo primario". Como resultado, su *negozzzio* (juro que sólo haré esta broma una vez) crece de forma rápida y constante.

Así es como funciona una colonia de abejas:

1. Un panal tiene una abeja reina y su papel consiste en poner huevos. La tarea de poner huevos es el Papel de la Abeja Reina, el PAR. Si todo marcha bien con el PAR, se ponen los huevos y la colonia puede crecer rápido y de manera constante. Si la abeja reina no está cumpliendo su papel de poner huevos, el panal completo está en peligro.

2. Todas las abejas saben que la función más importante para la colonia es la producción de huevos, así que la abeja reina, que está diseñada para cumplir ese papel, es protegida y atendida. La alimentan. Le dan cobijo. No se distrae en nada más; sólo hace su trabajo.

3. No pienses que la abeja reina es la parte más importante de la colonia; el papel que cumple es lo más importante. Es necesario producir huevos rápido y de manera constante. Una u otra abeja en particular no es esencial. Así que, si la abeja reina muere o no está logrando producir huevos, la colonia de inmediato nombrará a otra abeja reina de modo que el PAR pueda seguirse llevando a cabo.

4. Cuando las abejas están satisfechas con respecto a que el PAR se está cumpliendo, se dedican a hacer su "Trabajo primario", que podría ser recolectar polen y néctar (comida), cuidar los huevos o las larvas, conservar la temperatura del panal o defenderlo... de reporteros de NPR.

Después de aprender cómo los panales de abeja crecen de una forma tan eficiente, tuve una epifanía. Me di cuenta de que declarar y servir al PAR mejoraría de manera radical el negocio de cualquier empresario y también su calidad de vida. Decidí probar de inmediato mi teoría en mi propio negocio, de lo cual hablaré más adelante, y en el de Cyndi Thomason, una empresaria a la que había estado asesorando, en sesiones personales, en años recientes.

Si leíste mi libro *Surge*, tal vez recuerdes la historia de Cyndi. En resumen, yo la guié en todo el proceso de crecimiento; ella lo siguió al pie de la letra y, apenas en un par de meses, pasó de recibir un proyecto marginal al mes a recibir un buen proyecto todos los días. Su negocio *explotó*. Ahora se encontraba en el territorio inusitado de tener que rechazar nuevos proyectos una y otra vez. Fue una transformación asombrosa; ahora tenía cada vez mejores clientes y mejores ganancias. Pero también enfrentaba su lado negativo. Cyndi tenía más trabajo que nunca. Estaba más que abrumada. Estaba muerta de pánico. Trabajaba día y noche y eso no bastaba para cumplir con la demanda que tenía.

Cyndi tiene el acento de Arkansas, que hace que te sientas reconfortado, y es una excelente oradora. Es como una versión femenina de Bill Clinton. Salvo que el día que me contó lo abrumada que estaba, sonaba como cuando Barbara Walters entrevistó a Bill Clinton, quien respondía entre lágrimas.

Cuando le pregunté cuál era su PAR, Cyndi no fue capaz de responder al instante. Lo hablamos y al final fue capaz de identificar la función principal de su negocio: comunicación clara y compasiva. Cyndi dijo: "Cuando hablo con mis clientes, sin importar qué esté pasando, bueno o malo, encuentro una forma de hacerles entender las circunstancias y de devolverles la confianza. Les doy paz mental. Para nosotros, esa comunicación mantiene todo en marcha".

Cuando Cyndi no estaba dándole seguimiento a sus clientes, tomándose el tiempo necesario para entender sus preocupaciones y explicar con claridad las soluciones, veía una disminución notable de sus ingresos. Cuando lo hacía, los ingresos aumentaban. La comunicación, había decidido, era fundamental para el funcionamiento de su negocio.

Así como poner huevos es el PAR en las colonias de abejas, comunicarse de manera proactiva con los clientes es el PAR que Cyndi identificó para su empresa. ¿De qué acción en específico depende el éxito de tu empresa? Ése es tu PAR. No te preocupes si no lo puedes identificar de inmediato. En breve te presentaré un ejercicio súper sencillo, y no obstante poderoso, que te lo revelará.

—¿Cuánto tiempo estás invirtiendo en el PAR [dándole seguimiento a tus clientes] en una semana de 40 horas? —le pregunté a Cyndi.

Hubo una larga pausa. No una pausa en la que una persona está tratando de dar con la respuesta, sino una de esas pausas en las que la respuesta viene a la mente de inmediato y la persona está tratando de evaluar las implicaciones de su respuesta. Luego, Cyndi habló:

—Tal vez dos horas.

Dos horas de 40. ¡El 5%! Invertía 5% de su tiempo en el papel más importante de su negocio. Y, seamos honestos, Cyndi no trabaja 40 horas a la semana. (Ni tú tampoco.) Está invirtiendo menos de 5% de su tiempo en el PAR. Y el otro 95% del tiempo Cyndi estaba ocupada en llevar la contabilidad, manejar a los empleados... ya sabes cómo es eso. Aun teniendo más empleados su trabajo no se hizo más fácil; se intensificó. Tenía más gente haciendo cosas para ella... efectivamente tenía más manos. Pero Cyndi seguía atorada en cada decisión. Su trabajo consistía en una de estas dos cosas según fuera el caso: hacer el trabajo sin parar o responder la avalancha interminable de preguntas de la gente que se suponía debía estar haciendo el trabajo por ella. Su negocio estaba compuesto por un cerebro (el suyo) y ocho brazos (los suyos). Como resultado, el crecimiento de su negocio en realidad le ocasionó más estrés. ¿Te suena familiar?

Una vez que identificamos el PAR de Cyndi, hicimos el cambio. Tenía una meta: proteger el PAR a toda costa. Hizo que su equipo estuviera consciente de lo importante que era el PAR (la comunicación con los clientes). Incluso puso un enorme símbolo de paz en su oficina como recordatorio visual de que el PAR consistía en proporcionar tranquilidad, comprensión y paz mental a sus clientes. Luego transfirió el trabajo que no estaba relacionado con el PAR a su asistente y a sus empleados. Hizo que los empleados tomaran decisiones. Y luego se enfocó en hacer el trabajo correspondiente al PAR. Y cuando identificó cuál era la última distracción que le impedía hacer el trabajo del PAR (tener que atender personalmente a un cliente grande, léase problemático, que nunca estaba satisfecho)... lo despidió.

Tres meses después busqué a Cyndi para ver cómo le estaba yendo:

—No lo puedo creer —dijo—. Estamos creciendo más rápido que nunca y el negocio funciona a la perfección. ¿Y adivina qué?

—Soy todo oídos —le dije.

—La semana pasada me dediqué a mi jardín. Todo el fin de semana.

Cyndi ama su jardín. Es su pasión, pero como estaba tan abrumada con su negocio, la había perdido. Identificar y declarar su PAR la acercó, de manera natural, a su Mezcla de 4D óptima. Ahora, enfocada en optimizar el negocio —usando los métodos que descubrí en las colonias de abejas y que descubrirás a medida que sigas leyendo este libro— Cyndi recuperó sus fines de semana. Recuperó su vida y su negocio está floreciendo.

Identifica y declara cuál es el Ppapel de tu Aabeja Reina: el método de pegar notas

Si aún no has descubierto cuál es tu PAR a partir de los lineamientos básicos que te he dado hasta ahora, aquí tienes un método que uso para identificarlo. Incluso si tienes una idea muy clara de cuál es, el siguiente método es una forma excelente de validar el PAR. El método de pegar notas funciona al identificar qué es lo más importante que un individuo está haciendo para una empresa. Este método se puede usar para declarar el PAR de la empresa y para declarar lo más importante que cada empleado hace en su papel. Es mejor hacer este ejercicio en grupo, si es posible, pues puede producir conversaciones y epifanías poderosas. Si trabajas tú solo, será muy sencillo, amigo.

Vamos a descubrir el PAR usando un razonamiento deductivo. Primero comenzaremos con las distintas tareas más importantes que realizan tus empleados (incluyéndote a ti) en tu empresa. Una vez que determinemos el "Trabajo primario" de cada empleado, los analizaremos para determinar cuál es el PAR de la empresa.

1. Para empezar, reúne a tu equipo y lleva un block de notas auto-adheribles para cada persona. De hecho, debes llevar muchos blocks, puesto que cada persona, incluyéndote, necesitará por lo menos seis. Haz que cada persona coloque las notas frente a sí. Recuerda, si trabajas tú solo, puedes hacer este ejercicio solo. El resto de las instrucciones estarán escritas en la mesa para que cada persona, desde su perspectiva, pueda seguirlas y responder con respecto a su trabajo.

2. En cada nota escribe una de las seis cosas más importantes que haces en tu trabajo. De todas las cosas que haces por tu empresa en un día, una semana, un mes o un año, ¿cuáles son las seis cosas que importan más? Que sea corto. No necesitas oraciones largas. Por ejemplo, puede ser que tengas una nota que diga "vender" o "facturar".

3. Con las notas acomodadas en línea frente a ti, mira cada una y confirma lo que representa, para tus pensamientos inmediatos, una de las seis cosas más importantes que haces por tu empresa. En la esquina superior izquierda de cada nota escribe el tiempo aproximado que pasas haciendo esa actividad.

4. Ahora, imagina que ya no se te permite hacer dos de esas cosas. El juego es así: nunca más podrás hacer esas cosas, ni las puedes delegar ni transferir a alguien más. Una vez que esas cosas son eliminadas, desaparecen por completo (para el ejercicio). Toma dos notas y apártalas fuera de tu vista. Este ejercicio no será fácil. Pero no dejes que te desanime; el resultado de terminar el proceso realmente te abrirá los ojos.

5. Las cuatro notas restantes deberían ser lo que consideras más importante. Mientras observas las notas restantes, imagina formas en las que puedes elevar el grado de ese trabajo de una manera tan efectiva que podría compensar la pérdida permanente de las otras dos funciones que acabas de eliminar. Explica al grupo por qué eliminaste esas dos notas. Si estás haciendo el proceso tú solo, habla contigo mismo. De cualquier manera, hoy en día nadie se da cuenta.

6. Ahora borra una más. El procedimiento es idéntico. Una cosa debe irse y nunca más podrá volver. Agrégala a las otras dos notas que apartaste. Explica por qué la quitaste y por qué se quedaron las demás.

7. Ahora, con las tres notas que quedan, quita una más. Sigue el mismo proceso que has estado haciendo, con lo cual tendrás sólo dos elementos a los cuales atribuir el éxito de tu trabajo.

8. En el paso final, sólo te quedan dos notas. En vez de eliminar una, elige cuál de las dos te resulta más importante. Escoge la actividad que es tan importante que nunca podrás eliminarla. Nunca desaparecerá. Es aquello a lo que atribuirías tu éxito. Explícale al grupo por qué esta contribución es más importante que las demás. Esto es lo que yo llamo "la nota para la cartera", la tarea que siempre debes llevar a cabo. Es la tarea que se debe proteger a toda costa. Se trata de tu "Trabajo primario". Pon una nota en tu cartera y nunca lo olvides y no olvides hacerlo. El "Trabajo primario" está por encima de todas las demás tareas… a menos que el PAR de la empresa esté en problemas, en cuyo caso te dedicarás a protegerlo y a trabajar para él.

9. Conserva todas las notas del ejercicio, incluso las que descartaste. Las necesitaremos para un capítulo más adelante.

Primero todos los empleados hacen esto para su propio trabajo (incluyéndote). ¿Cuáles son las seis cosas más importantes que hacen para el negocio? La nota para la cartera es la tarea que consideran que más ayuda al negocio a avanzar. Es lo que consideran su "Trabajo primario" en tu empresa. El papel más importante que desempeñan, que es secundario sólo respecto de una cosa. Vamos a decirlo juntos: proteger el PAR.

Cuando cada empleado anuncia su "Trabajo primario", si es inconsistente con respecto a lo que consideras el papel número uno, tendrás un problema de comunicación o de congruencia. O no entienden tu expectativa o no entienden el papel que desempeñan. En caso de inconsistencia, trabaja con ese empleado para entender la incongruencia.

Una vez que hayas identificado la función primaria de cada empleado, como dueño del negocio, recoge la última nota que quedó. Si tienes 15 empleados, incluyéndote, entonces deberás tener 15 notas. Ahora vamos a usar esas 15 notas con el fin de repetir el ejercicio para toda tu empresa. Puede ser que tengas algunas notas duplicadas. Tal vez varias personas han identificado como su "Trabajo primario" una función de ventas o un entregable del cual son responsables. En ese caso, coloca juntas esas notas y observa cuáles son los "Trabajos primarios" *distintos* que realizan esas personas y ponlos frente a ti.

Comienza a eliminar notas adhesivas al reducir la cantidad a la mitad. Así que, por ejemplo, si te quedaron 12 notas de las 15 que tenías, probablemente querrás eliminar seis notas (la mitad) y apartarlas. Sigue reduciendo a la mitad el grupo que queda hasta que sólo te queden cuatro o menos. Como ya tienes seis, reduce eso a la mitad para que te queden tres. Tres pasan a la pila que tienes apartada y quedan tres. Luego, cuando tengas cuatro o menos frente a ti, quítalas de la pila una a la vez.

A menudo en este punto sucede que las personas dicen que este "juego" es imposible. Por ejemplo, de las tres notas que te quedaron: facturar, proporcionar un servicio y hacer publicidad, no puedes quitar nada más pues parece que todo es necesario para la sobrevivencia del negocio. Facturar es esencial, también lo es llevar a cabo el trabajo que prometiste y también lo es dar a conocer el negocio. Estoy de acuerdo, todos son esenciales, pero la pregunta es: ¿a cuál de estas actividades atribuirías el éxito de tu negocio? Si no eliges una, seguirás diluyendo lo único de tu negocio y afectando su capacidad de funcionar en automático.

Debes elegir una como prioridad por encima de todo lo demás. Así que, imagina que eliminas de manera permanente facturar quitándolo de esa pila. La pregunta es: ¿puedes entonces fomentar que tu forma de vender sea tan efectiva que los clientes estén dispuestos a pagarte por adelantado sin siquiera facturarles? ¿Podrías vender tan bien que ni siquiera necesites facturar? ¿Puedes vender tan bien que seas capaz de atribuirle a eso el éxito de tu negocio? La respuesta es un "sin lugar a dudas" claro y fuerte. Las campañas de Kickstarter demuestran que esto es posible todos los días.

De las cuatro notas o menos que nos quedan, sigue eliminando una a la vez hasta que tengas sólo una. Ése es el PAR de tu empresa. Ésa es la nota que *todos* deben poner en su cartera.

A continuación tienes la clave infalible para ayudarte a identificar tu PAR: para la mayoría de los negocios pequeños, a menudo el papel lo desempeña el dueño o el (los) empleado(s) más costoso(s). Y un recordatorio esencial es que *no* se trata del dueño ni de los empleados en sí mismos. Se trata del *papel* que desempeñan. Aquí estamos hablando sobre el Papel de la Abeja Reina y el énfasis está en el "papel". No estamos hablando sobre la abeja... todavía.

Necesito repetir unas palabras de advertencia: la mayoría de los empresarios automáticamente asumen que ellos son el PAR, pero aquí está la clave: el PAR *nunca* es una persona, ni una máquina, si a ésas nos vamos. Siempre es un papel, una función o una tarea. Así que, aunque en este momento tú seas quien está realizando el PAR, no significa que siempre tengas que ser tú. De hecho, no debería ser así.

Si eres el dueño de un pequeño negocio de cinco o menos empleados, es probable que tú seas quien lleve a cabo el PAR. Si eres un empresario que trabaja solo, sin lugar a dudas tú lo llevas a cabo. Y si tienes una empresa más grande, con frecuencia (pero no siempre) lo lleva a cabo tu personal más calificado.

Te contaré la historia de mi amigo Jesse Cole. El equipo de beisbol de las Bananas de Savannah se encuentra entre los más importantes de todo el beisbol (ligas mayores, menores, universitario). Y no porque sea un equipo excelente con jugadores excelentes. De hecho, los jugadores son estrellas universitarias que rotan cada temporada. El equipo está cambiando constantemente y muchos de los fans no saben el nombre de un solo jugador del equipo. ¿Por qué? Porque el PAR de las Bananas no es jugar beisbol de manera extraordinaria, es el *entretenimiento*.

Como dice Jesse: "El beisbol es sólo la puerta al entretenimiento". Y el entretenimiento siempre debe ser fresco. Quiero decir: imagina ir a ver el juego de futbol de tus hijos 20 fines de semana seguidos; eso sería aburrido. Espera un segundo, eso ya lo viviste. Su primer juego es divertido. Pero cuando empieza a ser repetitivo se vuelve entre aburrido y frustrante. ¡Sólo patea la pelota en lugar de ponerte a recoger margaritas en el campo! Sólo patéala, niño. ¡Sólo patéala!

Jesse sabe que el futbol es peor aún. Todo el mundo está esperando que alguien le pegue a la pelota y en este caso tu hijo ni siquiera está jugando. Así que Jesse estableció que el PAR era proporcionar entretenimiento fresco. Absolutamente todo se vuelve rancio. Como resultado, Jesse siempre está cocinando nuevas ideas de trucos publicitarios que el personal de apoyo puede implementar y juegos divertidos que los fans pueden jugar entre una entrada y otra.

Jesse me invitó a dar la plática inaugural en un juego el verano pasado frente a 5 000 fans de las Bananas. ¡Qué honor! Sólo que no fue una pelota: les arrojé un papel de baño (en honor a mi libro *The Toilet Paper Entrepreneur*) y la multitud enloqueció: era entretenimiento fresco, divertido y simple. En aras del PAR. Para las Bananas de Savannah, el PAR no lo desempeña Jesse solo sino todas las demás personas que entretienen a la multitud. Y en ese juego, en esa plática inaugural de papel de baño, el PAR, por unos segundos, lo desempeñé yo.

* * *

Hace unos años fui a cenar con mi amigo Clyde y su esposa, Bettina,* en Frankfurt, Alemania. Clyde y yo hemos sido buenos amigos durante años, pero ésta era la primera vez que tenía la oportunidad de

---

* Para proteger su privacidad, Clyde y Bettina no son sus verdaderos nombres. Tristemente, su historia es muy real. Si te da curiosidad saber cómo se me ocurrieron sus nombres, fue fácil. Les pregunté cuáles eran los apelativos que no les hubiera gustado que les pusieran sus padres. La respuesta fue Clyde y Bettina. Así que aquí los tienes. Te presento a Clyde y a Bettina.

conocer a Bettina. Durante la cena descubrí que era una de las menos de 15 000 doctoras en Estados Unidos que tiene permiso y está certificada para fungir como pediatra en una unidad de cuidados intensivos. Para llegar a ese punto, había estudiado durante 11 años.

Para la mayoría de los empresarios, 11 años de educación superior parece una eternidad, pero se equipara con los primeros años de administrar tu negocio. O, si eres un empleado que está leyendo este libro, puedes equipararlo con el tiempo que invertiste en obtener educación, entrenamiento y aprendizaje en tu ramo cuando estabas empezando. Del mismo modo en que Bettina ha invertido tiempo y dinero en su carrera, tú has invertido tiempo y dinero en tu negocio.

Como a nosotros, a Bettina le apasionaba su trabajo. En extremo. Amaba trabajar con los pacientes pediátricos más delicados de la ciudad en la que vivía y trabajaba y amaba enseñar a los médicos residentes. Incluso amaba la investigación que debía hacer en su tiempo libre. El único problema es que sabía que no sería capaz de mantener este ritmo por mucho tiempo más. Ya tenía muchos años en el ramo como doctora y todo resultaba tan demandante que consideraba que tendría suerte si lograba seguir adelante 10 años. En total.

Imagina lo siguiente: tienes turnos de 12 horas, seguidos por un turno de 30 horas. Además del cuidado de los pacientes, tienes tareas de docencia que consisten en entrenar y asesorar. Luego agrega dos a tres horas de trabajo administrativo. Después, además de eso, el tener que hacer facturas y lidiar con disputas de compañías de seguros. Luego de tus turnos tienes más trabajo administrativo relacionado con enseñar a los internos. Posteriormente, cuando milagrosamente tienes la energía para pasar sin dormir una noche, debes escribir trabajos de investigación para que te promuevan, si tienes suerte, en unos años. Estás tan agotado que necesitas inventar una nueva palabra para el agotamiento, una que probablemente rime con "por favor, ayúdame".

"Amo mi trabajo, pero no creo que sea capaz de mantener este nivel de intensidad sin perder mi salud física y mental —me contó Bettina—. He tenido que hacerme a la idea de que no practicaré la medicina de tiempo completo toda mi vida. Y yo no soy la única. En el hospital donde trabajo, 10 años parecen ser el plazo en que los médicos agotan sus fuerzas."

Me dejó boquiabierto el hecho de que Bettina, una doctora de élite con conocimientos especializados, conocimientos que los pacientes necesitan desesperadamente, tuviera que hacerse a la idea de que, a menos que hubiera un cambio drástico, no podría seguir en su puesto por mucho más tiempo. A ella también la dejaba boquiabierta. Apenas está llegando a su mejor momento; no obstante, la está pasando tan mal que está a punto de renunciar.

"Planeas los 11 años de estudios adicionales, pero nadie te dice cómo te afectará la carga de trabajo. Fue un gran shock, considerando el tiempo y el dinero que he gastado en mi educación. Y simplemente no puedo mantener este nivel de intensidad sin perder la salud física y mental y tengo que hacer las paces con esta decisión."

Bettina se está viendo obligada a cambiar su plan de vida y el hospital está perdiendo a una de sus mejores doctoras porque ha impuesto un flujo de trabajo interminable (adicional a la atención a los pacientes) que no se puede mantener. ¿Darle a Bettina una estrategia de productividad sería útil para ayudarla a reducir su estrés? No, porque el hospital ya le ha dado muchas y con su "tiempo libre" rápidamente encuentra muchas nuevas maneras de llenarlo con más trabajo, cosas como atender las disputas de las aseguradoras. ¿Te imaginas? Te están haciendo una operación a corazón abierto para salvarte la vida y el cirujano que te está operando se toma un momento, a mitad del procedimiento, para poder discutir con un agente de seguros por qué usó 10 puntadas durante la última operación en vez de las tres que indican los seguros.

Hay una frase que dice "No distraigas de su trabajo al *quarterback* para pedirle que pase los Gatorades". Esto se debe a que el PAR es sumamente importante. El *quarterback* tiene que realizar una tarea vital. Tiene que mover la pelota por el campo, no andar repartiendo bebidas para rehidratar a sus compañeros. De manera similar, Bettina no debería molestarse en realizar tareas que interfieren con trabajar por el PAR. Es tan obvio que hasta un ciego lo puede ver. Bettina necesita salvar vidas en primer lugar y también en segundo lugar. Y, no obstante, a menudo está atorada repartiendo Gatorades. Más que una vergüenza, es un pecado.

Y también es un pecado si no cuidas el PAR. En el próximo capítulo te contaré cómo asegurarte de que tú y tu equipo empoderen a su *quarterback* (es decir, a quienquiera que esté trabajando por el PAR) para que la pelota cruce el campo y llegue a la meta, con danza de la victoria después del *touchdown* y toda la cosa.

El sistema Clockwork en acción

Te voy a decir un solo paso que debes llevar a cabo: identificar y declarar cuál es tu PAR y quién trabaja para él.

Sí, eso es todo. Si tienes un equipo pequeño, realizar este ejercicio debería llevarte menos de 30 minutos. Si tienes un equipo numeroso, quizá debas agendar un día para hacerlo o dividir al equipo en grupos. Pero este proceso es esencial, así que por favor hazlo. El éxito de tu empresa depende de él. Además, una vez que declaras cuál es tu PAR, comenzarás a encontrar cómo salir de la maleza y cómo empezar el proceso de convertirte en el diseñador que necesitas ser. El PAR es el eje de un negocio diseñado para funcionar solo.

Capítulo 4

Paso tres: Protege y trabaja en favor del Papel de la Abeja Reina

Cuando tu hijo de siete años tiene un pequeño fragmento de metal en el ojo, manejar durante 22 minutos para llegar a la sala de emergencias del Hospital de Cape Cod es la parte fácil. El padre, enfermero especializado en emergencias médicas, sabe que la parte difícil está por llegar. Por dolorosa que resulte, la enfermedad de su hijo no es de vida o muerte, así que tienen frente a sí una larga e incómoda espera.

Es un día cálido de junio y la sala de espera está llena de gente. Afuera se escucha una sirena que se aproxima. El niño, que sigue llorando, y su padre se disponen a pasar un largo día y una larga noche en la sala de emergencias. Las cosas no salen como esperaban.

Más que parecer un almacén, la sala de emergencias se asemeja a un ajetreado panal de abejas. Cinco minutos después de haber llegado, el niño no sólo ha sido admitido sino que está recibiendo tratamiento. Catorce minutos después, le han quitado el fragmento de metal usando un imán especial y el ojo del niño ha sido examinado a profundidad por el médico para asegurarse de que no tiene ningún daño permanente. Diecinueve minutos después, la cuenta está lista, la receta de Tylenol está escrita y el niño ha sido dado de alta. Sesenta minutos después de que salieron de casa rumbo al hospital, el padre cruza con su hijo el umbral de la puerta principal de su casa de vacaciones. Todo está bien. Las vacaciones pueden seguir su curso.

Ese mismo día, a 400 kilómetros de distancia en Brooklyn, dos enfermeros especializados en emergencias médicas llevan a una mujer enferma mental de 49 años que padece agitación y psicosis al Hospital de Kings County. La sala de espera está a reventar. Cinco minutos después, la mujer está sentada en una silla en la sala de espera de emergencias. Catorce minutos después, sigue esperando. Diecinueve minutos después de haber llegado, sigue esperando. Una hora. Cuatro horas. Ocho horas. Diez. La paciente sigue y sigue esperando en la misma silla. *Veinticuatro* horas después, la encuentran muerta en el piso de la sala de espera.

Estamos en junio de 2008 y el pequeño que regresó a casa una hora después del hospital es mi sobrino, Dorian. La mujer que murió de manera trágica en la sala de emergencias después de haber estado esperando durante un día era Esmin Green. La causa de muerte fue trombosis pulmonar, que se origina cuando coágulos de sangre se forman en las piernas y avanzan a través del torrente sanguíneo hacia los pulmones. ¿Y cómo surgieron los coágulos de la señora Green? El médico que la examinó concluyó que los coágulos se debían a "trombosis venosa profunda de las extremidades inferiores debida a inactividad física". En otras palabras, estuvo sentada *demasiado tiempo*. Durante 24 horas. Mientras Dorian estaba corriendo en la playa, su ojo estaba sanando y la corta experiencia en el Hospital de Cape Cod ya se estaba disolviendo de su memoria, la señora Green estaba esperando para recibir atención médica… Borra esto: estaba *muriendo* por atención médica.

Cuando descubrí que Esmin Green había llegado a la sala de emergencias el mismo día en que mi sobrino, y que había tenido un final fatal, supe que tenía que compartir contigo esta historia. Si has leído mis libros anteriores o si has escuchado alguna de mis pláticas, sabes que éste no es el tipo de historias que suelo contar… Aquí no hay bromas para romper la tensión. Los sistemas son cosa seria. Cuando fallan, el resultado puede ser mortal.

Cuando escuché por primera vez las dos historias paralelas, no tenía sentido. Cape Cod atiende una población más pequeña que

Brooklyn. Cape Cod no podía tener el mismo equipo que Kings County. (Y no lo tenía.) Pero el reporte de la policía* en relación con la muerte de la señora Green fue revelador. Los sistemas y la rendición de cuentas eran mortalmente horribles en el Hospital de Kings County. No cabe duda de que los sistemas desempeñaron un papel central para producir ambos resultados. Un hospital sabía cómo mover a los pacientes rápidamente a lo largo del proceso, y el otro no. O, si lo sabía, no llevaba a cabo los pasos necesarios.

¿Qué salió mal en el Hospital de Kings County ese trágico día de 2008? Puede ser que digan que la sala de espera, que estaba abarrotada, pero el Hospital de Cape Cod también tenía una sala de emergencias llena ese día. Puede ser que digan que hicieron todo lo que indicaba el protocolo, pero yo apostaría a que la razón por la que Kings County falló y Cape Cod tuvo éxito fue que uno protegió el PAR y el otro probablemente ni siquiera sabía que existía. Cape Cod sabe exactamente lo que es el PAR (aunque no lo llamen así) y hacen todo lo posible por protegerlo. Puede ser que el Hospital de Kings County no sepa o no le importe saber cuál es su PAR, y si no lo saben (o no les importa), no pueden protegerlo activamente.

En una sala de emergencias, es muy probable que el PAR sea el papel de diagnosticar un problema médico de emergencia y determinar el curso de acción adecuado. Ése es el papel que sólo los médicos (y algunos enfermeros de apoyo) pueden hacer. La sala de emergencias puede dar de alta a un paciente sólo cuando el médico ha podido atenderlo. Si el médico no está disponible, los pacientes se ven obligados a esperar y a seguir esperando en una sala diseñada específicamente para un propósito: permitir a la gente esperar por más tiempo. Bienvenido al purgatorio de la sala de espera, a donde las buenas intenciones de eficiencia organizacional van a morir. Pero si el PAR es atendido a cabalidad todos los elementos de la sala de emergencias comienzan a fluir una vez más. El lugar se vacía y un paciente tras otro recibe la atención médica necesaria. Pero esto sólo

---

* www1.nyc.gov/assets/doi/downloads/pdf/pr_esmingreen_finalrpt.pdf.

sucede cuando el PAR es defendido y la persona (o personas) que trabaja por el PAR está protegida.

Para garantizar que el PAR está siendo protegido, una sala de emergencias que funciona bien garantiza que los médicos que trabajan para el PAR no hagan otra cosa que identificar problemas médicos y prescribir un tratamiento. Si un médico está llenando papeles, dirigiendo al personal o esperando que al paciente se le asigne un cuarto, no está protegido, y, en consecuencia, el PAR tampoco está protegido. Un PAR que no está protegido puede ocasionar consecuencias fatales. Al operar como un panal eficiente, el personal de apoyo debe asegurarse de que el PAR está realizándose sin obstáculo y de que cualquier otra tarea, sin importar lo pequeña o grande que sea, sin importar lo significativa o insignificante que resulte, sin importar si es urgente o trivial, es manejada por alguien que no es el médico.

Dirigir un negocio se puede sentir como una situación de vida o muerte, en especial cuando trabajas en exceso, estás abrumado o demasiado cansado. A veces es una situación de vida o muerte… las tragedias suceden en muchos campos distintos. Es verdad, aunque la mayoría de nosotros no estemos lidiando en nuestro negocio con un nivel de drama similar al de una sala de emergencias. Semanas de trabajo de siete días, clientes demandantes, empleados que se nos acercan para cualquier cosa… ésos son los dramas que enfrentamos la mayoría de nosotros. No obstante, aunque quizá no tengamos que preocuparnos de que nuestras empresas ocasionen una muerte repentina, el flujo constante de demanda que recibimos puede ocasionar una muerte lenta. Una muerte lenta y que nos chupe el alma. La muerte de la pasión por nuestro negocio. La muerte del empuje. La muerte de la felicidad. Pero todo eso se puede cambiar de manera rápida y fácil en el caso de cualquier negocio. Dos hospitales tuvieron dos resultados muy diferentes. No porque estén en ramos distintos sino porque uno entendía el camino hacia los más altos niveles de eficiencia y el otro no. Por esa razón, una vez que has identificado el PAR, todos los miembros de tu equipo deben poner como prioridad protegerlo de modo que el papel pueda ser desempeñado. Entonces y sólo entonces pueden enfocarse en hacer su "Trabajo primario".

Tu meta número uno, y para todos los miembros de tu equipo, es proteger el PAR de modo que éste pueda hacer avanzar al negocio sin distracción ni interrupción alguna. Eso es todo. Ésa es la meta principal. Eso es lo único que hará que tu negocio se vaya al cielo de la eficiencia organizacional. Protege el PAR. Siempre.

Las estrategias que encontrarás en este capítulo te ayudarán a crear un plan para proteger el PAR. No necesitas armarla en grande con tu plan de protección del PAR el día uno. Sólo necesitas comenzar a trabajar en ello y tener en cuenta el impacto que comienza a tener. Eso generará impulso. A medida que tú y tu equipo trabajen para proteger el PAR, sus porcentajes de 4D cambiarán de manera natural hacia tu meta.

Todas las manos en la masa

Normalmente, ahora pasaría a un nuevo concepto o te lo explicaría de una forma distinta, pero antes quiero contarte una historia más. Se dice que el comedor de la señora Wilkes en la ciudad de Savannah tiene la mejor cocina del sur de Georgia, y quizá del mundo. Es el mejor lugar que puedes visitar antes de dirigirte a un juego de las Bananas de Savannah. El comedor de la señora Wilkes es como si dos docenas de las mejores abuelas del mundo cocinaran sus platillos favoritos para la cena de su familia, pero en lugar de colocarlos en la mesa de su comedor los pusieran a disposición de los comensales del legendario restaurante de Savannah. Así de buena es la comida.

En 1943 la señora Sema Wilkes se hizo cargo de una casa de huéspedes en el centro histórico de Savannah con la meta de preparar las mejores comidas sureñas de la zona. El PAR era obvio: comida increíblemente deliciosa. El resultado habla por sí mismo: por lo general, la lista de espera del restaurante es de una hora y media a dos horas. La gente comienza a formarse horas antes de que abran el restaurante, no sólo en vacaciones o días festivos, sino un día cualquiera.

El trabajo del personal, al igual que debe suceder en tu negocio, es proteger y trabajar por el PAR. Todos los empleados desempeñan un papel importante, ya sea trabajando directamente por el PAR o protegiéndolo. El chef y el personal de cocina están trabajando de manera directa por el PAR al reunir los ingredientes locales más frescos y de mejor calidad. El resto del equipo está protegiendo el PAR. El personal que atiende las mesas garantiza que, una vez que llegues a tu mesa, la comida esté lista. De hecho, tienen la mesa servida *antes* de que te sientes. La comida tiene una rápida rotación para mantenerla caliente y fresca. Si se tardan demasiado en servir una mesa, otro miembro del personal interviene. Todos saben qué los hace ser famosos. Y su trabajo consiste en asegurarse de que la comida sea de primera. El trabajo de todos es asegurarse de que el papel más importante del negocio está siendo protegido y todo el mundo contribuye a ello de alguna manera, ya sea directamente o interviniendo cuando es necesario, o en ambos casos.

Los meseros son la viva imagen de la hospitalidad sureña. El restaurante es sencillo, pero impecable. El ambiente está orientado en gran medida hacia las familias; prepárate para interactuar con extraños porque seguramente te sentarán con ellos en las grandes mesas para 10 personas que tiene el restaurante. Y cuando hayas terminado llevarás los platos a la cocina. Buena comida, buen servicio y pasarla bien. Todas esas cosas son necesarias para que tu negocio esté en marcha, y el PAR es lo más importante. Si la comida no fuera exquisita, el restaurante sería un fraude.

Sema Wikes falleció en 2001. Hoy en día su nieta dirige el restaurante y mantiene fuertes relaciones con los granjeros locales, garantizando los mejores ingredientes. La nieta sabe que el éxito de su negocio depende de trabajar por el PAR. Y aunque todos los que la conocieron y la quisieron extrañan a Sema, el PAR es protegido sin cesar. Si la cocina necesita una mano en la preparación de la comida, alguien del personal que atiende las mesas de inmediato asume esa tarea. Todo el personal ayuda con la preparación y da su retroalimentación si se presenta algún problema. ¿El pollo está un poco seco? Si un platillo no es del todo perfecto, aunque sea mínimamente, a toda velocidad el personal lo comenta en la cocina. Casi nunca sucede, pero podría suceder, y el personal sabe que la comida, el PAR, es lo más importante.

Protege y trabaja por el PAR como si tu vida dependiera de ello y tu negocio se convertirá en el lugar al que los clientes "tienen que ir", justo como el comedor de la señora Wilkes. La gente viaja grandes distancias para ir ahí y siempre alaba la experiencia. Y, por si no sabías, este restaurante sólo está abierto tres horas diarias, de lunes a viernes. El lugar está abarrotado. Siempre.

Ejercicio: el centro y el radio

Si a estas alturas no lo has descubierto, es probable que la persona o personas que trabajan por tu PAR estén pasando demasiado tiempo haciendo otra cosa que trabajar por el PAR. De igual manera, tus demás empleados también están pasando demasiado tiempo haciendo otras cosas cuando podrían estar protegiendo el PAR y trabajando por su propio "Trabajo primario". Y probablemente, aunque con buenas intenciones, estén desviándose del PAR y de su "Trabajo primario".

En este sencillo ejercicio tú y tu equipo serán capaces de ver con claridad qué tan enfocados están en proteger o en trabajar por el PAR al hacer su "Trabajo primario" y qué tan distraídos están en otras tareas. Luego sabrán cuáles son las demás tareas que la persona que debería proteger el PAR está atendiendo, qué tareas necesitan automatizarse y qué tareas hay que desechar.

Para saber cómo funciona, primero haz este análisis en ti. Luego hazlo para cada persona que debería estar trabajando por el PAR (es muy probable que tú seas una de ellas). Después, hazlo para el resto de tu personal y ten en cuenta que el centro de su actividad es su

"Trabajo primario". Hacerlo no sólo es divertido, sino que te abrirá los ojos.

1. En una hoja de papel, escribe el PAR en el centro y dibuja un círculo alrededor, como si fuera el ojo de un toro. Recuerda, en el capítulo anterior identificamos el PAR a través del ejercicio de las notas adhesivas. Lo hiciste, ¿verdad? Si no, regresa a esa parte y hazlo de inmediato. Yo te espero.

2. Mira las otras cinco notas adhesivas que escribiste (las que no eran el PAR) y el tiempo que pasas en cada tarea en una semana determinada. Puedes obtener la información del tiempo del "Análisis de tiempo" que llevaste a cabo en el capítulo 2. Revisa cuánto tiempo pasas en cada una de esas cinco tareas y date una idea de cómo se comparan entre sí, de modo que puedas trazar un radio que salga del PAR y que equivalga a ese tiempo.

3. Ahora realiza una gráfica. El PAR representa el círculo central y las tareas se colocan en rectángulos a su alrededor. La distancia de cada tarea (el radio) con respecto al PAR (el radio) representa el tiempo que toma realizarla. Por ejemplo, una tarea que toma 10 horas a la semana tendrá un radio cinco veces más largo que una tarea que toma dos horas semanales.

Ahora, abajo del diagrama, anota todo el trabajo adicional que llevas a cabo en tu rutina semanal que no incluiste en el diagrama anterior. Puedes hacerlo fácilmente tomando la información del "Análisis de tiempo" que llevaste a cabo. La lista de trabajo adicional puede incluir: responder correos electrónicos, hacer llamadas de ventas, tener juntas con los empleados,

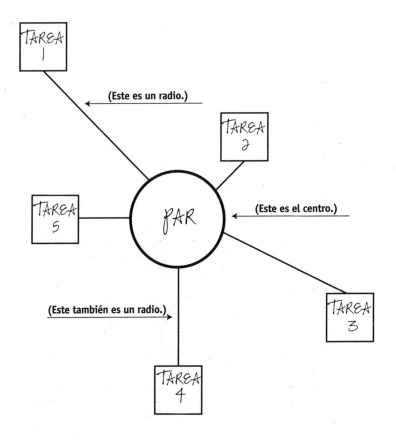

responder preguntas, enviar facturas, limpiar la oficina, responder aún más correos. Escríbelo todo. Aquí la meta no es la perfección. Simplemente escribe lo que se te venga a la mente y no te vuelvas loco con los detalles. A lo mucho, enlista 10 cosas nuevas. Si no hay nada que agregar, también está perfecto.

4. Luego anota el tiempo aproximado por semana que inviertes en cada una de las tareas que acabas de agregar a la gráfica. Puedes tomar esta información del ejercicio de "Análisis de tiempo".

5. Ahora suma al diagrama las tareas adicionales que anotaste aparte. Mira tu diagrama (véase el ejemplo de la página 98). Probablemente no está equilibrado y tiene algunos radios largos y otros cortos. Los radios son una manera excelente de saber

TAREAS	TIEMPO
Respoder preguntas	4 horas
Facturar	2 horas
Correos electrónicos	8 horas
Llamadas de ventas	7 horas
Junta interna	1 hora

visualmente qué tan lejos de tu PAR te lleva una tarea. ¿Lo ves? ¿Sientes ese dolor?

6. Elimina, transfiere o recorta. Ahora, empezando con las tareas que están más lejos del PAR, determina en cada caso si puedes eliminarla, transferirla a alguien más (delegar) o recortarla. Por ejemplo, puedes eliminar el redactar un correo diario de seguimiento que nadie de tu equipo parece leer (o necesita leer); puedes transferir la administración de las redes sociales a alguien a quien contrates por honorarios para llevar a cabo esa tarea y

que esté especializado en eso, y puedes recortar tus "consultas gratuitas" de una hora a 30 minutos.

Una tarea que comúnmente se puede recortar *y* transferir es responder preguntas. La mayoría de los negocios recibe de parte de los clientes las mismas 20 o 30 preguntas una y otra vez. Asigna (transfiere) a alguien la responsabilidad de responder esas preguntas y luego delega la tarea de crear un documento de "Preguntas frecuentes" que evitará que tengan que responder cada pregunta cuando se presente. Redacta una respuesta de correo electrónico que diga: "Gracias por su pregunta. Se trata de una pregunta que nos hacen a menudo. Por ello he creado una lista de Preguntas frecuentes en la cual se encuentra la suya, así como otras 30 que nos hacen con frecuencia. Dé clic aquí".

A quienquiera que le transfieras esas tareas necesarias, pero que distraen (algún miembro de tu personal o alguien que contrates por honorarios), estará protegiendo el PAR al llevarlas a cabo y asegurarse de que no vuelvan a ser parte de lo que tú debes hacer. Además, cuando transfieres una tarea a alguien más, su trabajo es adueñarse de ella y recortarla él mismo (probablemente con tu retroalimentación y tu experiencia estratégicas). Cuanto más rápido te quites la responsabilidad de esas tareas, más rápido serás capaz de dedicar más tiempo a servir al PAR. Recortar la tarea significa que tienes que seguir haciéndola porque eres el único capaz de hacerla, pero vas a encontrar una forma de limitar el tiempo que inviertes en ella.

Puede ser que existan algunas tareas que sólo tú puedes hacer en el futuro cercano y que deben quedarse en tus manos o puede ser que haya tareas que tengan una importancia tal para el PAR que necesiten mantenerse vinculadas (por ahora). Por ejemplo, es probable que tengas la obligación contractual de ser el contacto de un cliente en el caso de un proyecto que estás realizando; tendrás que terminarlo antes de transferir ese tipo de trabajo a otro miembro del equipo en futuros contratos. Haz más gruesa la línea que lleva del PAR hacia la tarea.

TAREAS	TIEMPO
Responder preguntas	4 horas
Facturar	2 horas
Correos electrónicos	8 horas
Llamadas de ventas	7 horas
Junta interna	1 hora

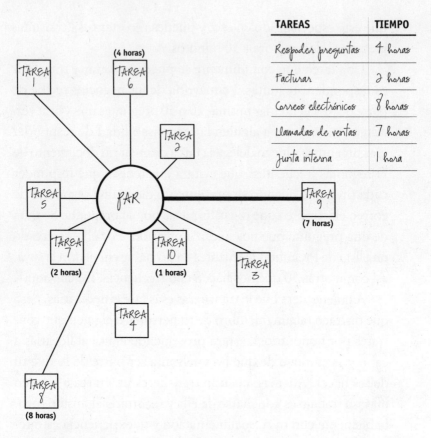

7. Elimina cualquier tarea que pueda quitarse de la gráfica y deja de realizarla de inmediato. Traza flechas en cualquier tarea que puedas transferir, lo que significa que dejará de ser tu responsabilidad a corto plazo, y ponte a delegarla. Y coloca una línea curveada en cualquier cosa que quede que puedas cortar (lo cual significa que tú seguirás haciendo ese trabajo por ahora, pero de manera más eficiente). Remarca las líneas de cualquier cosa que debes hacer pase lo que pase (salvo el PAR). Es probable que por ahora tengas que seguir haciendo lo que indican esas líneas más oscuras y las líneas curveadas, pero no es sostenible a largo plazo si quieres tener un negocio que pueda funcionar como relojito sin ti. Al final, incluso quitaremos de tu margen de acción el PAR (la meta es que pases de Dar acción a Diseñar, ¿recuerdas?), pero no podemos hacerlo todavía.

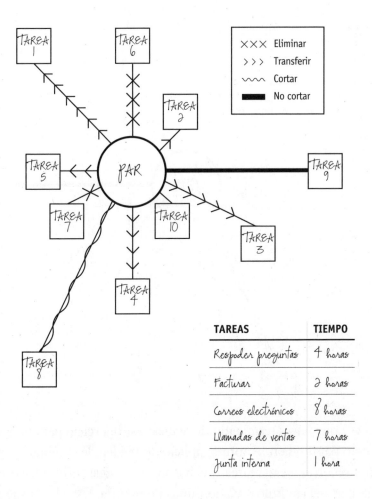

TAREAS	TIEMPO
Responder preguntas	4 horas
Facturar	2 horas
Correos electrónicos	8 horas
Llamadas de ventas	7 horas
Junta interna	1 hora

8. Sigue poniendo en práctica el modelo del centro y los radios, para seguir acercándote cada vez más al PAR. Necesitas mover la mayor cantidad posible de tareas destinadas a ser eliminadas, transferidas o recortadas. Todo el tiempo que recuperes en el proceso de inmediato será reservado para trabajar por el PAR. A medida que implementes esto, verás que elevar el PAR eleva significativamente todo el negocio.

Por favor visita Clockwork.life para ver un video que muestra este proceso en acción.

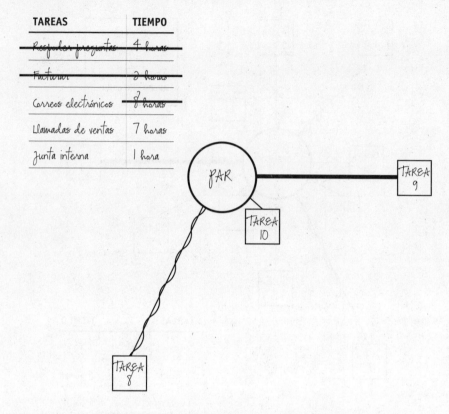

TAREAS	TIEMPO
~~Respoder preguntas~~	~~4 horas~~
~~Facturar~~	~~2 horas~~
Correos electrónicos	~~8 horas~~
Llamadas de ventas	7 horas
Junta interna	1 hora

Una vez que hayas terminado de realizar este ejercicio para tu caso, repítelo para toda tu empresa, aplicando la idea de eliminar, transferir y recortar a cada tarea que hacen tus colegas; utiliza las notas adhesivas del capítulo 3 como punto de partida. Usa el método de eliminar, transferir y recortar para garantizar que cada uno de tus empleados está dedicando la máxima cantidad de tiempo posible para hacer el trabajo que crea el mayor impacto para el negocio.

¿Qué elimino, transfiero y recorto?

A medida que avances en el ejercicio, ¿qué haces si te encuentras tareas que puedes transferir, pero no hay nadie a quien puedas transferirlas? A menudo ésa es la señal de que es momento de hacer una contratación.

A medida que transferimos trabajo lejos del PAR y del "Trabajo primario", verás que las tareas para las que se requieren menos habilidades son las primeras que se pueden transferir. Esto por lo general significa que puedes emplear trabajadores menos costosos, de tiempo completo o por honorarios para esa tarea. La meta es tener unos cuantos empleados experimentados, enfocados casi de manera exclusiva en hacer trabajo experimentado, y transferir a todos los demás las tareas necesarias, pero fáciles y repetitivas que no requieren gran especialización. Así funciona un negocio optimizado. Y eso es exactamente lo que apoya el método de eliminar, transferir o recortar. Ahora vamos a pasar a tu negocio.

Primero evalúa una tarea y determina si puedes o no eliminarla. ¿Está relacionada con un objetivo necesario del negocio? ¿Añade un valor cuantificable a tus clientes o a tu equipo? ¿Ves? No todo es necesario en un negocio. De hecho, muchas tareas que pueden parecer necesarias en un momento ya no lo son, pero se mantienen porque "eso es lo que hemos hecho siempre". Elimina las cosas que no son necesarias. Y, si no estás seguro, deja de hacer por un tiempo esa actividad para ver cuáles son las consecuencias. Si no hay consecuencias, quiere decir que no la necesitas. Elimínala.

A continuación busca transferir trabajo a otras personas o sistemas que te liberen a ti y a tu personal especializado para que puedan asumir tareas más importantes o desafiantes. Transfiere el trabajo a los recursos menos costosos y empodera al (los) nuevo(s) dueño(s) de la tarea para alcanzar la meta de una manera más eficiente. En otras palabras, haz que la recorten.

En cuanto a las tareas que debes conservar, evalúa cómo las puedes recortar. ¿Una tarea se puede llevar a cabo de manera más rápida o más fácil? ¿El costo de los materiales y el tiempo asociado con esa tarea se pueden reducir? Si una tarea no se puede eliminar ni transferir, a menudo se puede recortar. Busca formas de reducir el tiempo y los costos asociados con terminar una tarea sin dejar de alcanzar los resultados necesarios.

El centro y el radio en acción

Déjame guiarte por el ejercicio del centro y el radio y explicarte cómo podría funcionar en el caso de un vendedor en línea ficticio que distribuye los jeans más maravillosos del planeta. Vamos a llamarle Jeans Increíbles R. L. Al usar el ejercicio de las notas adhesivas determinamos que el trabajo de diseñar los jeans más increíbles del planeta es el PAR, la función de la cual depende el éxito de Jeans Increíbles. Recuerda, una vez que declaramos el PAR, que nuestra meta es trabajar por él y protegerlo por completo. Y lo hacemos al crear sistemas para liberar a las personas que están trabajando para el PAR de modo que no tengan que hacer nada que propicie que el PAR pase a segundo plano. En el centro del papel escribimos el PAR y dibujamos un círculo alrededor. Éste es el centro. Para Jeans Increíbles, el PAR es "un diseño que te deja boquiabierto".

1. Haz una lista de las personas que actualmente están trabajando para el PAR, de medio tiempo, de tiempo completo, y de las que deberían estar haciéndolo, pero no están pasando casi nada de tiempo en eso. Después de este proceso analizaremos a todos los que conforman el equipo. Cada persona llevará a cabo el proceso de las notas adhesivas y tendrá su propia hoja en blanco con el PAR a la mitad.

En nuestro ejemplo identificamos al fundador y líder del diseño innovador de Jeans Increíbles, el ex rapero Fat Daddy Fat Back. Fat Daddy* es el único diseñador de Jeans Increíbles. (Quizá tú seas la figura central de tu empresa o tal vez cumples

---

* Si eres fan de Profit First Podcast, en primer lugar, muchas gracias. En segundo lugar, es probable que recuerdes el episodio en el que Ruby Tan comenzó a llamarme Fat Daddy Fat Back. Mi nuevo nombre de rapero llegó para quedarse y tanto es así que como resultado surgió un sitio de internet: FatDaddyFatBack.com. Y tal vez, sólo tal vez, yo sea el doble de Eminem.

con un papel distinto.) Hay otros cuatro empleados, pero el único que diseña jeans es Fat Daddy.

2. En este caso, una sola persona está trabajando para el PAR. Pero, a menudo, quien trabaja para el PAR puede ser un grupo de personas o incluso una máquina o una computadora. Escribe el nombre de esa persona o cosa en la parte superior de la hoja. Así que el nombre de Fat Daddy va hasta arriba.

3. Como estamos asumiendo que esta persona ya hizo el ejercicio de las notas adhesivas, todas las demás tareas se agregan como radios al centro donde está el PAR.

4. Luego tiene que sumar la lista de todas las demás tareas que lleva a cabo. Esto le resulta engañoso porque siempre hace las cosas sin pensar realmente en lo que está haciendo. Por ahora escribe lo más que logra recordar. Más adelante él también podrá hacer un "Análisis de tiempo" (tú también puedes hacerlo), que se vería más o menos así:

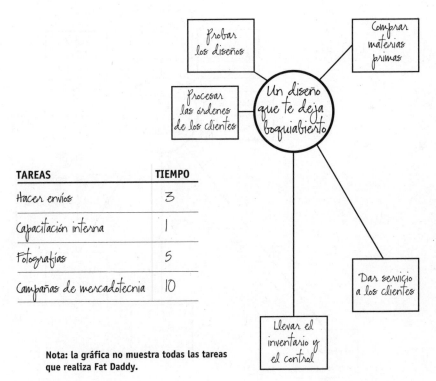

TAREAS	TIEMPO
Hacer envíos	3
Capacitación interna	1
Fotografías	5
Campañas de mercadotecnia	10

Nota: la gráfica no muestra todas las tareas que realiza Fat Daddy.

5. Fat Daddy pasa 65 horas a la semana trabajando en su negocio y dedica aproximadamente cinco horas en ese mismo periodo a atender el PAR. En otras palabras, cinco horas a la semana se dedican a elevar el negocio (diseñar jeans increíbles) y 65 horas a la semana se invierten en hacer cosas que no permiten avanzar al negocio (no diseñar jeans increíbles). Es difícil de creer, pues él piensa que "todo es igualmente importante". Pero eso no es cierto. Las demás cosas son necesarias (quizá) pero no

TAREAS	TIEMPO
Hacer envíos	3
Capacitación interna	1
Fotografías	5
Campañas de mercadotecnia	10

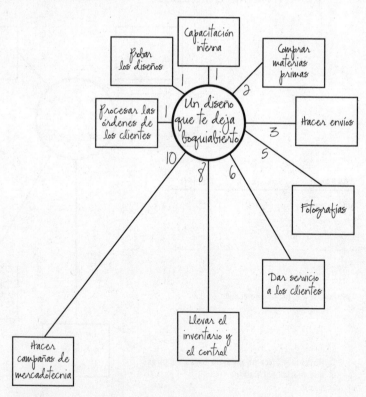

esenciales. Todas las demás cosas se vuelven secundarias frente al PAR. Para ello necesitamos eliminarlas de las responsabilidades de Fat Daddy y eso se hace al elegir un destino para cada una de ellas a la vez: eliminar, transferir o recortar. Para tenerlo visualmente, Fat Daddy dibuja la gráfica del centro y los radios, en la cual la longitud de estos últimos representa el tiempo que pasa en cada tarea. Junto a la línea que va hacia la tarea, escribe la distancia (tiempo) que lo aleja del PAR.

6. Fat Daddy analiza primero la tarea que más lo aleja de su PAR. Si es fácil o por lo menos relativamente fácil delegarla, empieza ahí, delegándola a otro empleado. La meta es ir avanzando en nombre de delegar, así que las tareas más fáciles de delegar que tendrán el mayor impacto en proteger el PAR son las primeras en ser atendidas. Fat Daddy elimina rápido esas cosas y las quita de la gráfica.

7. La tarea que más aleja a Fat Daddy del PAR es implementar campañas de mercadotecnia, así que eso es lo primero que le vamos a transferir a alguien más. Y sabe quién es la persona ideal para hacerlo… Zil Aksnirbod.* A Zil le encanta la mercadotecnia y sabe qué es lo que aman los clientes. Hora de delegar. Eso despejará 10 horas más a la semana para trabajar en el PAR: diseñar jeans increíbles. Fat Daddy traza una flecha en esa tarea y se pone a trabajar para sumar a Zil a bordo.

8. Fat Daddy cuelga la gráfica junto a su escritorio. Mientras entrena a Zil en su nueva responsabilidad, le deja claro de qué manera esto impactará en el PAR y le explica que su trabajo consiste, primero y antes que nada, en garantizar que él sea capaz

---

* Yo he tenido un equipo de mercadotecnia compuesto por una sola persona desde que empecé a escribir libros, hace más de 10 años. Decir que es extraordinaria es quedarse cortos. Su nombre es Liz Dobrinska y no me cansaría de halagarla. Aquellos que tienen un ojo agudo seguramente se dieron cuenta de que la persona más indicada para el trabajo de mercadotecnia de Fat Daddy Fat Back es Zil Aksnirbod (Liz Dobrinska escrito al revés). ¡Guau! Ésta es como una novela de Sherlock Holmes… con claves secretas escondidas en todos lados.

de enfocarse en el PAR, puesto que ése es el ingrediente secreto que da valor a toda la empresa. Cuando Fat Daddy cambia de tareas para hacer más trabajo relacionado con el PAR, el "Trabajo primario" de Zil es encargarse de toda la mercadotecnia. Le reportará en las juntas de personal y lo mantendrá al tanto, pero ella tiene que tomar las decisiones que harán que los jeans salgan al mercado.

9. Fat Daddy también se da cuenta de que hacer los envíos de los jeans él mismo no es algo que le ahorre mucho dinero. Igual que tener a un médico archivando en la oficina, él está usando un recurso muy costoso (a sí mismo) para hacer un trabajo que no es costoso. Éste es un gran indicador de que el PAR no está siendo protegido. Cuando hay recursos costosos haciendo un trabajo que no es costoso sin duda alguna no hay equilibrio. Transfiere de inmediato esa tarea. Incluso si eres un micronegocio de una sola persona, en cuanto sea humanamente posible, libérate de ese trabajo poco costoso y ve a enfocarte en las cosas importantes que tienen impacto. Contrata a un asistente de tiempo parcial, consigue un becario, saca a tu mamá o a tu papá de su retiro y deja que te ayuden. Simple y sencillamente consigue ayuda rápido. Cuanto más tiempo sigas haciendo el trabajo poco costoso, más tiempo tu negocio estará atrapado en la ineficiencia y, como resultado, seguirá siendo diminuto para siempre.

a) Fat Daddy lleva a cabo un análisis de valor básico. Un diseñador de clase mundial como él fácilmente gana 150 000 dólares al año. Divide eso entre 2 000 horas de trabajo al año y tendrás que ganar 75 dólares por hora. Realiza 10 envíos de jeans en una hora, lo cual significa que cada envío le cuesta a la empresa 7.50 dólares más (el costo de su tiempo por envío). Podría contratar a un becario por 10 dólares la hora y ahora cada envío se reduciría a un dólar. Y lo mejor de todo es que tiene tres horas más a la semana para dedicarlas al PAR. ¡El becario está contratado!

b) Tomar las fotografías de los jeans también parece representar un ahorro potencial de dinero. Pasa cinco horas a la semana en esta tarea y su costo para la empresa es de 75 dólares por hora. Un fotógrafo de los mejores cobra 150 dólares por hora. Pensando en términos del costo por hora, Fat Daddy es la opción menos costosa, pero hay que pensar en otros factores. Si se analiza con más detalle, un fotógrafo profesional terminará *todo* el trabajo en dos horas, tendrá la iluminación adecuada y su trabajo estará listo para subirlo al sitio. Resulta un poco más económico, con fotografías aún mejores y, lo más importante, restan otras cinco horas para dedicarlas al PAR. ¡Está clarísimo!

TAREAS	TIEMPO
Hacer envíos	3
Capacitación interna	1
Fotografías	5
Campañas de mercadotecnia	10

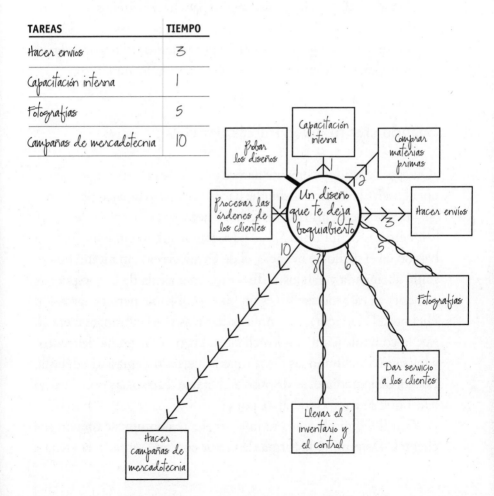

10. Ahora Fat Daddy identifica las cosas que él tiene que hacer "sin lugar a dudas" porque requieren una habilidad imposible de transmitir a otra persona y que sólo él tiene (por ahora). Siente que probar los diseños realmente tiene que ser su responsabilidad, puesto que los resultados influyen en sus diseños (el PAR). Así que la única tarea, "yo soy el único que la puede hacer", además del PAR, es probar los diseños. Oscurece la línea que lleva a esa tarea, para identificar que necesita quedarse con él por el momento. Lo único que hará al avanzar es trabajar por el PAR y realizar esa otra tarea. Lo demás será delegado o eliminado.

11. A medida que transfieres cada elemento, lo tachas y dispones más tiempo para trabajar para el PAR. Toma tiempo, pero Fat Daddy cada vez tiene más tiempo para hacer diseños que dejan boquiabierto. Sus jeans son tan increíbles que las celebridades los quieren. La gente enloquece por tenerlos. El negocio da un salto hacia adelante porque el PAR está siendo atendido.

Cuando eres tú quien trabaja por el PAR

¿Qué pasa cuando realmente parece que tú eres el único que trabaja por el PAR? El objetivo es simple: hacer que otros trabajen por el PAR.

¿Recuerdas la historia de Cyndi Thomason? Después de seguir los métodos de mi libro *Surge* para lograr un crecimiento rápido basado en el nicho de negocio, el de Cyndi creció tan rápido que se sintió abrumada y exhausta. Tener más demanda de la que puedas atender (en este momento) es un buen problema, pero es agotador. Hicimos el ejercicio de las notas adhesivas y descubrió cuál era su PAR: la comunicación con los clientes. Hizo el diagrama del centro y los radios y eliminó las tareas que la alejaban demasiado del PAR. Luego, de inmediato, se dispuso a liberarse de trabajar por el PAR al hacer que su equipo trabajara por él.

Cyndi definió lo que era una excelente comunicación con sus clientes. Determinó la forma de medir con qué tanta frecuencia y qué tan bien se estaban llevando a cabo las comunicaciones con los clientes. Y, luego, comenzó a involucrar a los empleados para que también desempeñaran el PAR. Sabían que el PAR debía ser protegido y, como ellos eran los únicos que trabajaban por él, ahora tenían una regla muy sencilla: cuando hay muchas cosas que te están robando tiempo y atención, siempre la prioridad es el PAR, por encima de cualquier otra cosa.

La demanda sobre el tiempo de Cyndi disminuyó significativamente y la eficiencia de su empresa aumentó. Puede ser que esto suene contrario a toda lógica, pero es exactamente el resultado que deberías experimentar al enfocarte en el PAR. Déjame repetirlo una vez más: la demanda sobre el tiempo de Cyndi disminuyó de manera significativa y la eficiencia de su empresa se fue por las nubes.

A veces tienes que dejar de lado tu papel trabajando por el PAR. El PAR en el Centro de Cirugía Plástica y Spa Médico Vitality es su desarrollo de procesos de tecnología de punta para hacer que sus pacientes se vean y se sientan jóvenes, saludables y en forma. Tal vez es obvio; tal vez no. La clientela se realiza procedimientos mayores, como terapia de pérdida de peso, cirugía plástica y aplicación de bótox, y tratamientos que requieren discreción, como rejuvenecimiento vaginal. Muchos de ellos representan grandes complejidades, así que la perfección de las operaciones es una necesidad. La fundadora del Spa Vitality, Monique Hicks, empoderó a su equipo para proteger y trabajar por el PAR en muchas formas, incluyendo un "truco" singular. Hablaré más al respecto en un minuto.

Conocí a Monique en el otoño de 2017 y quedé muy sorprendido con lo que había logrado: que el Spa Vitality creciera al punto de tener una operación de más de tres millones de dólares, al tiempo que criaba a su hija como madre soltera. Me contó cómo, durante los primeros tres años del negocio, ella fue la única que trabajaba por el PAR. Se dedicaba a investigar procedimientos y trabajaba codo a codo con los clientes para que todo les resultara perfecto. Salía al quite como superhéroe cada vez que surgía un problema. Hacía todo por proteger y atender el PAR ella misma.

Monique me explicó: "Entonces, un día fue muy claro que el negocio dependía única y exclusivamente de mí. La energía y el esfuerzo que invertía en el negocio era lo que buscaban los clientes. Me di cuenta de que el negocio era tan fuerte como fuera yo en un día determinado. Era agotador y no era un modelo con el cual se pudiera crecer. Fue entonces cuando le enseñé a mi equipo cómo atendía yo al PAR, lo que yo había estado llamando mi *zona de genio*, y cómo los necesitaba para protegerme y trabajar por mí desempeñando ese papel".

La parte de la enseñanza fue fácil. Monique tuvo juntas con cada uno de sus empleados, uno a la vez, para explicarles cómo crear experiencias a la medida para cada cliente, conocer sus necesidades individuales y especificar los procedimientos óptimos. Usó una reunión diaria para destacar de qué manera los empleados estaban haciendo mejoras tanto grandes como pequeñas y los empoderó para aprender unos de otros. También hacía que los empleados compartieran entre sí sus mejores prácticas.

Otra cosa que hizo Monique fue mostrar respeto por el dominio de cada empleado. Aunque en el pasado ella corría a arreglar las cosas, a veces los empleados lo interpretaban como una interferencia. Teniendo claro cómo proteger y trabajar por el PAR, Monique dejó de correr a meterse y los empleados se sintieron más confiados en el servicio que estaban proporcionando. La moral aumentó. Las cosas mejoraron… en su mayoría.

Sólo había un problema: Monique era la única que estaba haciendo el trabajo del PAR. Sus empleados no acudían a ella con ideas acerca de cómo mejorar la empresa y sus servicios, a pesar de que eran los que estaban haciendo el trabajo.

¿Recuerdas ese "truco singular" que mencioné antes? Fue una contratación especial que hizo Monique. El PAR es la esencia del negocio y es responsabilidad de todos los empleados protegerlo y servirlo en cierta medida. Incluso cuando (especialmente cuando) la jefa no está logrando proteger ni servir al PAR.

Monique es humana, como todos nosotros, y puede cometer errores. Y ella es la primera en admitir que no siempre está segura de cómo mejorar o cambiar los servicios de la empresa. Se dio cuenta de que, incluso en ocasiones en que se ha equivocado y no ha logrado cumplir con el trabajo del PAR, los empleados se daban cuenta, pero no decían nada. A los empleados les costaba trabajo hablar con Monique, porque eran demasiado tímidos o porque no podían creer que existiera una empresa en la que la calidad del servicio fuera más importante incluso que la opinión del jefe. Monique vio el bloqueo que había en las líneas de comunicación y tomó una medida singular. Contrató a una persona "de voz fuerte" que no se sentía intimidada por Monique de ninguna manera. La nueva contratación, a cargo de las operaciones cotidianas, recopilaba la retroalimentación de los empleados y se sentaba con Monique para discutir esa retroalimentación, por incómodo que fuera. La empresa dio un salto hacia adelante en términos de la calidad del servicio y sigue creciendo de manera correspondiente.

"El PAR es un compromiso absoluto, Mike —me compartió Monique—. El equipo necesita saberlo y actuar en consecuencia. Y si ninguna de esas dos cosas están sucediendo, es culpa del dueño. Su incapacidad o su miedo de ser honestos conmigo con respecto al PAR no era problema suyo, sino mío. Así que me propuse resolverlo de inmediato."

Cuando la reina quiere seguir siendo la reina

Incluso los negocios más emocionantes, rentables y populares pueden depender de una sola persona. Cuando logras el éxito, cumples tus metas personales para impactar al mundo y amas lo que estás haciendo, puede ser difícil ver cómo tendría sentido quitarte de la ecuación. Algunos empresarios obtienen tanta felicidad al trabajar por el PAR que quieren seguir haciéndolo de manera indefinida. El orador motivacional y rey de los infomerciales Tony Robbins ha elegido seguir desempeñando el papel de atender el PAR en su negocio. Lo mismo ha sucedido con otros expertos súper exitosos, como mi amiga Marie Forleo.

Marie tiene una lista enorme de fans. Estoy hablando de millones de súper fans. Posee un negocio exitoso y está cumpliendo su misión… y ha estructurado su negocio de manera que puede disponer de toneladas de tiempo libre sin dejar de verlo crecer año con año. Básicamente está viviendo el sueño Clockwork.

Su negocio se cierra durante dos semanas en verano y en invierno… Todos están de vacaciones. Es parte de su cultura empresarial. "Nada en nuestro negocio es de vida o muerte —dice Marie—. Y a nuestros clientes les encanta porque los inspira a imitarnos en sus propios negocios. Mis clientes y mis colegas copian lo que yo hago.

"Para mi equipo, realmente es lo mejor. Todo el mundo trabaja muchísimo. Son dedicados y están motivados. Al estar todo el mundo de vacaciones al mismo tiempo, nadie siente que lo están dejando de lado; nadie siente que hay proyectos que avanzan sin ellos. Simplemente pueden recargar baterías. Algunos lloran de agradecimiento porque nunca han experimentado un ambiente de trabajo como el que tenemos aquí."

La primera vez que escuché de Marie fue por mis lectores. De hecho, muchos de mis lectores me dicen: "¡Marie Forleo es la onda!" Es la fundadora de lo que ella llama un "imperio digital con conciencia social", que incluye una escuela de negocios, un sistema de capacitación para empresarios y MarieTV, un programa semanal que se transmite en 195 países y que ayuda a los empresarios a crear un negocio y una vida que amen.

Cuando Marie comenzó en el ramo, tenía 23 años, estaba trabajando como cantinera y en el tiempo que le quedaba daba asesoría personal a clientes. Hoy su escuela de negocios tiene más de 400 graduados de 130 países, en 160 ramos diferentes. Tiene aproximadamente 20 empleados de tiempo completo y, cuando la escuela de negocios está en marcha, aumenta su equipo con empleados temporales y de tiempo completo según lo necesita. Compara esto con una universidad de la que se gradúan 5 000 estudiantes al año, ¡pero tiene 700 empleados! ¡Esto es ser capitán de un barco con muy pocos marineros!

Una de las intenciones de Marie es causar el mayor impacto posible en la mayor cantidad posible de gente. De hecho, millones. Ésa es su "meta más importante y noble". A lo largo de los años ha optimizado su negocio para lograr cumplir esta meta cumpliendo al mismo tiempo con sus metas personales de tener una vida equilibrada *lejos del mundo digital*. Por ejemplo, acostumbraba organizar un congreso muy importante para más de 300 asistentes. Cuando evaluó el impacto en relación con el trabajo que requería y lo comparó con la escuela de negocios, decidió simplificar y dejar de organizar el congreso… así como cualquier otro flujo de ingresos, incluyendo negocios de asesoría privada sumamente rentables. Hacer este cambio hizo que su negocio se duplicara.

"Sigue siendo mucho trabajo, pero es muy, muy satisfactorio. Lo que más me emociona es ayudar a la gente a liberar todo su potencial. Es mucho más satisfactorio tener menos cosas en qué enfocarte y que te vaya realmente bien —me contó—. Además, esto nos pone a la cabeza de nuestros competidores."

El PAR de Marie es crear contenidos y su equipo protege su tiempo de modo que ella puede mantenerse en el espacio creativo. Esos contenidos atraen a nuevos suscriptores, fans y, con suerte, clientes. Educa e inspira a la gente para cumplir sus sueños, lo cual cumple la misión de Marie en este planeta. Y el contenido libre también es una herramienta de mercadotecnia para la escuela de negocios.

No obstante, con la excepción de la edición de los contenidos, Marie es la única persona que atiende el PAR. Desde fuera, parece que ella *es* el PAR. Pero si Marie se quisiera reemplazar a sí misma de modo que su negocio pudiera crecer sin ella, tendría que entrenar a otras personas para crear contenidos sin ella. Sin embargo, tal vez no quiere hacer eso. Sin lugar a dudas es su zona de genio y obtiene mucha satisfacción crear contenidos. Su misión es cambiar el mundo y lo está logrando.

Marie ha tomado una decisión consciente de seguir sirviendo al PAR. Quise compartir contigo su historia porque es posible que elijas lo mismo. Muchas personas más eligen trabajar por el PAR. Funciona y puede ser extremadamente gratificante, como le pasa a Marie, pero quiero que estés consciente de las desventajas. El día que Tony Robbins o Marie Forleo o tú (si decides ser el único que trabaje por el PAR) deciden renunciar, el negocio renuncia. Cuando deciden hacer más lento el ritmo, el negocio se vuelve más lento. Cuando tú eres el único que trabaja por el PAR, estás en el corazón de la empresa. Por mis conversaciones con Marie, está claro que es extraordinariamente exitosa y que obtiene una alegría extraordinaria de lo que hace. Está *muy* consciente de que es el corazón de la empresa y se siente cómoda haciéndolo por el momento.

Cuando nos despedíamos, me dijo: "Obtengo tanta energía de mi trabajo que de hecho me haría daño dejar de hacerlo. Ya llegará el día en que esté lista para que el negocio viva y crezca sin mí y entonces encontraré a otras personas que puedan atender el corazón del negocio. Pero, por ahora, no voy a cambiar nada. Creo que primero tendré un millón de graduados de la escuela de negocios".

La decisión es tuya y yo no estoy aquí para tomarla por ti. Confía en tus instintos, pero conoce a fondo tus opciones. Cuando trabajas por el PAR, tú estás en el corazón de la empresa. Cuando eliges hacer que otros trabajen por el PAR, tú te vuelves el alma de la empresa.

El sistema Clockwork en acción

1. Ahora es el momento de despejar las responsabilidades de las personas que trabajan por el PAR. Quítales la tarea más fácil y que más los distrae. Aunque sea sólo una cosa, el impacto será enorme.

2. Piensa cómo está trabajando tu equipo actualmente. ¿Tienes a la gente más calificada haciendo trabajo para el cual no se necesita estar muy capacitado? Si es así, esa manera de actuar te está costando dinero. Usa el método de eliminar, transferir y recortar para pasar el trabajo a las personas adecuadas. Por lo general encontrarás que la mayor parte del trabajo de una empresa es sumamente repetitivo y requiere pocas habilidades. Un ejército de becarios o empleados de medio tiempo y personal con menos habilidades especializadas, es decir más económico, puede que hagan más trabajo, más rápido, mejor y más barato.

3. Una vez que has dado los pasos necesarios para garantizar que el PAR está siendo protegido y atendido, es momento de tomar una decisión. ¿Quieres estar en el corazón del negocio y hacer tú mismo el trabajo relacionado con el PAR o quieres ser el alma de la empresa y hacer que otros trabajen por el PAR? Si eliges esta última opción, necesitas dar otro paso muy sencillo. ¿Cómo? Hablaremos de ello en el siguiente capítulo.

Capítulo 5

Paso cuatro: Crea sistemas

Una voz fuerte resonó por la oficina: "¿Crear sistemas? Ni siquiera tengo tiempo para sacar el trabajo, ¿y ahora debo crear un documento paso a paso súper detallado? No necesitamos sistemas; aquí hacemos las cosas y ya. Yo simple y sencillamente hago las cosas. Mi personal hace las cosas. Y punto". Ese exabrupto fue mío. Fruto de un momento de debilidad mientras luchaba por transferirle a mi asistente tareas poco importantes.

¡Crear sistemas requiere mucho tiempo! ¿No? Por lo menos eso creía yo y tal vez tú pienses lo mismo. La idea de crear sistemas para que quienquiera que esté atendiendo el PAR (o haciendo un "Trabajo primario") pueda descargarse de otras tareas es abrumadora. Es algo que consume muchísimo tiempo. Y a menudo es un desperdicio de tiempo porque para cuando el sistema está documentado por completo ya no es relevante. Primero debemos pensar en el resultado que necesitamos generar, luego debemos descubrir cuál es la secuencia paso a paso para llegar ahí y después documentarlo. Pronto (no, olvida eso) mucho, mucho después, tendremos un mueble lleno de carpetas de tres aros que representen nuestros sistemas: buenas prácticas, lineamientos de flujo de trabajo, cadenas de comando y más. Sangre, sudor, lágrimas, noches en vela tomando café y madrugadas con tequila invertidos en esas carpetas, ¿y alguien las usa? Quiero decir, ¿de verdad alguien las usará para otra cosa que no sea encender el bóiler? No lo creo.

Yo solía pensar que este laborioso proceso, por doloroso que fuera, era necesario. Lo había hecho decenas de veces en el pasado, pero nunca con éxito, debes saber. Sin embargo, nada más funcionaba tampoco, así que, luego de que intenté y fallé en desplegar otro sistema, trataba de eliminar mi frustración haciendo el proceso "sólo una vez más". Y mi frustración crecía… como un grano… un grano enorme, monstruoso, que sólo has visto en películas de ciencia ficción (o en un adolescente especialmente desafortunado).

Recuerdo haber hecho esto para el envío de mis libros. Había descubierto una excelente oportunidad para hacer dinero vendiendo libros usados y había decidido implementar el proceso completo. Me pasé fácilmente cuatro horas creando un procedimiento de operaciones estándar paso a paso (POS). El documento final fue una receta de 15 pasos, cada uno escrito simple y claramente, complementado con imágenes. Cuando la obra de arte estuvo lista, se la entregué a mi asistente y ella se puso a trabajar. Surgieron problemas.

Primero, el documento no era perfecto. A medida que ella seguía paso a paso, había variables que yo había olvidado y pasos que me había saltado sin darme cuenta, lo cual hacía que se detuviera. En pocos minutos, estaba de regreso en mi oficina con preguntas, lo cual me regresaba a la fase de Decidir. Ella era la que tenía las manos para la acción, pero yo era el único que tomaba decisiones para todos los brazos. ¿Conoces a Kali, la diosa de la India? Tiene muchos brazos, pero sólo una cabeza para controlarlos.

Actualicé el POS para arreglar lo que no había tomado en cuenta y pronto descubrí que había muchas cosas más que no había incluido. Luego, había situaciones atípicas. ¿Qué tal si la orden era un envío urgente? ¿Qué tal si la orden llegaba en fin de semana? ¿Qué tal si (¡Dios mío!) el cliente ordenaba dos libros? ¿Los enviamos por separados o juntos?

Antes yo simple y sencillamente usaba mi juicio para hacer lo que en ese momento tenía sentido, pero ahora estaba comprometido con tener listo este documento que pudiera incluir todas las variables. El POS creció para incluir situaciones atípicas. Pasé más tiempo desarrollándolo. Más todavía revisándolo una y otra vez. Y luego se desató el infierno: el sistema postal de Estados Unidos actualizó su sitio de internet. Todas las imágenes y los pasos que estaban documentados en el POS en relación con el proceso de envío necesitaban rehacerse. Y a mitad de todo eso Amazon cambió también su sistema. Qué lata. Las horas y horas, días y días que me tomó documentar un procedimiento sencillo se habían ido a la basura. Ni siquiera podía hacer un POS infalible, menos aún podría hacer los cientos que necesitaba para mi negocio. Simple y sencillamente no lo valía. La idea de hacer esto con toda mi empresa me hizo pensar que la muerte por harakiri (el terrible ritual de suicidio japonés) era mi opción más atractiva.

Las personas son como ríos. Siempre buscamos el camino más fácil para llegar a donde vamos. Y cuando ves que tus empleados ignoran tus POS, es una señal segura de que los POS no están funcionando. La meta de toda empresa no debería ser buscar eficiencia ni mejoras constantes. Desperdicio de materiales, desperdicio de dinero y desperdicio de tiempo son la desgracia de todo negocio y hay que lidiar con ellos todo el tiempo. Los POS tradicionales ya no parecen servir para esa meta.

De los miles de empresarios con los que he trabajado, muy pocos tienen sistemas activos documentados. Yo tampoco tengo como tal un sistema; no en el sentido tradicional. Y cuando visito la oficina de un empresario y le pido ver sus POS, por lo general lo que tiene es un documento mixto y correos electrónicos enterrados en alguna nube virtual que nadie puede encontrar.

Lo que hace la mayoría de las empresas es dar capacitación activa. En términos técnicos: "Vamos a entrenar a este cachorro". Lo que te pidan que hagas, haces. Y cuando alguien más te dice que hagas algo más, lo haces. Y si esas instrucciones se contraponen entre sí, simplemente haces tu mejor esfuerzo para cumplir ambas y te aseguras de enseñarle esto a la persona que venga después de ti.

Puede ser que este proceso te suene familiar. Después de todo, está conectado al tejido de la humanidad desde las comunicaciones que tenían lugar en los tiempos de las cavernas. Dado que no tenían lenguaje escrito, los cavernícolas dibujaban imágenes en las paredes de las cuevas y se contaban historias entre sí alrededor de la fogata sobre cosas acerca de cómo hacer una fogata.

Un cavernícola solía decir al clan: "Grrr. Golpear rocas. Rocas más grandes producir chispa más grande. Asegurar que mujer cavernícola vea tus rocas, si saben a lo que me refiero... Ja. Grrr. Ja, ja. Grrr". Las historias pasaban de un cavernícola a otro y, como el juego del teléfono descompuesto que jugabas de niño, el mensaje original termina siendo algo diferente. "Golpear rocas" puede convertirse en "Soplar focas" y ahí tienes a estos mensos saliendo a buscar focas para abanicarlas. Y a su regreso nadie sabe cómo diablos encender fuego.

Para garantizar que el PAR está en orden y que tu empresa está operando con una Mezcla de 4D óptima, necesitarás sistematizar tanto el PAR como todo lo que lo rodea. La meta de un POS es tener un proceso consistente para producir un resultado consistente. Pero los POS son muy difíciles de hacer, dado que aún no tienes sistemas. Y son súper difíciles de mantener, ya que las cosas cambian constantemente. Tiene que haber una mejor manera... Y la hay.

Puesto que tú, el dueño del negocio, con frecuencia eres la "reina" de este escenario, es necesario liberarte para garantizar que el negocio no dependa sólo de ti. Esto te dará la libertad final que ahora sólo parece un sueño guajiro, pero realmente es factible.

Ya tienes sistemas

Primero, permíteme aclarar una idea equivocada sobre los sistemas. Tal vez estés pensando: "Yo no tengo ningún sistema", o algo como: "Necesito crear sistemas desde cero". Falso. ¡Completamente falso! De hecho, ya tienes cada uno de los sistemas que necesita tu negocio. Todos y cada uno. Todos tus sistemas están en tu cabeza o en las de tus empleados. Todas esas tareas que necesitas delegar ya las estás haciendo tú. Ya sigues un proceso en tu cabeza. Así que no necesitas crear nada nuevo. Ni tampoco necesitas extraerlos dolorosamente, paso a paso, de tu mente al papel. La meta no es crear sistemas; la meta es capturar sistemas... y hacerlo fácilmente. Así es como transfieres el conocimiento de tareas y logras que tu negocio funcione como relojito. La mejor parte es que cualquiera puede hacerlo y es ridículamente fácil. Primero vamos a quitar del camino el método que *no* funciona, ¿va?

Tal vez la forma más ineficiente de extraer cosas de tu mente es escribirlas en una secuencia para que alguien más la pueda entender. Te obligas a pensar en exceso las cosas. Revisar paso a paso lo que haces actualmente y ponerlo en papel (o en un documento electrónico, en un diagrama de flujo o en cualquier otro medio escrito) es dolorosamente lento y está plagado de pasos equivocados. En pocas palabras, no lo hagas. No funciona.

Ahora vamos a hablar acerca del sencillo método que *sí* funciona. La mejor manera, por mucho, de crear un sistema para un proceso es capturar el proceso a medida que lo llevas a cabo. Aquí la magia es que te pones a trabajar al mismo tiempo que creas el sistema para que otros lo sigan.

La idea de capturar sistemas es que tomas tus procesos mejor establecidos y transfieres el proceso a tu equipo de la manera más simpe y fácil posible, de modo que puedan hacerlo adecuadamente al avanzar. ¿Cómo? Déjame mostrártelo con un plátano.

Es probable que a lo largo de tu vida te hayas comido varios plátanos. ¿Sabías que la mayoría de las personas no saben cuál es la mejor manera de pelar un plátano? La mayoría de las personas lo pelan desde el extremo, lo cual implica que el plátano con frecuencia se aplasta o es difícil de abrir. Si está demasiado verde, no se puede abrir fácilmente. Si está demasiado maduro, se aplasta. Pero la solución para pelar un plátano de manera adecuada existe; los monos lo hacen. Lo sostienen por un extremo, aprietan el otro extremo y el plátano se abre sin maltratarse para nada.

¿Cómo capturas este proceso? En realidad, ahí está. En You-Tube y en miles de sitios de videos más. Sólo vas a YouTube y escribes: "Mejor forma de pelar un plátano", y encontrarás la técnica.

Incluso puedes usar esto como un ejercicio para que tu equipo conozca una nueva forma de crear sistemas (al capturar las mejores prácticas en video o usando un video ya existente que enseña las mejores prácticas que quieres usar). El ejercicio es así: compra una docena de plátanos. Reúne a un grupo pequeño de empleados a los que quieres entrenar en un sistema y pídeles que, de manera individual, te enseñen cómo pelan un plátano. No les pidas que lo hagan juntos puesto que se pueden copiar los unos a los otros. Y no te atrevas a quedarte mirándolos fijamente y a ponerlos nerviosos. *No hagas ningún juicio.* Sólo observa. Puede ser que algunos ya lo hagan de la manera "adecuada". Lo más probable es que la mayoría no.

A continuación, envíales el video que encontraste en YouTube sobre cómo pelar un plátano. Pídeles que lo vean y dales otro plátano para que practiquen. Luego, reúnete de nuevo con ellos y pídeles que te muestren cómo pelar un plátano. ¡Listo! Sistema capturado (gracias YouTube) y transferido. El punto aquí es que no debes tratar de que sea correcto ni perfecto antes de eliminarlo de tus responsabilidades. Simplemente elimínalo de lo que tú tienes que hacer capturando en video lo que haces o a través de algunos métodos más que te voy a enseñar. Si esperas a establecer el proceso perfecto antes de transferirlo, nunca encontrarás el tiempo necesario para lograrlo. Así que delégalo y luego trabaja con esa persona para que lo haga bien.

Ahora deja de jugar con plátanos y vamos a hacer lo que realmente importa para tu negocio.

Sistemas para empresas emergentes

Si tu negocio es nuevecito, puedes argumentar fácilmente que no tienes sistemas. A ver, ¿no tienes nada, ni siquiera en tu mente, para decir a los demás cómo hacer las cosas? ¿Entonces qué haces? Dos cosas.

Recuerda que la transición de Dar acción a Diseñar es como un acelerador, no como un interruptor. Quieres hacer el trabajo durante un periodo de tiempo de modo que puedas aprender y relacionarte con él. Entonces puedes capturar lo que aprendiste y transferirlo. O podrías tomar un atajo y convertirte en editor de los sistemas de otra persona.

Una búsqueda en YouTube arrojará decenas, si no es que cientos, de sistemas para casi todo lo que necesitas. Tal vez no sea como tú lo quieres o como tú lo harías, pero los sistemas están ahí, evaluados y revisados por otras personas. ¿Quieres implementar un sistema de facturación que tu equipo pueda seguir? Busca "cómo facturar para los clientes". ¿En el ramo de la construcción de terrazas? Busca "cómo construir una terraza". ¿Necesitas que tu equipo cave agujeros, vierta concreto y martille vigas? Busca "cómo cavar un agujero para una viga", "cómo verter concreto para colocar vigas en terrazas" y "cómo instalar vigas".

Los sistemas ya han sido creados. Tu trabajo consiste en capturar lo que está en tu mente o usar lo que otras personas ya han capturado de lo que estaba en su mente. Luego procedes a diseñar el proceso para que tu equipo use el conocimiento que fue capturado, registrado y que está listo para ser implementado.

Cómo capturar sistemas

Una vez que has identificado lo que necesitas sistematizar primero, a continuación, debes determinar qué proceso primario estás siguiendo. ¿Estás *1)* comunicando (de manera oral o escrita), *2)* realizando una acción física (moviendo algo) o *3)* interactuando con algo (trabajando en la computadora, apretando los botones de la caja registradora)? O, por supuesto, puede ser una combinación de los tres.

Si tú o alguien más de tu empresa ya está haciendo el trabajo, tú (o esa persona) simplemente llevan a cabo la tarea y la capturan a medida que la hacen. Captura tus sistemas mediante aparatos de grabación. Por ejemplo, empecemos con trabajo realizado en la computadora, ya que es algo muy común. Digamos que facturo a los clientes (cosa que he hecho) y mi PAR es escribir y hablar (lo cual es cierto). Uso un software que graba lo que está en la pantalla de la computadora para registrar mi proceso. (No quiero recomendar un software en específico, puesto que siempre están cambiando, pero tengo una lista en Clockwork.life.)

A medida que llevo a cabo la tarea, simplemente grabo la pantalla y narro lo que estoy haciendo. Luego almaceno el video en una carpeta que lleva el nombre de esa tarea. Ahora la persona que lo está haciendo tiene un video de entrenamiento que puede usar para replicar el proceso una y otra vez. Es fácil de encontrar en la carpeta correspondiente y fácil de hacer puesto que está grabado, paso a paso.

Cada empresa pasa por un flujo de pasos para ser sustentable. Una empresa llevará a cabo ciertas acciones para atraer prospectos, para convertir dichos prospectos en clientes, para entregar productos/servicios a esos clientes y para reunir y administrar el dinero que se genere. Este proceso se denomina Atrae, Convierte, Entrega y Reúne (ACER) y el poder de administrar el ACER de tu negocio es tan importante como todo lo que implica el verbo HACER.

¿Cómo deberías organizar esta estructura de sistemas? Muy fácil. Hazlo público y usa las categorías ACER. Voy a entrar a fondo en el flujo ACER de tu negocio, pero por ahora comenzaré con lo básico. Todas las empresas deben completar de manera consistente cuatro etapas importantes para mantenerse en marcha. El negocio debe:

1. **Atraer:** conseguir nuevos prospectos interesados en lo que ofrece la empresa.
2. **Convertir:** hacer que una parte de esos prospectos se convierta en clientes.

3. **Entregar:** suministrar a los clientes los productos o servicios prometidos.
4. **Reunir:** garantizar que el dinero prometido por los clientes sea cobrado.

Todo lo que estás haciendo en tu negocio entrará en una de las categorías anteriores. Así que, en una plataforma compartida a la que pueda tener acceso tu equipo, como un *drive* en la nube, crea una carpeta llamada SISTEMAS. En esa carpeta crea cuatro más: ATRAER, CONVERTIR, ENTREGAR, REUNIR.

Cuando captures un proceso de mercadotecnia, colócalo en ATRAER. Cuando captures un proceso de envío de productos, colócalo en ENVIAR. Si tienes una tarea de administración genérica que impacta en todas las áreas del negocio, como limpiar los baños, colócala en la carpeta de ADMINISTRAR o de ENTREGAR. Pon todos los sistemas relacionados con dinero, como la recepción de depósitos, la contabilidad y el pago de cuentas, en REUNIR. Si quieres, puedes cambiar el nombre a DINERO o COBRAR. La meta es que sea sencillo para ti y para tu equipo encontrar los sistemas registrados cuando los necesiten.

¿El video capturado incluirá todas las situaciones atípicas? No es probable que sea así. Pero, como en el video se muestra y se cuenta cómo hacer algo, transmite mucho más de lo que se puede transmitir

SISTEMAS

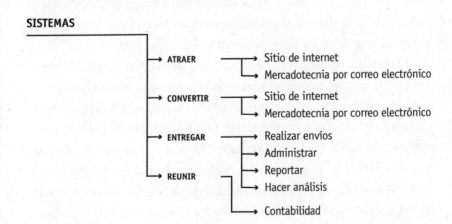

en papel. Además, acabas de hacer el trabajo mientras creas la capacitación, así que no perdiste tiempo alguno en crear el sistema. ¡Tómala!

En el caso de otras actividades que consisten en hablar (algún tipo de proceso de comunicación), lo único que necesitas es una grabadora. Es probable que ya cuentes con una en tu bolsillo: tu teléfono celular. Y para las actividades que implican movimiento físico lo único que necesitas es una videograbadora, que también es probable que ya tengas: ese mismo celular.

Captura la actividad, almacénala en una carpeta a la que todo tu equipo tenga acceso y luego delégala a otro empleado, colaborador, asistente o quien sea. (Bueno, no *a quien sea*. El barista de Starbucks de por sí ya está demasiado ocupado preparándote la mezcla perfecta de granos ecuatorianos como para asumir otras tareas.) Simplemente elimínalo de las cosas que tú tienes que hacer. ¡Protege el PAR a toda costa! (Bueno, quizá no *a toda costa*. Pero es casi igual de importante que la vida de tus hijos y el café ecuatoriano bien preparado.)

Al principio es probable que los empleados regresen a hacerte preguntas básicas que olvidaste incluir en el contenido que capturaste. Quizá hiciste un video sobre cómo enviar productos usando la computadora, pero no incluiste cómo usar la contraseña. Ahí es cuando les das la respuesta y ahora les pides que *ellos* hagan un video nuevo y mejorado. Así es. Ellos comienzan a trabajar en mejorar el sistema de inmediato y, al grabar, se convierten en maestros. Y todos sabemos que el mejor alumno siempre es el maestro.

Haber hecho esto tuvo un fuerte impacto en mi negocio. Me di cuenta de que las tareas administrativas consumían mucho tiempo y de que hacer cosas como enviar libros (lo cual hice yo mismo durante años) y facturar me alejaba de mi PAR. Escribí el POS original para el envío de libros, que rápidamente se volvió irrelevante y todo el mundo lo ignoró. De modo que yo mismo tenía que enseñarle a la persona que fuera a hacerlo, lo cual consumía mucho tiempo y siempre había que volver a empezar. Así que le volvía a enseñar. Luego, cuando un nuevo empleado reemplazaba al anterior, todo el conocimiento se iba con él y yo debía capacitar a la nueva persona.

Entonces capturé el proceso como describí antes y fue mágico. Simplemente usé un software para grabar la pantalla de modo que pudiera capturar el proceso realizado en la computadora acerca de cómo tomar una orden y tenerla lista para el envío. Tomé mi maravilloso iPhone y me grabé atendiendo una orden y explicando los detalles de cómo darle seguimiento. Ese video y la grabación de la computadora fueron todo lo necesario. No he vuelto a enviar un libro desde entonces. El equipo lo hace. Cuando una persona nueva comienza el proceso, mira el video. Amazon cambia sus procesos de envío con mucha frecuencia, así que cuando el proceso necesita ser actualizado, la persona que en ese momento se ocupa de ello graba un nuevo video. Y como la persona que está haciendo el nuevo video (que está enseñando) es el mejor estudiante, ambos refuerzan el proceso en su mente y tienen la capacitación lista para la próxima persona que se ocupará del asunto.

Hicimos lo mismo con el proceso de facturación y el pago de las cuentas. Video listo. Grabación lista. El trabajo se hace según los estándares. Y las facturas están enviadas.

Una vez que los sistemas han sido delegados, determina cómo lo puedes cuantificar y a quién se le debe reportar. Por ejemplo, yo quiero saber que las facturas están saliendo y que el dinero está entrando. La métrica es sencilla: qué nuevos proyectos han entrado y cómo lucen las cuentas correspondientes. Después de cinco minutos de revisión, sé si el sistema está funcionando o si hay algún problema que necesita solución. No estoy tratando de parecer demasiado maniaco con respecto a la eficiencia, pero quiero dejar claro el punto: hago que peguen el reporte del lado izquierdo del monitor de mi computadora una vez a la semana. Cuando regreso a la oficina después de una gira de conferencias, veo el reporte de inmediato (sin siquiera tener que prender la computadora). Si he estado fuera tres semanas, entonces tengo tres nuevos reportes. Simple y rápido.

La clave es que siempre haya una persona responsable del resultado. Haz que eso quede clarísimo. De esa manera, sabes con quién hablar si surge algún problema que requiera solución. En la pared de la oficina que tengo en casa, coloqué una cita de uno de mis héroes, George Washington, en la cual habla sobre la importancia de la responsabilidad individual: "Me he dado cuenta de que, cuando se considera que una persona es adecuada para realizar una tarea, dos personas la hacen peor y tres o más apenas casi nunca la llevan a cabo". Si un padre fundador del mundo libre pensó que esto era de absoluta importancia, tú deberías pensar lo mismo.

A medida que pasas a la fase de Diseño, siempre busca simplificar procesos para obtener mejores (o los mismos) resultados que en el pasado, pero con menos esfuerzo.

Cuando estaba en una gira de conferencias en Australia, fui a cenar con Craig Mintr en el Potting Shed de Sídney. Craig es un asesor especializado en eficiencia que analiza las empresas para determinar cuáles son las oportunidades evidentes para que el dueño del negocio genere eficiencia organizacional. Después de tomar una cerveza platicando sobre todo lo que se te ocurra, desde la enfermedad llamada tinnitus hasta los maratones y el calzado correcto, Craig me explicó cómo trabaja.

"Con frecuencia es posible hacer los mayores avances en la optimización de un negocio si delegas de una manera efectiva. Por esa razón lo primero que busco es si al dueño no le está faltando delegar decisiones. Luego determino las decisiones que es necesario tomar para que el negocio funcione como relojito y si esas decisiones son distracciones", dijo Craig.

Según Craig, el dueño por lo general está haciendo algo relacionado con el PAR (aunque él no usa este término) o alguna otra tarea importante y luego se distrae con las decisiones que lo sacan de la jugada. Si las decisiones se están empujando hacia arriba del organigrama, se presentan distracciones y pérdidas de tiempo (por ocio o por la espera). Y si se pierde el tiempo, Craig busca cómo cambiar el proceso para que las decisiones sucedan más rápido y con menos distracciones. Por lo general lo logra.

Luego, Craig me contó la que él llama su "historia del semáforo" sobre Debbie Stokes y su empresa de fabricación de cortinas, R&D Curtains. "Debbie estaba invirtiendo dos horas diarias en tomar decisiones. Cada vez que un trabajo estaba listo, el líder del equipo tocaba la puerta de Debbie y preguntaba qué debían hacer a continuación. Ella dejaba lo que estaba haciendo, bajaba a piso y evaluaba el trabajo. Sólo tardaba unos minutos en descubrir cuál debía ser el siguiente trabajo, pero luego tardaba como 15 minutos más en retomar el proyecto en el que estaba trabajando antes de la interrupción. Después, la puerta volvía a sonar."

Debbie contrató a Craig, quien implementó un sistema en el que cada trabajo tenía una etiqueta verde, amarilla o roja. Ahora, con este "sistema de semáforo", el equipo de Debbie sabe en qué debe trabajar a continuación y no llama a la puerta para pedirle guía. Ella pasa aproximadamente 10 minutos diarios clasificando los trabajos del día siguiente, poniendo etiquetas rojas, amarillas y verdes. Las rojas significan que es algo urgente y que hay que hacerlo a continuación; las verdes corresponden a proyectos que tienen el tiempo adecuado antes de la fecha de entrega, y las amarillas a casos intermedios. El equipo conoce la regla de oro: tomar decisiones a lo largo del día de producción que mantengan el trabajo en el verde o que lo regresen al verde lo antes posible. Ahora Debbie puede pasar más tiempo tomando decisiones importantes y pensando estratégicamente en los siguientes pasos para su empresa.

Aunque tal vez no puedas capturar de manera razonable todas las tareas y delegarlas, con una solución sencilla como el sistema del "semáforo" de Craig puedes encontrar formas de recortar el trabajo de la persona que atiende el PAR y transferirlo al resto del equipo.

La libertad conduce al dominio

Páginas antes en este libro compartí las ideas de mi amigo Scott Oldford con respecto a delegar. Scott vende productos educativos y, usando su proceso para delegar, se ha liberado de hacer cualquier tarea en su negocio, incluyendo el PAR. Ahora se pasa el tiempo viendo a su empresa desde una distancia de 10 metros de altura, lo que le permitió lograr algo que la mayoría de los empresarios nunca logra: dominio.

Scott y yo nos conocimos en una sesión de "Mastermind Intensive", donde elegí su cerebro y él tuvo la amabilidad de revelar exactamente cómo se había liberado a sí mismo del PAR. Lo que aprendí fue lo siguiente:

1. Scott primero me explicó lo que piensa sobre la importancia de delegar, lo cual vale la pena revisar de nuevo. Explicó que todos los empresarios y líderes de negocios saben que necesitan delegar, así como tú lo sabes. Pero el error es que la mayoría de las personas cree que delegar es 10% tú, 80% ellos, 10% tu coeficiente. Tú determinas lo que tu equipo necesita hacer y se lo asignas (ése es el primer 10%). Luego, ellos hacen el 80% del trabajo y el 10% restante sigues siendo tú tomando decisiones y midiendo resultados. Scott me explicó cómo eso no es más que una trampa. O no tienes ninguna intervención o la tienes por completo. Necesitamos llegar al punto en el que no tengas ninguna.

2. El proceso de delegar no es un interruptor mágico en el que le entregas algo a alguien más, así como todo lo demás que surge. Más bien, explicó Scott, vas por etapas. La primera etapa tiene que ver con asignar tareas (pero tú sigues siendo quien tome las decisiones). La segunda etapa consiste en asignar la responsabilidad de tomar decisiones (pero ellos no son dueños del resultado que están tratando de lograr). La tercera etapa implica permitir que determinen el resultado de las tareas (pero

no son los dueños del resultado, que es el beneficio que la tarea le traerá a la empresa). Y la cuarta etapa consiste en hacer que los empleados sean dueños del resultado. Es un proceso educativo en el que debes asignar las tareas y las responsabilidades primero, pero luego debes permitir que los empleados crezcan y debes guiarlos para saber de qué manera quieren tener impacto en la empresa y trabajar a partir de ello.

3. Cuando tus empleados no ejecutan la tarea como tú quieres, probablemente, como todos los empresarios, te vas a molestar y vas a acusarlos de no estar a la altura. Pero la verdadera razón por la cual no estás satisfecho es que no les diste suficientes detalles o guía en el momento de delegar (razón por la cual los empresarios tienden a regresar a la fase de Decidir). La mayoría de los empresarios, en su cabeza, sabe exactamente lo que quiere, pero no lo pone en palabras (¡ni en un video!). El ejemplo de Scott es que vemos el horno perfecto en nuestra mente. Tiene 600 partes. No obstante, lo único que le decimos al empleado es "dame algo donde se pueda hacer comida". El empleado regresa con un montón de palitos de madera y dos piedras para encender fuego. Luego, nosotros nos molestamos porque "no son capaces de hacer lo que yo quiero", pero eso se debe a que no les hemos dicho qué es lo que queremos.

4. La solución de Scott para este problema es hacer que sus empleados lo entrevisten (con una grabadora al lado para que no se pierdan ningún detalle). Esta es una forma de liberarse de las tareas. Puedes capturar lo que haces en el caso de tareas fácilmente replicables, pero algunas cosas son más nebulosas. Hacer que alguien te entreviste permite generar los detalles. Las personas no pueden leer lo que está en tu mente, pero pueden ponerlo en papel. De manera proactiva, te pueden hacer las preguntas que tienen o que creen tener. Pueden hacerte todas las preguntas necesarias para tomar tu idea y convertirla en algo realizable. Y al hacer esas preguntas, se atiende el otro 10% en el que regresan a hacerte preguntas una y otra vez. Eres un

visionario, pero quizá no lo comuniques tan bien. Así que, deja que te entrevisten. Deja que lo documenten. Dales retroalimentación una sola ocasión, no una y otra y otra vez.

Este proceso de entrevistas ha permitido que otras personas se encarguen del PAR y se mantengan fieles a la visión de Scott.

Antes de terminar nuestra conversación, Scott dijo: "La concentración tiene intereses complejos, Mike. Los empresarios intentan servir a todo el mundo y hacerlo todo. Nunca dominan nada. Mi empresa está funcionando sola y yo dedico mi tiempo a conocer el mercado. Conozco tan bien a mis clientes que me puedo mover un millón de veces más rápido que mis competidores. No trabajar en mi negocio me ha dado la libertad de hacer movimientos tan rápidos que mis competidores se quedan con el ojo cuadrado".

Los ríos siguen el camino más sencillo

A medida que asignas tareas a tus trabajadores, en especial la responsabilidad de tomar decisiones, algunos quizá sigan regresando contigo en busca de guía… a pesar de que hayas capturado los sistemas que quieres que sigan. Desde su perspectiva, tiene sentido, porque ¿qué tal si toman una "mala" decisión? Les preocupa que el jefe (tú) los regañe, o peor aún, los despida. Sin lugar a dudas, no quieren perder tu confianza, pero si tú tomas las decisiones por ellos no se pueden equivocar. Si les das una respuesta y funciona, los recompensas por seguir instrucciones. Si les das una respuesta y no funciona, no es su culpa. De cualquiera de las dos formas, en cuanto *tú* tomas la decisión, ellos están a salvo. Y, además, ¡no tienen que pensar! Sólo tienen que actuar. (Y ya sabemos que "dar acción" es lo que más te gusta hacer; ¿por qué para ellos no iba a ser así?)

La tendencia natural de las personas es diferir las decisiones. Lo hacemos en el trabajo y en casa. ¿Alguna vez te has descubierto diciéndole a tu pareja: "Sí, mi amor"? Es más fácil que discutir, ¿verdad? Para tus empleados es lo mismo.

Si estás encontrando resistencia de parte de los empleados a los que has empoderado para tomar decisiones, hagas lo que hagas, ¡no tomes decisiones por ellos! Debes dejar que hagan la investigación, que determinen el curso de la acción y que se comprometan con ello. Después de todo estamos tratando de sacarte del negocio y no puedes hacerlo si sigues tomando decisiones.

Tal vez tus empleados se resistan a esto acudiendo a ti en busca de apoyo para tomar la decisión, pero siempre puedes devolverles la obligación de tomar la decisión. Si piden orientación, responde diciendo "¿tú qué crees que deberíamos hacer?" Si su búsqueda de una respuesta continúa con la popular frase: "Yo no lo sé, por eso recurro a ti", responde diciendo: "Te contratamos para buscar respuestas. Por favor, regresa cuando tengas tu mejor respuesta y la decisión que tomarías y entonces lo discutimos". Cuando esa persona regrese debes estar listo para sonreír, asentir con la cabeza y dar tu visto bueno.

Aunque ofrezcan ideas con las que no estés de acuerdo, muérdete la lengua y apóyalos. Luego, después de que las decisiones y las acciones se hayan realizado, con resultados significativos, ya sean positivos o negativos, haz un interrogatorio y pídele al empleado que comparta qué aprendió y que comente qué haría diferente la próxima vez. Siempre haz el interrogatorio *después* de que han tomado y ejecutado una decisión.

El único momento de intervenir es cuando veas que están tomando una decisión que tendrá consecuencias extremas y fatales. Si observas un daño severo, alerta de inmediato a tu colega. Ahora eres su mentor, no quien decide por él.

* * *

En una entrevista muy vista, la multimillonaria Sara Blakely,* fundadora de Spanx, explicó la creencia fundacional que generó su éxito:
debes aceptar el fracaso. Blakely afirmó: "Cuando era niña mi padre
nos alentaba a mi hermano y a mí a fracasar... Esto realmente me
permitió ser mucho más libre para probar cosas y abrir las alas en la
vida". La única forma de hacer progresos es pasando por desafíos,
errores, equivocaciones y aprendiendo en el proceso. Esto requiere
que tomes tus propias decisiones. Al final, como explicó Blakely, el
único fracaso es la inmovilidad, cuando no tomas ninguna decisión.
Deja de entrenar a tus empleados a ser improductivos, al tomar las
decisiones por ellos. Haz que hagan avanzar hacia adelante tu negocio al empoderarlos para tomar decisiones.

Cómo empoderas a alguien para tomar decisiones? Entiéndelo:
debes recompensar los errores. Cuando algo no sale bien y castigas
a esa persona (la regañas, señalas lo que estuvo mal, le descuentas
dinero de su sueldo o cualquier otra cosa) le infundes miedo de
tomar decisiones equivocadas y, por tanto, es más seguro para ella
regresar contigo para que seas tú quien las tome (lo cual hace que te
mantengas en la fase de Decidir). Pero si dices: "Oye, el resultado no
fue el que esperábamos, pero estoy orgulloso de que hayas tomado
una decisión que nos permite avanzar. Quiero que sigas así y que si-
gamos avanzando. Dime, ¿qué puedo hacer para apoyarte?", no sólo
comenzarás a ver que tu negocio funciona como relojito, sino que
tendrás una mejor relación con un miembro de tu equipo.

El proceso de fabricación famoso a nivel mundial de Toyota está
basado en la misma creencia. La toma de decisiones debe ser empu-
jada hacia abajo del organigrama a quienes deben tomar las decisiones. Cuando un trabajador tiene un problema, puede detener toda la
línea de producción (leíste bien), mientras el gerente corre a apoyar
a esa persona. El trabajador de la línea da las órdenes y las instrucciones y los gerentes proporcionan el apoyo necesario para que la

* www.cnbc.com/2013/10/16/billionaire-sara-blakely-says-secret-to-success-is-
failure.html.

línea vuelva a funcionar. Eso es empoderamiento y dar el proceso de toma de decisiones a las personas adecuadas, a las personas que están más cerca del problema.

El sistema Clockwork en acción

1. Captura un sistema ahora mismo. Sí, tienes cientos de sistemas que vas a capturar tarde o temprano, pero no capturarás ninguno si no empiezas. Da el primer paso hoy mismo. Empieza con algo pequeño y fácil, algo que puedas quitar de tus responsabilidades de manera permanente. Captura ese primer sistema y ve cómo te funciona. Luego, haz que la persona a quien asignaste el sistema haga la siguiente versión de la grabación.

2. Almacena tu primer sistema capturado en una carpeta a la que tenga acceso todo tu equipo. Organiza los archivos fácilmente en carpetas tituladas ATRAE (mercadotecnia), CONVIERTE (ventas), ENTREGA (operaciones), REÚNE (contabilidad). Luego crea el subdirectorio que sea necesario para almacenar los nuevos sistemas capturados. A medida que tú y tu equipo avancen capturando sistemas, almacénalos en la carpeta que creaste. ¡Estás listo para seguir adelante!

Capítulo 6

Paso cinco: Equilibra al equipo

Nicole Wipp es una abogada que dirige su propio despacho en Milford, Michigan, aproximadamente a 45 minutos a las afueras de Detroit. Antes de que diseñara su negocio para funcionar de manera automática, su despacho se enfocaba en litigios, lo cual a ella le resultaba abrumador en cuanto al tiempo que debía invertir y a las emociones involucradas en lidiar con los casos de sus clientes. Luego Nicole tuvo un bebé y se tomó una licencia de maternidad de cuatro semanas (suena como la prueba de las "vacaciones de cuatro semanas" para el negocio, ¿verdad?). Durante el tiempo que estuvo fuera, decidió que necesitaba hacer algunos cambios permanentes.

Cuando estaba entrevistando a Nicole para escribir este libro, me dijo: "Tuve que ser brutalmente honesta conmigo misma, Mike. Tenía que pensar no sólo en lo que debía hacer sino en lo que *no* debía hacer. Tal vez era capaz de algo, ¿pero realmente tenía lo necesario?"

Nicole analizó sus hábitos de trabajo y descubrió que no era buena en el trabajo tradicional que hace un abogado, como escribir informes. Era excelente creando ideas, pero no llevándolas a cabo. Cuando fue realmente sincera con respecto a sus fortalezas y sus debilidades (y tú también necesitas serlo), Nicole se dio cuenta de lo siguiente: "Soy mejor con el primer 20% de una idea y con el último 5%, pero no soy buena con nada de lo que hay en medio. Necesito a otras personas para que se ocupen de ese 75 por ciento".

A medida que evaluó su carga de trabajo, monitoreó la energía que debía invertir en cada una de las tareas. "Las tareas que me drenaban, incluso cuando pensaba en ellas, eran las que no estaban apoyando mis fortalezas. Me hacían postergar las cosas y me dejaban llena de sentimientos negativos que me afectaban a mí y a mi equipo."

Para alguien como tú, tal vez el trabajo diario se sienta como si te estuvieran drenando el alma lentamente. Esa experiencia debe transformarse para que no sólo ames tu negocio sino para que éste pueda crecer con todo su potencial. Para ello debes asignar a alguien más las tareas que te drenan. Al eliminarlas de tus responsabilidades, puedes operar en la zona de fluir... tu propia zona de genio.

Considerando su propia zona de genio, Nicole decidió hacer una transición y sacar su despacho del litigio para convertirse en un despacho dedicado a temas de familia y envejecimiento. Cambió el nombre a Family & Aging Law Center para mostrar la nueva misión de la firma. No sólo se deshizo de las tareas que la drenaban sino que eliminó las labores típicas de abogados en las que no era buena. Después de hacer algunas contrataciones y de reestructurar el *staff*, Nicole pasó de trabajar 100 horas a la semana, los 30 días del mes, a trabajar *sólo cinco días al mes*. Y lo hizo sin disminuir su ingreso anual. Muchos empresarios temen que sus ingresos personales disminuirán al contratar a alguien, así que le pedí a Nicole que me explicara esto con más detalle.*

"Durante un breve periodo después de que comencé el proceso, mi ingreso sí disminuyó un poco. Pero pronto volvió a subir cuando encontré al equipo adecuado y se pusieron las pilas —dijo—. Aunque hubo una disminución inicial, en términos anuales, gané más." Aquí

---

* Si estás familiarizado con el sistema Profit First, hay una estrategia muy sencilla y poderosa que puedes usar para asegurarte de que tu negocio está listo para la nueva contratación. Abre una cuenta de banco denominada "Futuro empleado". Luego, comienza a destinarle un porcentaje del ingreso de tu empresa, que represente el sueldo que crees que pagarás al nuevo empleado. Esto demostrará si tu empresa puede costear al empleado *antes* de que lo contrates. Y cuando hagas la contratación ya tendrás dinero apartado para pagarle. ¡Excelente!

la lección es: cuando tengas en mente hacer una contratación, busca cuál es el impacto anual, no sólo qué va a pasar en unas semanas.

La firma de Nicole hoy en día es más productiva que nunca. Lo logró al contratar a las personas adecuadas para hacer las cosas adecuadas, lo cual liberó suficiente energía, de modo que pudiera maximizar lo que sabe hacer mejor. Luego tuvo que equilibrar al equipo para que *ellos* también hicieran lo que mejor saben hacer.

"No empecé con un buen equipo de entrada —me contó Nicole—. Hubo un periodo de 90 días en el que lloraba todos los días porque mi equipo era pésimo. Pero me di cuenta de que era yo, no ellos. Tenía que hacer borrón y cuenta nueva y asegurarme de que estaba contratando a la gente con base en su zona de genio, lo cual complementaba mi zona de genio." (¡Ésos son muchos genios!)

Nicole sólo trabaja cinco días al mes y es más exitosa que nunca. No hace ningún trabajo relacionado con el PAR, que en su despacho es trabajo legal. Se concentra en administrar el flujo del negocio. ¿Ves cómo reemplazarte (en especial en las tareas que no llenan tu alma) no puede hacer otra cosa que ayudar a tu negocio a crecer?

Desde el momento en que haces tu primera contratación, de medio tiempo o de tiempo completo, o de que contrates a tu primer asistente virtual, tu empresa tiene múltiples engranes y necesitas que trabajen en armonía. Si construyes una empresa equilibrada desde el inicio, tendrás cimientos más sólidos y te resultará más fácil construir desde ese punto. Domina las habilidades que te permitirán equilibrar a tu equipo, comenzando con tu primer empleado. Se trata de una habilidad de diseño y dominarla desde el inicio te llevará lejos.

Como dice Verne Harnish en *Dominando los hábitos de Rockefeller*: necesitamos conseguir a la gente adecuada, haciendo las cosas de la manera adecuada. Esto es cierto, muy cierto. Pero hay un elemento adicional. La gente adecuada necesita estar haciendo las cosas adecuadas en la cantidad adecuada. Mi versión modificada de esa máxima es así: *Haz que la gente adecuada haga las cosas adecuadas en las proporciones adecuadas, justamente.*

Así es como se puede dividir la frase anterior:

1. "Haz que la gente adecuada…" Esto significa que conoces las fortalezas de tu equipo y que conoces sus zonas de genio. Es importante que sepas qué es lo que más hacen, actualmente, pero también qué es lo que mejor saben hacer y lo que más les gusta. Cuando una persona es excelente en algo y ama hacerlo, lo hará excelente. Por desgracia, la mayoría de los dueños de negocios y líderes no sabe cuáles son las fortalezas de su gente. Determina las fortalezas de tu gente (y evalúa las fortalezas de las personas antes de contratarlas) y usa este conocimiento para ponerlas en una posición en la que lo hagan de manera excelente.

2. "… haga las cosas adecuadas…" Identifica lo que necesita tu negocio y lo que no. *Elimina* lo que no necesita de modo que nadie se distraiga con esas tareas. *Transfiere* el trabajo a las personas adecuadas. *Recorta* el trabajo para que sea más eficiente. Cuando lo haces, estás alineando las personas adecuadas con las cosas adecuadas.

3. "… en las proporciones adecuadas…" Tanto las personas como tu negocio necesitan equilibrio. Todas las acciones del mundo se quedarán cortas si no hay una guía clara. Y toda la guía del mundo es inútil si nadie está dando acción conforme a la estrategia. Aunque sea excelente en algo, tu equipo necesita equilibrio y necesita su propia cantidad de variedad.

4. "… justamente". Esto es cuestión de educación. Proporciona a tu equipo el sistema capturado que sea necesario. Ten una meta bien definida para que pueda proceder. Explícale claramente en qué consiste el PAR y lo necesario que es que lo atiendan y lo protejan.

Las personas adecuadas

Parte de mi proceso al escribir un libro consiste en poner a prueba y afinar los conceptos clave y los procesos del libro al compartirlos activamente, al hacer que otros empresarios los pongan a prueba en sus negocios y al pedir la mayor cantidad de retroalimentación y de respuestas posible. Si mi audiencia puede entender los conceptos y sabe cómo aplicarlos a su negocio en 60 minutos o menos, es un proceso sólido. Si es difícil de explicar o de entender o si los empresarios no están obteniendo excelentes resultados, el libro todavía no está listo y necesito regresar al pizarrón.

Di mi primera conferencia magistral sobre el sistema Clockwork a 400 personas en un congreso en San José, California, el 27 de noviembre de 2017. Fue la décima vez que presentaba el sistema Clockwork, pero todos los discursos anteriores habían sido ante públicos pequeños de 20 personas o menos. En esta ocasión, todo hizo clic para todos. La manera de medirlo es muy fácil. Sé que fue claro si, luego de la charla, la gente se me acerca en hordas para hablar sobre lo que aprendió, sobre los veintes que le cayeron y sobre las acciones que planea llevar a cabo. Si las personas desaparecen del evento lo más rápido posible y sólo se me acerca una persona extraña, con mal olor, que me cuenta toda su vida y me platica del salpullido que le sale en la piel cuando está sentada durante mucho tiempo, sé que salió mal. (Es en serio, eso fue exactamente lo que me sucedió la segunda vez que hablé sobre el sistema Clockwork. El libro *todavía* no estaba listo.)

Después de dar la primera charla avasalladora sobre el sistema Clockwork, me quedé en la habitación durante otros 45 minutos respondiendo preguntas, escuchando las historias de otros empresarios y sus planes para optimizar sus negocios. Uno de ellos, Andrew Berg, quien estaba entre el público la novena vez que presenté el sistema Clockwork, se sintió tan inspirado que fue junto con todo su equipo desde Nueva Jersey a San José para escuchar la presentación número 10. Andrew se me acercó, me presentó a su equipo y luego los miró y dijo: "Ven. No estoy loco. Tenemos que definir, proteger y trabajar por nuestro PAR".

A medida que la audiencia abandonaba el lugar, me di cuenta de que había un caballero esperándome pacientemente. Si eres conferencista, sabes que esa persona por lo general es rara y debes evitar hacer contacto visual a toda costa. Pero a este tipo lo reconocí. Era Darren Virassamy, cofundador de 34 Strong.

Darren es *el* experto en equilibrar equipos y en sacar un compromiso extraordinario de todos los empleados. Su empresa ha adoptado el "sistema StrenghtsFinder", que mide los talentos de un individuo (entre otras cosas), y ha desarrollado un poderoso proceso para que las personas adecuadas estén en los lugares adecuados de un negocio.

Darren y yo comenzamos a hablar y decidimos seguir nuestra conversación durante la cena, donde me instruyó en el tema del equilibrio. Me di cuenta de que, aunque la estrategia del PAR funcionaba y resonaba en el público, una empresa tenía que equilibrar a su equipo para poder lograr la eficiencia organizacional.

"El error que cometen las organizaciones, tanto grandes como pequeñas, es que ven a la gente básicamente igual. Si eres capaz de hablar bien en una entrevista, estás contratado. Si eres capaz de lamer botas una vez que te hayan contratado, te dan un aumento. El trabajo, por supuesto, es importante, pero la medida es simplemente si puedes hacer un trabajo adecuado en el tiempo con el que cuentas —dijo Darren—. Lo que falta es darse cuenta de que cada persona tiene un talento extraordinario. La persona que entra con la cara roja a una entrevista y apenas es capaz de escupir dos palabras puede ser la mejor mente analítica del mundo. Esa persona que habla sobre la importancia de servir a los demás quizá no sea el mejor vendedor ni quien esté más motivado con los números, pero puede ser una persona muy poderosa en el área de servicio al cliente y sentirse muy motivada por el impacto."

Prosiguió: "Necesitas saber en qué es fuerte cada persona de manera inherente y, luego, en tu negocio, empatarlos con el papel para el que aplicarán esa fortaleza lo más posible". En otras palabras, si mides a un pez por lo bien que trepa un árbol y a un mono por el tiempo que puede contener la respiración abajo del agua, tendrás un gran fracaso. Pero si mides al pez por su capacidad para respirar abajo del agua y al mono por su capacidad para trepar un árbol, te darás cuenta de que son excelentes.

En cuanto a tu equipo, empata la fortaleza de cada persona con el papel que desempeña. ¿Cómo puedes encontrar su súper fortaleza? Les preguntas. Bueno, es un poquito más complicado que eso. Por ejemplo, si estás entrevistando a alguien para que escriba contenidos en tu página de internet y le dice: "¿Cuál es tu fortaleza?", si esa persona tiene el más mínimo deseo de conseguir el trabajo, es probable que te diga: "Soy buenísimo escribiendo contenidos".

Así que la pregunta no es para qué eres bueno; la pregunta es qué amas hacer de manera natural. Por ejemplo: "¿Cuáles son las tres cosas favoritas que has hecho en tu trabajo?" "Si pudieras tener cualquier trabajo del mundo, haciendo lo que te gusta, ¿qué harías?" "Dentro de 10 años, ¿cuál es el trabajo perfecto que te ves haciendo?" "Si tuvieras todo el dinero del mundo y simplemente quisieras trabajar por el gusto de trabajar, ¿qué harías?" Busca cuáles son sus intereses. Indaga cuáles son sus hobbies. Busca qué les da alegría. Porque si les da alegría, por lo general es su fortaleza.

Ése es el camino corto. Para mi propio negocio uso un enfoque mucho más detallado. Hice la evaluación de equipo de 34 Strong y seguí sus instrucciones para mover a las personas adecuadas a los papeles adecuados (de lo cual hablaremos en un minuto). Cuando pensamos hacer nuevas contrataciones, entrevistamos a los candidatos con las preguntas anteriores y hacemos que Darren los pruebe por nosotros.

Cuando nos estábamos despidiendo, Darren se hizo hacia delante para estrecharme la mano. Yo, que nunca he sido bueno para entender el lenguaje corporal, ni cuenta me di, así que le di el abrazo más incómodo de todos los abrazos incómodos del mundo. Su brazo extendido quedó atrapado entre nuestro abdomen mientras yo lo abrazaba por un tiempo horriblemente largo. Los dos carraspeamos, pero no hay nada que arregle uno de esos abrazos horriblemente largos, entre hombres, con los brazos aprisionados.

Ahora que estás trabajando para conseguir una Mezcla de 4D óptima, que has identificado tu PAR y que estás movilizando a tu equipo para proteger y servir al PAR, notarás que quizá tu equipo necesite cambiar para adaptarse a esos cambios. Aquí es cuando en ocasiones puedes sentir que tu equipo no te deja avanzar. Tal vez a la gente le preocupe su estabilidad laboral o quizá le cueste trabajo dejar de lado el papel que tenía antes. O a lo mejor te encuentres atrapado en tu propio abrazo demasiado largo. A medida que pases por este proceso, mantén en mente que las transiciones pueden ser difíciles para algunas personas. En este capítulo te compartiré cómo equilibrar a tu equipo y también atenderé algunos problemas potenciales que pueden surgir en el proceso.

¿Cuándo debo hacer una contratación?

Esta pregunta me la hacen casi diario. Antes de que pueda responder, la persona que hace la pregunta ya tiene su propia respuesta. Dicen: "En este momento no me puedo dar el lujo de contratar a alguien" y "Nadie va a tener las habilidades que necesito, a menos que cobren un dineral" o "Nadie sirve para nada". La conclusión del empresario casi siempre es la misma: "Creo que necesito aguantar un poco más de tiempo yo solo". Decide que necesita retrasar la nueva contratación y, al hacerlo, se queda atrapado más y más tiempo en la "Trampa de la sobrevivencia". Una buena regla es: si sientes que te sería útil contar con ayuda, pero necesitas aguantar un poco más, toma eso como una súplica de tu subconsciente que está implorando ayuda y haz la contratación. ¿Recuerdas la historia de Celeste al comienzo de este libro? Nadie quiere que Celeste esté en esa posición, trabajando hasta estar exhausta y enferma, y, sin lugar a dudas, no queremos eso para nosotros tampoco. Pero si la mentalidad es aguantar un día más, lento pero seguro estás cavando un agujero del cual será cada vez más difícil salir.

Primero, vamos a atender tu forma de pensar con respecto a hacer el trabajo tú mismo. Déjame hacerte una pregunta. ¿Preferirías ganar 50 dólares por hora o cinco dólares por hora? Obviamente quieres los 50 dólares. ¿Qué tal si te preguntara si preferirías ganar

50 dólares por hora haciendo tú todo el trabajo o cinco dólares por hora sin trabajar en lo absoluto? Aquí es donde se revela la "Trampa de la supervivencia". Cincuenta dólares por hora es un mejor ingreso por hora que cinco dólares por hora, pero la cantidad que ganas está determinada exclusivamente por tu esfuerzo y tu capacidad de mantenerlo. Los cinco dólares por hora (sin impuestos) entran sin importar si estás trabajando o no.

Cuando descubres que puedes multiplicar cinco dólares por hora al infinito, quizá cambies tu manera de pensar. Digamos que con una buena contratación puedes ganar cinco dólares por hora sin trabajar y con dos contrataciones puedes ganar 10 dólares. Con 10 contrataciones puedes ganar 50 dólares por hora sin mover un dedo. Estás enfermo, ganas dinero. Vas a la obra de teatro de la escuela de tu hija, ganas dinero. Te vas de vacaciones, ganas más dinero. Ésta es la meta de una empresa que funciona con el sistema Clockwork; la empresa funciona sola sin que dependa de ti en lo más mínimo, al tiempo que te da el dinero que genera.

Ahora que ves que *puedes* ganar dinero incluso (o especialmente) si no haces todo el trabajo tú mismo, ¿cuándo debes hacer una contratación? Contratar a alguien no puede suceder demasiado pronto. Pero *sí* puede suceder demasiado rápido. Son dos cosas distintas. Si contratas demasiado rápido, estás contratando a la ligera y sin la consideración adecuada. Ése es un error. Pero no puedes contratar demasiado pronto. Lo que significa que un negocio del tamaño que sea se beneficiará de la contratación adecuada, contratada según los parámetros adecuados, más pronto que tarde. Por ejemplo, digamos que tienes la rutina de hacer todo el trabajo tú y eso es relativamente consistente, pero no estás ganando suficiente dinero para ti. Es momento de hacer una contratación. No dejes que te distraiga el sentimiento inmediato de "no tengo dinero". Piensa a largo plazo: "Necesito una forma de ganar más dinero, sin trabajar más". Es momento de contratar a alguien, según los parámetros adecuados. Esto significa que quizá no estás listo para contratar a alguien de tiempo completo y con prestaciones. Tal vez quieres a alguien que trabaje cinco horas a la semana y a quien sólo le puedes pagar 10 dólares por hora, siendo realistas.

Ahora, es posible que estés pensando quién va a querer trabajar por 50 dólares a la semana. Hay alguien haya afuera que estará encantado de encontrar un trabajo así. El error que cometen los empresarios es pensar que todas las personas están buscando trabajos de tiempo completo y que todas las personas esperan ganar una fortuna. Por ejemplo, Erin Moger ha trabajado de tiempo parcial para Profit First Professionals desde el día uno. No quiere trabajar más; quiere estar a cargo de su familia. Mi socio de negocios, Ron Saharyan, y yo nos sentimos honrados de conocerla y de trabajar con ella. Erin es un estupendo miembro del equipo. Así que creamos un puesto que para ella representa una enorme ganancia dado que respeta su tiempo y sirve a nuestra empresa, atendiendo a nuestros miembros en formas asombrosas. Eso para nosotros es una enorme ganancia.

La primera contratación que hice, Jackie Ledowski, trabajaba tres horas diarias, tres días a la semana. Era perfecto para lo que ella quería en su vida y era perfecto para mí. Ahora yo era capaz de hacer la transición y pasarle a ella la parte de Dar acción (al principio por nueve horas a la semana), lo cual me permitió Diseñar más.

La meta para las primeras contrataciones (y para todas las subsecuentes en realidad) es liberarte para enfocarte más en Diseñar y menos en Dar acción, y eso puede suceder muy pronto. Recuerda, necesitas ganar dinero sin hacer el trabajo. Cada centavo que ganas a través del esfuerzo de tu empresa, no del tuyo, te acerca cada vez más a convertirte en una empresa Clockwork.

¿A quién debería contratar?

La gran ironía es que no deberías contratar a la gente con base en las habilidades que se enuncian en su currículum. Lo único que puedes darle a la gente son habilidades y lo que quieres es darle a la gente las habilidades necesarias para hacer el trabajo como tú lo haces. Los trabajos que requieren habilidades pueden ser una trampa. Cuando contratas a alguien que ya tiene habilidades, significa que está llegando con el bagaje de su trabajo anterior. Aplicará las habilidades que necesitas, a su manera, lo cual rara vez coincide con la forma en que tú quieres que se haga el trabajo. Esto significa que, en el mejor de los casos, habrá confusión e inconsistencia y, en el peor, la necesidad de volver a hacer el trabajo.

Quieres contratar gente con una excelente actitud para hacer las cosas, mucha energía, mucha inteligencia, gente que tenga un buen acervo cultural y tenga el deseo de hacer el trabajo que necesitas que se haga. Todos estos elementos son intangibles, no se pueden enseñar. O los tienen o no los tienen. Así que busca gente que tenga los intangibles que necesitas y luego dale lo único que realmente puedes darle: habilidades.

Una vez que te das cuenta de que no necesitas "un especialista sénior con 10 años de experiencia en redes sociales y distribución de productos", en teoría podrías contratar a un adolescente con la actitud adecuada, energía, inteligencia y capacidad para hacer ese trabajo. Bueno, no es en teoría; eso es exactamente lo que nosotros hicimos. Mi oficina tiene a una adolescente que se ocupa de las redes sociales y coordina la distribución de los productos. Como es menor de edad, voy a cambiarle el nombre por Alice. Puede ser que sea menor de edad, pero es una empleada en toda la extensión de la palabra. Alice gana un poco más que el sueldo mínimo, no porque estemos abusando de ella sino porque eso es lo que ella quiere de su primer trabajo. Además, no puede trabajar sino hasta que sale de la escuela, quiere tener tiempo libre para hacer deporte e ir a los ensayos de su banda y necesita poder caminar al trabajo o que su abuelo le dé un aventón, cosas que nos encanta facilitarle.

Recuerda, la gente no elige un trabajo sólo en función del sueldo y las vacaciones. Y si eso es lo único que toman en cuenta las personas para tomar una decisión, no las quieres en tu equipo de cualquier manera. Sí, las personas quieren un sueldo para tener cierto estilo de vida y desean vacaciones para hacer otras cosas, pero los buenos empleados también están buscando algo más profundo: diversión, aprendizaje, impacto, cultura y más.

Cuando busques nuevos miembros para tu equipo, busca diversidad. El mayor error que cometemos es contratar gente que nos cae bien. Si nos caen bien, por lo general es porque les caemos bien. Necesitamos personas con diferentes habilidades y diferentes puntos de vista. Contrata la diversidad. No contrates gente que te cae bien; contrata gente que respetas.

Por último, concéntrate en buscar ciertos rasgos. Busca empleados con los rasgos y las fortalezas que necesitas. *Cómo contratar sólo a los mejores*, de Sabrina Starling, explica en detalle un excelente método para, bueno, obvio, contratar sólo a los mejores. Al momento en que estés buscando ciertos rasgos, querrás determinar si esa persona necesita estar súper orientada al cuidado de los detalles, o ser una gran oradora o alguien muy analítico. Toma en cuenta cuáles son los distintos trabajos que necesitas hacer en tu oficina y cuáles son los rasgos específicos que esos empleos requieren y contrata con base en eso.

¿Alguna vez te has dado cuenta de que cuando pones un anuncio para un puesto vacante, llegan decenas o cientos de aspirantes que en realidad no están interesados en el trabajo? Simple y sencillamente están aplicando a *cualquier* trabajo. Esas personas atiborran tu bandeja de entrada con currículums y, si tratas de entrevistarlos, responden con algo como: "¿me repites para qué puesto es la entrevista?" o "¿cuál es el sueldo y cuántos días de vacaciones me corresponden?" y "¿me repites otra vez qué es lo que tendría que hacer?" No estoy diciendo que sean malas personas, pero, sin lugar a dudas, no son adecuadas para tu empresa. Y son un gran desperdicio de tu valioso tiempo.

Para encontrar mejores candidatos crea un anuncio que defina tu cultura empresarial y descalifique al mismo tiempo a esas personas que sólo mandan su currículum porque sí. ¿Cómo haces ese milagro? Crea un anuncio largo y describe tu cultura empresarial con detalle, prepara a los empleados potenciales para los requerimientos divertidos y no tan divertidos del puesto e incluye un pequeño requerimiento en el anuncio mismo. Por ejemplo, cerca del final del anuncio, pídele al aplicante que responda el correo electrónico usando en el asunto la frase: "Estoy hecho para este trabajo". Descubrirás que la mayoría de los aplicantes no lo harán, lo cual significa que en realidad no leyeron el anuncio y no están interesados de verdad en el trabajo, o están enviando currículums a donde sea o no son capaces de seguir instrucciones (una habilidad fundamental). En Clockwork.life comparto uno de los mejores anuncios que he publicado para solicitar empleados. Puedes copiarlo, modificarlo y publicarlo para atraer a tus propias estrellas de tiempo completo o parcial.

Tu mayor miedo: confianza

Necesito ser súper sincero contigo con respecto a algo. Hazme un favor: sólo mira a tu alrededor por un momento y asegúrate de que nadie más esté escuchando. ¿Todo en orden? Perfecto. Ahora acércate al libro. Más. Acércate un poco más. Eso es… Sólo un poco más. ¡¡Pum!! Ahí lo tienes. Te acabo de golpear en la cara con mi guante para manejar de piel sintética. Ahora que tengo tu atención, ¡escúchame bien! Tienes un problema de miedo. Mejor dicho, es probable que tengas un problema de confianza. (Sí, hacer que te hayas acercado al libro y luego golpearte quizá no fue la manera más inteligente de ganar tu confianza, pero necesito que despiertes para lo que sigue.) La razón más común por la que los negocios no logran crecer y funcionar como relojitos no es el sistema. Es cierto, existen muchos sistemas sumamente útiles para crecer, como *Tracción* de Gino Wickman, *El mito del emprendedor* de Michael E. Gerber y *Scale Up* [Consejos para hacer crecer tu negocio] de Verne Harnish. No obstante, la mayoría de las personas que sigue esos sistemas, el sistema Clockwork o el que tú quieras, sigue sin lograr crecer.

¿Por qué? Porque no pueden confiar en otras personas para que dirijan su negocio. Imagina que contratas a un empleado clave que llega a ayudar con el negocio y luego, unos meses después, se va llevándose a todos tus clientes. Esto puede suceder y de hecho sucede. Imagina que ese nuevo empleado en quien pusiste tu confianza para atender a tus clientes lo arruina en grande y hace que pierdas un cliente clave para siempre. El riesgo de confiar en los demás parece demasiado grande. Podría decirte que "le eches ganas" y que lo superes, pues necesitas confiar en tu gente para poder hacerte a un lado de las operaciones cotidianas, pero eso es como decirte que "le eches ganas" y corras un maratón cuando no has entrenado para eso. El riesgo de que te lesiones es muy grande y, por lo tanto, es probable que te resistas y nunca lo hagas.

Así que, en vez de eso, vamos a hacerlo paulatinamente. Piensa en un matrimonio. Es muy probable que no hayas conocido a una persona cualquiera en la calle y le hayas pedido que se casara contigo. Si lo hiciste así, es probable que hayas recibido otro golpe en la cara, con más que un guante sintético. No se casaron y ya. Es muy probable que hayan salido una o dos veces, o 200. Tal vez pasaron tiempo conociéndose. Tal vez vivieron juntos antes de atar el nudo. Existe un cortejo… por lo general.

Pero en lo que respecta a contrataciones clave, o incluso a socios de negocios, a menudo las decisiones se toman demasiado rápido. Conoces a un socio de negocios potencial durante 24 horas y sientes que es adecuado hacer el acuerdo de dirigir juntos un negocio de por vida. Literalmente pasarás más tiempo con esa persona que con tu cónyuge y a pesar de eso pasas muy poco tiempo conociéndolo.

Así que muévete lentamente con respecto a las contrataciones. Construye la confianza poco a poco. Cuando delegues, como dice Scott Oldford, comienza con una tarea, luego con el proceso de toma de decisiones, después con la responsabilidad del resultado y, por último, con la responsabilidad de un resultado importante para la empresa.

¿Cómo alineo a mi equipo?

El primer paso para alinear a tu equipo es comprender tu alma (y, por extensión, el alma de tu negocio). ¿Cuál es tu objetivo? ¿Tu misión corporativa? El objetivo es la intersección de algo que te da alegría y tiene impacto en otras personas. Por ejemplo, el propósito de mi vida es erradicar la pobreza empresarial. Así nada más; suena como una línea abstracta, pero significa mucho para mí. Hice que mi negocio fuera una amplificación de mi objetivo personal. Es nuestra misión corporativa.

Cuando considero la contratación de nuevos miembros para mi equipo, hablo sobre lo que significa nuestra misión, cómo impacta en nuestro mundo y por qué es importante para mí. Puede ser que para ellos sea importante o puede ser que no. Algunos se sienten identificados; otros no. Los que no, aun si son excelentes empleados, no tendrán una misión fuerte que los impulse hacia adelante. Puede ser que les vaya bien, pero no se sentirán obligados a quedarse ni a hacer cosas extraordinarias, pues la misión no les dice nada.

Si no has definido tu vida y el objetivo de tu negocio, no te preocupes; puedes hacerlo en cualquier momento. Pero hasta que lo hagas no tendrás la herramienta más importante para alinear a los empleados con la empresa ni contarás con una fuerza energizante que impulse hacia delante a la empresa. Puedes analizar tu PAR para tener una pista de cuál es tu misión.

Por ejemplo, toma Life is Good. Su misión corporativa es "difundir el poder del optimismo". Conocí al cofundador de la empresa, Bert Jacobs, en Massachusetts hace años y me compartió la historia de cómo él y su hermano John trabajaban por su PAR. Los hermanos solían organizar fiestas en su departamento, donde tenían colgados diferentes dibujos y frases en la pared. A cambio de cerveza gratis, sus invitados elegían los dibujos y las frases que les parecían más optimistas. Así nacieron el logotipo de Jake y el nombre de la empresa, Life is Good. El PAR fue la creación de frases y dibujos optimistas y, desde el día uno, Bert y

John empoderaron a la comunidad para apoyar el PAR. Una idea genial.

Cuando tengas una misión corporativa, habla a menudo al respecto y de distintas maneras, dentro y fuera de la empresa. Cuenta historias nuevas sobre el éxito de la misión y el impacto que tiene. Comparte los detalles de lo que tu empresa ha hecho para cumplir con la misión. Destaca y recompensa públicamente a los empleados que actúan conforme a la misión. La misión corporativa es la razón por la cual estás haciendo lo que estás haciendo y es el viento en tus alas.

La razón por la que necesitas ser claro con respecto a tu misión es para estar seguro de que tienes a la gente adecuada trabajando para ti antes de que la transfieras a los papeles adecuados. Las personas adecuadas son importantes para la cultura empresarial. Hacen más que apoyar la misión de la empresa (hacer su trabajo); se consideran a sí mismas como una parte integral de ella.

Una vez que estés seguro de que tu equipo está alineado con tu misión, puedes comenzar a transferir a la gente a las posiciones adecuadas y eso comienza con el "Análisis de rasgos laborales".

Ejercicio: análisis de rasgos laborales

Es importante que entiendas que un puesto en una empresa, como el de recepcionista, vendedor o cualquier otra cosa, tiene una lista de tareas que requiere ese puesto. Esta lista define un agujero redondo; sin embargo, las personas son piezas cuadradas. Encontrar a alguien que tenga los rasgos que le permitan destacar en todas las tareas que requiere el puesto es poco probable. Es mejor si evalúas los rasgos fuertes de las personas con las que cuentas y los empatas con las distintas tareas que hay que llevar a cabo, sin importar el título del puesto. Por ejemplo, alguien excelente para hablar por teléfono podría ser muy bueno en algunos aspectos del trabajo de recepción, ventas y servicio al cliente. Al mismo tiempo, su presentación descuidada hace que no sea adecuado para otros aspectos del trabajo de recepción, ventas y servicio al cliente. Tu meta: empatar los mejores rasgos de las personas con las tareas en las que se requieren esos rasgos.

ANÁLISIS DE RASGOS LABORALES

TAREA	RASGO DESTACADO	IMPORTANCIA PAR/ALTA/MEDIA/ BAJA	ACTUAL PERSONA QUE REALIZA EL TRABAJO	MEJOR PERSONA PARA REALIZAR EL TRABAJO

FIGURA 17. (Versiones descargables e imprimibles disponibles en Clockwork.Life.)

En el siguiente ejercicio llevarás a cabo un "Análisis de rasgos laborales".

1. En la columna de la izquierda, escribe todas las tareas que requiere un puesto en tu empresa. Hazlo para todos los puestos que tienes en la empresa, incluyendo el tuyo.
2. En la columna "Rasgo destacado", escribe el comportamiento primario que permitiría a una persona destacar en su empleo/ tarea. Por ejemplo, si un empleo/tarea es "atender llamadas de los clientes", el rasgo destacado podría ser "voz profesional y segura" o "comunicación clara y empática". No entres en minucias como "habilidad para marcar en un teclado" ni "poder transferir llamadas". Sí, eso es necesario, pero lo que

estamos buscando aquí no son las habilidades que se requieren (puedes entrenar esas habilidades). Estamos buscando habilidades y entusiasmo inherentes que son difíciles o imposibles de entrenar. Sólo escribe uno, no muchos rasgos. ¿Cuál es el rasgo fundamental que hace avanzar la tarea de la manera más exitosa?

3. "Importancia": esta columna es para el impacto que tendrá en la empresa. Marca cada tarea con base en uno de los siguientes cuatro niveles: PAR, alta, media, baja. PAR es el nivel más importante. Alta es la tarea primaria que debe llevarse a cabo cuando el PAR está protegido. Media y baja son funciones necesarias, pero no esenciales.

4. "Actual persona que realiza el trabajo": enlista a las personas que actualmente realizan el trabajo.

5. Luego llena la casilla de "Mejor persona para realizar el trabajo", al enlistar a la persona (o personas) que, con base en el ejercicio de empatar rasgos, haría mejor ese trabajo.

6. Después mueve a la gente a las tareas más importantes, empezando con la más trascendente: el PAR. Empata a la persona que tiene un rasgo determinado con el trabajo que lo requiere. Mueve y observa.

7. Las personas *no* son sus títulos. Las personas son su rasgo más fuerte. Por ejemplo, ya no estás buscando una recepcionista. Estás buscando un "gran comunicador", así que identifica quién es esa persona y empátala con las tareas que requieren un gran comunicador.

8. Deshazte de la estructura de pirámide de los directorios, que ponen énfasis en la antigüedad y el poder/el puesto. La gente necesita "subir la escalera" y a menudo ocupa puestos que no usan muchos de sus rasgos o habilidades. Una empresa Clockwork no tiene una estructura piramidal; más bien usa una red de conexiones que empatan una fortaleza donde se requiere, lo cual produce una red estructurada, como un cerebro.

Cómo usar la información que arrojó el análisis

¿Recuerdas la historia de Cyndi Thomason sobre que fue capaz de liberar su tiempo de Dar acción y hacer crecer su negocio cuando descubrió cuál era el PAR de su empresa: dar paz mental a los clientes de su negocio de contabilidad? A medida que su equipo se adaptó al enfoque Clockwork, Cindy se dio cuenta de que necesitaba hacer algunos cambios.

Bree, una de sus contadoras, estaba teniendo dificultades. Aunque era muy amistosa y los clientes la adoraban, no estaba desempeñándose a un nivel consistente. Era excelente para documentar sus procesos y mostraba mucho entusiasmo para ayudar a los miembros del equipo, pero era mejor para pensar en el escenario más amplio; los detalles no eran su fuerte. Como resultado, algunos de los clientes que la adoraban empezaron a sentirse frustrados cuando ella no podía cumplir con los servicios de manera consistente.

En este punto la mayoría de los empresarios concluiría que el empleado no puede hacer el trabajo que tiene que hacer y lo despediría. Pero Cyndi está cortada con la tijera de Clockwork y sabe instintivamente que debe empatar los rasgos de una persona con las tareas que más pueden beneficiarse de esos rasgos. Sabía que tenía a alguien con un talento asombroso para la comunicación y Bree sería un éxito si Cyndi le daba ese trabajo. La meta no es *hacer* el trabajo, sino sólo encontrar el trabajo si el negocio realmente se puede beneficiar de él.

Al mismo tiempo, Sarah, la asistente de Cyndi, se iba de la empresa para viajar por el mundo con su marido y había aceptado ayudar a Cyndi a encontrar a su reemplazo. En el proceso, Sarah le contó a Cyndi de las dificultades que había experimentado en su puesto. Dijo que el haber tenido estudios de contabilidad habría sido muy útil para ayudar y atender la carga que llevaba Cyndi.

A medida que Cyndi y yo trabajamos para equilibrar a su equipo, tomando nota de las tareas que cada miembro del equipo consideraba agradables y teniendo en cuenta también sus rasgos naturales, se volvió obvio que las tareas que Cyndi necesitaba que se llevaran a cabo en realidad estaban relacionadas con la habilidad de Bree para establecer sistemas, crear programas educativos y administrar tecnología de mercadotecnia.

"Los resultados han sido sorprendentes —me contó Cyndi—. Bree es una bala. Al principio estaba preparando cotizaciones tras bambalinas y yo hablaba con el cliente. Lo hizo tan bien que ahora ella atiende a los clientes, prepara las cotizaciones y las presenta a los clientes."

Pasar a Bree a un nuevo puesto como asistente de Cyndi resolvió tres problemas del equipo: quitó a Bree de un trabajo que no se adaptaba a ella y la puso en un puesto que disfrutaba, aprovechando sus habilidades y sus inclinaciones para hacer frente a los desafíos especiales de su puesto como asistente, lo cual permitió a Cindy descargar más tareas correspondientes a Dar acción. Cuando entendemos lo que está funcionando para nuestros miembros del equipo y qué se sienten naturalmente inclinados a hacer, podemos pasar a la gente adecuada a las posiciones adecuadas.

Unos meses después, justo antes de que este libro se fuera a la imprenta, Cyndi me envió un correo electrónico para decirme que por primera vez en la vida su empresa había conseguido y estaba atendiendo a un nuevo cliente sin que ella tuviera idea de quién era. Esto significa que Bree y el resto del equipo estaban encargándose de todo. Cyndi le envió un breve correo electrónico al nuevo cliente que decía: "Gracias por trabajar con nosotros". Y la respuesta llegó un segundo después: "Me encanta su empresa. Esto ya ha sido una experiencia maravillosa. Gracias por todo lo que hacen usted y su equipo". En el pasado, Cyndi estaba en primera línea respecto de las comunicaciones con sus clientes. Ahora, pocos meses después de haber equilibrado a su equipo, lo único que tiene que hacer es enviar un correo de agradecimiento a un cliente satisfecho. Así es Clockwork, amigo mío. Ahora vamos a hacerlo para tu negocio.

Ejercicio. Análisis Clockwork de tiempo del equipo

Para que un negocio se mantenga a flote y crezca activamente debe estar haciendo cosas que sus clientes valoran. El trabajo de diseño consiste en crear la mejor forma de hacer cosas que tus clientes valoran y lograr que tu empresa las haga en automático.

Kyle Keegan es dueño de Team K Services, un servicio de limpieza especializado en desastres (incendios e inundaciones), y le encanta ayudar a la gente. Le fascina hacer el trabajo. Se ensucia las manos, literalmente, todas las semanas al menos por unas cuantas horas. Y aprende en el campo cómo hacer que su empresa funcione mejor. El PAR que identificó para su empresa es hacer cálculos extremadamente rápidos y precisos. Esto da a los clientes, que en muchos casos apenas unas horas antes experimentaron un desastre, una idea muy clara acerca de cómo se pueden recuperar y cuánto costará lograrlo.

Sin embargo, Kyle se dio cuenta de que su Dar acción estaba obstaculizando el crecimiento de la empresa. De modo que analizó a su equipo para determinar cuáles eran los rasgos más fuertes de cada persona y ver si alguien tenía los rasgos necesarios para atender el PAR. Una vez que determinó esto, pudo dedicarse más tiempo al diseño y llevar a su empresa al siguiente nivel. Encontró a dos personas ideales para ese papel y luego equilibró al equipo para garantizar que el PAR fuera protegido y atendido, que el trabajo se estuviera llevando a cabo y que él tuviera tiempo para Diseñar. Para mantener el negocio equilibrado, hizo el "Análisis de tiempo del equipo". Y tú también puedes hacerlo.

A continuación te explico cómo llevar a cabo tu propio "Análisis Clockwork de tiempo del equipo".

1. Como compartí antes, los porcentajes óptimos de trabajo equilibrado para las empresas son: 80/2/8/10. El 8% es Dar acción: llevar a cabo las tareas que de manera directa atienden a los clientes o les dan valor; 2% es Decidir en lugar de otras

personas: hacer las aprobaciones necesarias, ayudar a los empleados a tomar decisiones en circunstancias inusuales; 8% es Delegar la administración de recursos. Para precisar, Delegar NO es tomar decisiones por los demás, sino asignarles responsabilidades y proporcionar el liderazgo necesario para obtener un resultado más grande. El 10% es la estrategia de Diseño. Esto implica hacer que los otros tres niveles: Dar acción, Decidir y Delegar, sean cada vez más efectivos.

2. Una empresa de un solo empleado (el dueño) es la empresa completa. Así que la división de tareas debería tener como meta 80/2/8/10.

3. Cuando tienes varios empleados, quieres equilibrar al equipo para que se logre un promedio de 80/2/8/10. Por ejemplo, tu tiempo individual puede ser 60% Dar acción, 4% Decidir, 16% Delegar y 20% Diseñar. Asumiendo que tienes otro empleado que trabaja el mismo tiempo que tú, deberá tener 100% en Dar acción para que el promedio de Dar acción de tu empresa sea 80%, dado que su 100% y tu 60% en promedio da 80%. De manera similar, Decidir ahora sería 2% para la empresa (el promedio de los dos), 8% para Delegar y 10% para Diseñar.

4. Usa la tabla de "Análisis de tiempo del equipo 4D" para encontrar cuál es el equilibrio de tu empresa. Incluye a todas las personas. Sopesa el tiempo que trabajan para la empresa en relación con la empresa completa. Por ejemplo, si trabajas 80 horas a la semana (necesitamos arreglar eso, por cierto, porque el hecho de que trabajes tanto no es el espíritu del sistema Clockwork) y otro empleado trabaja ocho horas a la semana, tu trabajo pesa 10 veces más que el de ese empleado.

A juntarlo todo: Los primeros cinco pasos en acción

Ahora que has aprendido los primeros cinco pasos del sistema Clockwork para tu negocio, te mostraré cómo funcionan esos pasos juntos no sólo para optimizar tu negocio sino para crear un crecimiento enorme. En este escenario ficticio hablaremos de Outlandish Dish, una empresa de turismo culinario que se especializa en excursiones para *gourmets* anglófonos por Australia, Canadá, el Reino Unido y Estados Unidos. En sus viajes de tres días de "estudio rápido" y en las aventuras de 14 días de "inmersión", los asistentes prueban comida local auténtica en distintos países. Conocen a los chefs, aprenden la historia de la comida y conocen a granjeros y artesanos locales que crean productos especiales.

El dueño, Roberto Nolletto, es un italiano expatriado que se mudó a París, donde se encuentran las oficinas de Outlandish Dish. Él dirige la empresa, realiza su viaje estrella cuatro veces al año y desarrolla nuevos programas. Roberto comenzó el negocio porque le gustaba tanto experimentar distintas comidas y culturas que estaba haciendo sus propios viajes a los que invitaba a sus amigos. Comer con Roberto y escuchar la historia de la comida hacía que sus amigos estuvieran encantados de acompañarlo, de modo que decidió abrir Outlandish Dish y hacer de su pasión su negocio.

Un viaje común comienza cenando en Ginebra para probar sus míticos platillos a base de quesos, continúa viajando por Alemania para probar sus wursts (que son los mejores), para luego disfrutar los increíbles panes y pastas de Italia y terminar en Francia con un festín de vino, pasteles y entradas de clase mundial. La última noche de cada viaje incluye una experiencia cocinando, donde, bajo la guía de un chef de renombre internacional, los asistentes preparan una cena y festejan toda la noche. Estos eventos han dado a Outlandish Dish extraordinarias reseñas y atención de la prensa internacional.

El problema es que aunque Estados Unidos y Canadá son el mayor mercado para la empresa, tienen dificultades para sacar clientes de ahí. Hacen mucha mercadotecnia en Estados Unidos; sin embargo, sólo 20% de sus clientes son estadounidenses; 80% provienen de Australia y del Reino Unido.

Roberto quiere que Outlandish Dish funcione (y crezca) como relojito, pero está atorado. Genera 3.5 millones de dólares de ingreso anual, pero la empresa sólo es ligeramente rentable. Tiene 25 empleados, incluyendo a Roberto, 14 guías de turistas adicionales, un programador de internet, una persona dedicada a mercadotecnia, dos vendedores, tres personas dedicadas a planear *tours*, un administrador y dos contadores. Roberto siente que no puede darse el lujo de hacer más contrataciones nuevas, pero al mismo tiempo su personal está agotado. Necesita más gente para apoyar el mercado de una manera más efectiva en Estados Unidos y requiere más guías de turistas. Roberto ayuda con la mercadotecnia, investiga nuevos *tours* y dirige los viajes estrella de 14 días. No puede trabajar más horas de las que trabaja y está agotado.

A medida que comienza a seguir los pasos del sistema Clockwork, Roberto hace el ejercicio de las notas adhesivas para él y sus empleados. Él es uno de esos empresarios que creen que pueden hacerlo todo y que desempeña muchos papeles diversos en su empresa. A través del ejercicio, identificó que lleva a cabo las siguientes seis tareas cruciales: probar nuevos *tours*, reclutar guías de turistas, conectar con los asistentes (y compartir historias), administrar el dinero, dirigir el viaje estrella y mantener relaciones con los vendedores. Roberto hace que su equipo también lleve a cabo el análisis para identificar "Trabajos primarios" para sus colegas. Para los guías de turistas, el "Trabajo primario" es la gestión activa de un *tour* a medida que se lleva a cabo. El "Trabajo primario" del equipo de ventas no es "venderle a cualquiera" sino empatar el viaje adecuado con la persona que realmente lo quiere, en oposición a lo que creen que quieren. Todo el mundo tiene un "Trabajo primario", incluyendo a Roberto, que en su caso es su habilidad casi excepcional de conectarse con los asistentes. Cuando lo logra, esos asistentes se vuelven clientes frecuentes. Más de la mitad de los asistentes regresan año tras año durante más de 10 años. Si Roberto no logra conectarse con los clientes él mismo, la "tasa de repetición" de los clientes se desploma a menos de 20 por ciento.

Con todas las notas adhesivas de "Trabajos primarios" sobre la mesa frente a él, Roberto lleva a cabo el proceso deductivo hasta que se queda con "la nota para la cartera". Está claro qué es lo que hace toda la diferencia para la empresa, así que Roberto declara que su PAR es conectarse con los clientes. Es tan bueno para contar historias que la gente se emociona por su aventura antes de que inicie el viaje, se mantiene emocionada mientras está en el viaje y habla con mucha emoción de su viaje al regresar a casa.

A continuación, Roberto comienza la protección del PAR, lo cual significa que él, antes que nada, tiene que deshacerse de las tareas que lo están alejando más del PAR: el viaje estrella. Necesita más tiempo para conectarse con los clientes potenciales y emocionarlos para que tomen uno de sus viajes y también para conectarse con los que tienen reservado un viaje próximamente. El guía de turistas asignado para tomar el mando lo hace bien y el tiempo de Roberto se libera muchísimo. Pero poco después del primer viaje llegan las quejas y todas son parecidas: "¿Qué había pasado con Roberto? ¿Dónde están las historias?" Resulta que a las personas les encantó el *tour* y la comida, pero extrañaron a Roberto. Como resultado, el negocio seguía estancado.

Al principio, Roberto piensa que necesita regresar a como estaba todo y hacer el viaje estrella él mismo, pero sabe que es una tontería gigantesca. Eso sólo lo regresaría a donde estaba antes, lo cual no estaba funcionando. Sabe que tiene que lograr que su negocio funcione en un nuevo nivel y eso requiere que *piense* y *actúe* de manera diferente.

Como Roberto *no* regresa a coordinar el viaje grande que le consumía tanto tiempo, tiene tiempo para pensar en su PAR. Una noche, mientras hablaba con Mariette, la nueva encargada de reservaciones, ella le dijo: "El PAR de nuestra empresa es contar historias. Usted es quien atiende el PAR. Coordinar todo un viaje no es el PAR, pero el momento de las historias sí lo es. ¿Por qué no los acompaña en el viaje al principio y luego vuelve a aparecer en la noche final? En vez de estar coordinando un viaje durante dos semanas, puede atender a los clientes durante un día o dos por viaje. Y, como casi todos nuestros *tours* pasan por París, donde tenemos la sede, contar esas historias lo alejará de la oficina por cuatro o cinco horas cuando mucho".

A Roberto le gustó la idea, pero se mostró escéptico. Sabía que contar historias era el PAR, pero tuvo dificultades para creer que aparecer sólo al inicio y al final iba a tener un gran impacto.

Roberto tiene razón. Modificar ligeramente el enfoque no tuvo un gran impacto: tuvo un impacto gigantesco.

Cuando aparece en los viajes en el momento en que la gente se está conociendo y está cenando, es imparable. No está agotado por el viaje, así que es capaz de hacerla en grande. Les da cientos de historias a los asistentes y ellos aman cada palabra que sale de su boca. Y como Roberto no está amarrado durante dos semanas coordinando aventuras, ahora puede visitar a todos los grupos que están de viaje, incluyendo los de tres días.

Llueven elogios. Las personas que experimentan el viaje de tres días ahora empiezan a reservar el de 14. Las personas quieren más aventuras. Desean más historias con sus comidas. Y ahora, en lugar de que 50% de los asistentes al viaje estrella repita, cada viaje está obteniendo una tasa de repetición de 50% por parte de los clientes. En un año las ventas se incrementan a 4.5 millones de dólares. Outlandish Dish ya no es *una* de muchas empresas dedicadas al turismo culinario; es *la* empresa dedicada al turismo culinario. Incrementa sus precios y también sus márgenes. Roberto captura sistemas para algunas otras tareas que estaban en sus notas adhesivas de modo que el equipo pueda ocuparse más de Dar acción, dejándole más tiempo para Diseñar.

Sin embargo, siguen existiendo dos problemas: el primero es que el equipo sigue siendo sólo de 25 personas, pero con todo el mundo enfocado en proteger el PAR, la demanda ha ido en aumento para el equipo de guías de turistas y necesitan una nueva contratación. El otro problema es que las ventas al mercado estadounidense siguen siendo muy escasas.

Roberto hace el "Análisis de tiempo del equipo" para abordar primero el problema de su equipo sobrecargado. Evalúa dicho análisis y descubre que su empresa pasa mucho tiempo en las fases de Decidir, Delegar y Diseñar: casi 40%. Está muy asombrado, porque sus guías de turistas constantemente están diciendo lo ocupados que están (Haciendo).

Viéndolo con más detalle, el porcentaje empieza a tener sentido. Roberto se da cuenta de que las tres personas que se encargan de planear los *tours* están contribuyendo a que la Mezcla de 4D esté desequilibrada. Las personas que planean los *tours* llevan a cabo muchas tareas administrativas y sus trabajos consisten en gran media en Decidir (tomar decisiones por los guías de turistas), Delegar (asignar recursos y responsabilidad a los guías de turistas) y Diseñar (formular una variedad de nuevos *tours*). Como resultado, esas personas también están estresadas y sobrecargadas de trabajo. Como la mayoría de los *tours* ya están establecidos, tener a tres personas organizando *tours* parece ser demasiado, ya que no es necesario crear tantos nuevos itinerarios. En lugar de crear nuevos *tours*, él decide hacer más de lo que estaba funcionando. Decide mantener el *tour* más exitoso y actualizarlo cada año con nuevos restaurantes y nuevos chefs, pero lo demás se puede quedar igual: las mismas ciudades, los mismos sitios de interés, los mismos hoteles y la misma transportación. Este cambio libera a las personas que estaban dedicadas a planear los *tours* y reduce las fases de Decidir, Delegar y Diseñar.

Con la meta de apoyar a los guías de turistas que también necesitan aligerar su carga de trabajo, Roberto lleva a cabo el "Análisis de rasgos laborales" para todo su equipo. El rasgo laboral clave para un guía de turistas es la atención al cliente. A Roberto le encanta la frase: "A nadie le importa lo mucho que sabes, hasta que saben lo mucho que te importa". El conocimiento del área es importante, atender los problemas que resultan a medida que las cosas evolucionan es importante, pero nada es tan importante como la atención al cliente.

Al evaluar los resultados del "Análisis de rasgos laborales", Roberto se dio cuenta de que Janet, una de las tres personas encargadas de planear *tours*, es extraordinaria para el servicio al cliente. Janet es estadounidense y se mudó a París para cuidar a su abuela en sus últimos días, y se enamoró de la ciudad y de toda Europa. En su trabajo planeando *tours*, destaca su cuidado por la gente. Por ejemplo, todo el mundo la conoce por enviar regalos a los chefs y a los vendedores que conoce mientras está investigando nuevos *tours* y por mantenerse en contacto con ellos, aunque no formen parte de un viaje. Aunque nunca ha estado al frente de un viaje, tiene el rasgo clave que la posiciona para un gran éxito.

Roberto agenda un *tour* para Janet y, aunque se siente tentado a llevar las riendas con ella en el proceso, sabe que la empresa debe diseñarse para funcionar sola. Así que la envía como acompañante de un guía en uno de los viajes de tres días. Ella aprende del guía y al tercer día ella lleva el viaje. Los demás guías le dicen a Janet que lo está haciendo de manera excelente. Entonces Roberto le agenda a Janet su primer viaje como responsable y les pide a los demás guías que se acerquen a ella durante el viaje para apoyarla, a pesar de que muy pocas veces lo necesita. En su segundo viaje sola, Janet no recibe ningún apoyo. En pocos meses se convierte en una de las guías mejor evaluadas de la empresa.

Outlandish Dish sigue teniendo 25 empleados y, al enfocarse en mejorar los *tours* exitosos en vez de en crear nuevos, Roberto se da cuenta de que dos personas para planear *tours* son demasiadas. Observa sus rasgos. Una de ellas, Sankara, es creadora de videos y editora. Cada vez que tiene oportunidad de hacer un video, lo hace. Roberto recuerda una sugerencia que Mariette hizo en un momento determinado. Dijo que hacer videos ayudaría a entrar en el mercado estadounidense, pero Roberto no podía darse el lujo de asignar esa tarea a alguien cuando la mayor parte de su equipo estaba trabajando horas extras para cumplir con la demanda. Le pregunta a Janet sobre esta idea y ella le dice que los estadounidenses ven más videos en Facebook y en YouTube que televisión.

Roberto empata el nuevo trabajo de hacer videos de los *tours* con el talento de Sankara. En dos días, Sankara graba el primer video con Roberto y Janet. Dirigido al mercado estadounidense, el

PASO CINCO: EQUILIBRA AL EQUIPO | 169

video muestra a Janet hablando sobre las experiencias que te cambian la vida que proporciona Outlandish Dish. Luego entra Roberto, quien comparte una historia asombrosa sobre cómo Cristóbal Colón cruzó el océano para descubrir las riquezas de América y ahora él personalmente está invitando a los estadounidenses a ir a Europa a descubrir la maravillosa comida que ofrece. Comparte historias de risa y llanto que tuvo con otros asistentes de Estados Unidos e invita a asistentes potenciales a visitarlos de modo que él en persona pueda servirles una copa de vino en el momento de su llegada.

Los videos tienen muchísimo éxito en Facebook. Roberto es un exitazo; su carisma y su encanto no tienen igual. Pronto, Outlandish Dish tiene una oleada de estadounidenses que reservan sus viajes. Como todo el mundo está en su trabajo adecuado, todo el equipo está sirviendo al PAR y, como Roberto tiene suficiente tiempo para enfocarse en Diseñar su empresa, Outlandish Dish crece a lo grande.

Los estadounidenses comienzan a hablar sobre la empresa y luego sucede la magia inesperada: una cadena de televisión estadounidense muy importante se pone en contacto con Roberto porque quiere hacer un programa sobre *tours* culinarios por Europa. Su encanto natural para contar historias entra en acción y, en cuanto el programa sale al aire, se vuelve una celebridad. La demanda por su negocio se va por las nubes… y logra un ingreso anual de más de 10 millones de dólares.

Tal vez pienses que aquí es donde termina la historia, pero Roberto aún no ha terminado. Su paso final es hacerse a un lado del PAR. ¿Y a que no sabes qué? Janet comparte el mismo rasgo por el que Roberto es conocido. Ella se convierte en la líder de contar historias, en especial en los *tours* para estadounidenses. Roberto disfruta su nueva carrera en televisión y su equipo dirige Outlandish Dish como relojito.

El final de historia tal vez parezca un cuento de hadas, pero cualquier sueño que tengas para tu negocio, cualquier meta que esperes alcanzar con tu empresa, cualquier contribución que desees hacer al mundo, es posible cuando no estás agobiado por trabajo que tú no deberías estar haciendo y cuando tu equipo está haciendo que todo funcione como relojito.

* * *

El cambio es difícil. Estoy seguro de que no necesitas que te lo diga, pero lo saco a colación porque, después de implementar los primeros cinco pasos del sistema Clockwork, seguramente lo estás sintiendo. Aun cuando el negocio está floreciendo, y aun cuando tienes más tiempo para enfocarte en Diseñar tu negocio, el cambio puede ser estresante... en especial cuando estás cambiando el equilibrio de tu equipo. Tu equipo (o las personas por honorarios a quienes contratas por proyecto) también sentirá ese cambio y es probable que se sienta inseguro con respecto a su nuevo puesto o que le preocupe que vayas a eliminarlo del todo. Tranquiliza a las personas que sigan siendo parte de tu equipo. Escucha sus preocupaciones. Afirma su lugar en el equipo. Recuerda tomarte el tiempo necesario para respirar durante el proceso. Sí, el cambio es difícil. Pero también te va a dar lo que deseas: un negocio que funcione solo.

El sistema Clockwork en acción

1. Equilibrar tu equipo es un proceso constante y no es posible lograrlo en media hora; ni siquiera en un día. Los ejercicios de este capítulo te ayudarán a llegar ahí. Planea enfocarte en un ejercicio cada semana y luego evalúa la información para asegurarte de que las personas adecuadas están en los papeles adecuados, haciendo las cosas adecuadas en las proporciones adecuadas, justamente.
2. Realiza un análisis para garantizar que tu empresa dedica alrededor de 80% a Dar acción. Haz una nota para recordar que cuando los recursos de tu empresa se expanden o se contraen, debe seguir manteniendo un 80% óptimo de Dar acción.

3. Realiza una evaluación de tu equipo para identificar cuáles son sus talentos y sus rasgos más fuertes. Luego realiza una evaluación de las 10 tareas más importantes que deben realizarse en tu negocio. Ahora empata los mejores rasgos de tu gente con las tareas que más los requieren.

Capítulo 7

Paso seis: Debes saber para quién trabajas

"No acudimos a lugares que prometían grandes ganancias. Acudimos a lugares que nos atraían."

Cuando Lisé Kuecker, dueña de cinco franquicias del gimnasio Anytime Fitness, compartió su historia conmigo por teléfono un día, subrayó mucho que nunca ha vivido en ninguno de los estados donde se encuentran sus franquicias. Considerando que su esposo estaba activo en el ejército en ese momento, era una verdadera hazaña, pues se habían mudado de estado varias veces.

Al haber crecido en Nueva Orleans, donde la comida que engorda es una parte muy importante de la cultura, Lisé había visto cómo las tasas de obesidad se habían incrementado muchísimo. Esto tuvo mucha influencia en su interés por el ejercicio y, pronto, ayudar a la gente a perder peso y a transformar su salud se convirtió en una verdadera pasión y en la "meta más importante y noble" de su empresa. Cuando empezó a abrir gimnasios en los despliegues de su marido, no puso la mira en ciudades grandes ni en áreas con residentes de ingresos altos. Ni siquiera puso la mira en comunidades de su propia área ni en las que estuvieran a una distancia razonable en coche. Se estableció en los lugares donde más se necesitaba, pueblos pequeños que, en papel, no parecían tener el potencial para que se diera el crecimiento de los miembros.

"Cuando compramos una franquicia que estaba fracasando en Minnesota, los empleados del banco y otras personas nos dijeron que estábamos locos —me contó Lisé—. La compramos por 50 000 dólares, que era básicamente el costo del equipo. El gimnasio había estado en el mercado por un año y medio se encontraba en mal estado, manteniéndose a flote con muchas dificultades todo el tiempo. Era un milagro que tuviera 350 miembros, lo cual en parte se debía al hecho de que los dueños eran locales y la gente les tenía aprecio."

A pesar del hecho de que nadie pensaba que fuera a tener éxito, o que debiera siquiera intentarlo, Lisé se sentía atraída por esa franquicia moribunda del pequeño pueblo de Minnesota. Las tasas de obesidad eran muy altas en el área y sabía que podía hacer una diferencia. También sabía que las personas que estaban viviendo con obesidad y luchaban por bajar de peso eran personas a las que ella quería servir. Primero, le preocupaban y quería que estuvieran bien. Segundo, si podía ayudarlas, sabía que tendría más posibilidades de conservarlas como miembros del gimnasio que en el caso del cliente promedio, que quizá no tenga que superar los mismos problemas.

"Conduje hasta el gimnasio en mi auto rentado de transmisión manual, a mitad del amargo frío de febrero, demasiado para mí que soy del sur —dijo Lisé riendo—. De inmediato comenzamos los planes de renovación y empecé a llamar por teléfono a los miembros."

A lo largo del siguiente mes Lisé llamó a cada uno de los 350 miembros en persona. A veces se quedaba en el teléfono durante una hora o más, hablando con la gente, pidiéndole su opinión sobre el gimnasio y preguntándole qué cambios le gustaría ver después de la reapertura. Escuchó sus historias, sus metas de salud y los detalles íntimos de su vida que quisieron compartir. Después de cada llamada telefónica ella escribía los datos más significativos sobre la vida y las aspiraciones de los clientes en una hoja de cálculo para que no se le olvidaran.

El cambio de 180 grados en el gimnasio sucedió muy rápido. En menos de un año esa franquicia pasó a ocupar un lugar entre las cinco primeras de Anytime Fitness. ¿Quieres saber qué es lo mejor de todo esto? Después del primer mes de estar ahí, Lisé trabaja en promedio cinco horas a la semana en su negocio. No, no es un error de dedo. No 50 horas: *cinco horas*. Cinco horas en total para los cinco gimnasios. Sólo para asegurarme de que estás entendiendo esto: trabaja cinco horas a la semana Diseñando su negocio, no Dando acción. En el siguiente capítulo compartiré más detalles sobre Lisé y sobre cómo fue capaz de lograr esto. En este capítulo quiero hablarte acerca del siguiente paso del sistema Clockwork: hacer un compromiso.

El compromiso se refiere hacia dónde diriges el asombroso poder del PAR. Todo el poder del mundo es inútil si no está enfocado. Coloca un pedazo de papel afuera en el sol y ahí se quedará, sin cambio alguno. Toma una lupa, concentra el sol en el papel y se producirá un incendio. Ése es el poder de la energía concentrada. El compromiso concentra la asombrosa energía del PAR en una forma que encenderá la eficiencia (y el crecimiento) de tu negocio como nunca antes.

El compromiso es una estrategia declarativa extremadamente simple, pero poderosa, que implica aclarar a quién sirves y cómo le sirves. Nota que no dije "identificar" a quién sirves y cómo le sirves. Imagino que ya tienes una idea acerca de a quién se dirige tu negocio y de qué manera le sirves. Este paso en el proceso Clockwork consiste en saber quiénes son tus mejores clientes de tu base de clientes. Yo los denomino "clientes más importantes". Puedes llamarlos "clientes soñados" o "mejores amigos" o, si quieres, "parecidos a Mike". Los llames como los llames, sabes de qué estoy hablando.

Una vez que aclares quién y cómo, debes *comprometerte* con ese grupo, razón por la cual este paso crucial se denomina "Hacer un compromiso". Si te saltas este paso, lamento decirte que nunca lograrás por completo lo que significa tener un negocio que funcione como relojito y tu negocio estará atrapado intentando servir a un grupo demasiado amplio para atenderlo o venderle o apoyarlo de manera efectiva y tú personalmente estarás lejos de ser libre. Verás, el sistema Clockwork consiste más que simplemente en crear el motor de tu empresa (hacer bien las cosas internas); también implica agregar el combustible adecuado para tu motor: tus "clientes más importantes".

Sugiero que justo arriba de tu escritorio pegues una declaración, y también lo hagas frente a los escritorios de todos tus empleados. Sólo llena los siguientes espacios en blanco: *Nuestro compromiso es servir [poner a quién] a través de [poner cómo].*

Sí, es así de simple. En mi empresa, Profit First Professionals, *nuestro compromiso es servir a profesionistas dedicados a la contabilidad mediante el hecho de proporcionarles una forma exclusiva y poderosa de distinguirse de sus competidores.* ¿Y qué hay de Lisé? Estoy seguro de que puedes adivinar a "quién" está comprometida a servir. Pero, ¿y su "cómo"?

En los gimnasios de Lisé el PAR era el servicio al cliente. "Era vital que nos comprometiéramos con los clientes a ayudarlos a lograr sus metas respecto a estar en forma —me explicó—. Si se sentían apoyados y si les proporcionábamos la educación necesaria para seguir su rumbo, podíamos hacer que los clientes fueran al gimnasio por lo menos durante 90 días. La mayoría de las personas usa un gimnasio durante 30 días y luego lo abandona, así que las tasas de deserción son muy altas. En nuestros gimnasios, podemos alcanzar 70% de permanencia después de 90 días, en comparación con el promedio de 40% del resto de los gimnasios."

Su declaración de compromiso es la siguiente: *Los gimnasios Anytime Fitness de Lisé están comprometidos a servir a personas con sobrepeso y obesidad que han tenido dificultades en su esfuerzo por bajar de peso mediante el hecho de proporcionarles educación específica y apoyo para alcanzar sus metas.* ¿Te suena adecuado?

Aquí la meta es crear una oración simple y efectiva. No estamos escribiendo poesía ni frases rimbombantes. Simple y sencillamente estamos aclarando a quién y cómo. En este capítulo te ayudaré a crear tu compromiso y te mostraré por qué es un paso tan importante del sistema Clockwork.

Tu mercado no es "todo el mundo"

Repite después de mí.

"¿A quién?"

"¿A quién?"

Vamos a intentarlo de nuevo. Dilo con fuerza.

"¿A quieeén?"

"¿A quieén?"

Pregunta menos "cómo" y más "a quién". ¿A quién sirvo? Ésta es la pregunta más importante de todas las que puede hacer el dueño de un negocio que está buscando cómo optimizar su negocio. No obstante, la hacemos pocas veces.

Cuando les pregunto a los dueños de negocios qué nicho atienden, muchos responden con alguna variante de "mi nicho es todo el mundo", lo cual, entre tú y yo, es un oxímoron. Es como decir que hoy hubo una lluvia seca. O como decir que el tipo que está sentado junto a ti es un tipo esqueléticamente obeso. O como decir que el Día de Gracias es un día de ayuno. Ninguna de estas cosas tiene sentido. No existen y no tienen sentido.

Para que un negocio funcione como relojito debes cumplir de manera consistente aquello que ofreces. Necesitas tener un proceso predecible que produzca un resultado predecible, y para ello debes reducir la variabilidad. Lo predecible que eres crece de manera exponencial cuando haces menos cosas con una serie de expectativas más limitada. ¿Qué tal si Lisé decidiera enfocarse en múltiples tipos de clientela? ¿Qué tal si se dirigiera e intentara servir a fisicoculturistas? ¿O a atletas de triatlones? ¿O a tipos esqueléticos a los que otros tipos aún más esqueléticos les arrojan arena en la cara en la playa? ¿Sería capaz de conectarse con todos esos clientes de la misma manera? ¿Todos responderían a sus elecciones de la misma forma? ¿Todos esperarían lo mismo de las instalaciones? ¿Todos necesitarían el mismo tipo de educación y de apoyo? La respuesta es un NO rotundo.

Si ofreces tres productos a cinco tipos de clientes y cada uno tiene su propia variante de ese producto, estás entregando 15 productos.

Mejor dicho, estás ofreciendo 15 variantes de productos, y para que cada uno sea notable, debes lograr que los 15 sean buenos. Eso representa 15 áreas de problemas potenciales.

Ahora digamos que tienes tres productos para un tipo de cliente y cada cliente tiene más o menos las mismas necesidades. Aquí lo único que necesitas es hacer tres cosas perfectamente bien. Es mucho más fácil hacer bien tres cosas que 15, y mucho más fácil arreglar los problemas cuando éstos se presentan.

Menos cosas para menos gente implica menos variantes, lo que significa que puedes volverte muy pero muy bueno en lo que haces, y con menos variantes, necesitas menos recursos para obtener buenos resultados. Dicho simple y llanamente: haz menos para lograr más. (Sí, si yo fuera tú, subrayaría esto.)

Las enseñanzas tradicionales nos dicen que primero debemos determinar a quién le estamos sirviendo para luego modificar nuestro ofrecimiento de satisfacer su necesidad. El término popular hoy en día es "dar un giro", pero ese término va a cambiar. Antes solía ser "punto de inflexión". Antes de eso fue "cambio de paradigma". Y antes fue: "¿Y entonces qué demonios deberíamos hacer ahora?" El punto es que necesitas vender lo que el cliente quiere; de otro modo no tendrás nada que vender. En la superficie, esta teoría parece tener sentido, pero ignora el elemento más importante de un negocio exitoso… tú.

He visto cómo negocios maravillosos dan un giro hacia el fracaso. Los dueños siguen cambiando lo que ofrecen para empatar lo que los clientes quieren hasta que éstos comienzan a comprar. Pero en el proceso olvidan considerar lo que *ellos*, los dueños mismos, quieren. Ignoran lo que su corazón les dice que deben hacer e ignoran esa última nota adhesiva: aquello que representa el combustible de su negocio. *Ignoran el* PAR. Y aunque el negocio esté ganando clientes, está perdiendo el corazón del dueño y el alma del negocio. He visto a muchos negocios dar un giro hacia algo que el dueño no quiere hacer. Claro, producirá dinero, pero ¿a qué costo?

Odiar ir a trabajar no es forma de vivir la vida. Por eso es absolutamente importante que primero determines lo que quieres, aquello por lo que deseas que te conozcan, lo que a tu alma le encanta hacer. Por eso primero debemos descubrir tu PAR, servirlo, protegerlo y equilibrar tu equipo en torno de él *antes* de que encontremos la comunidad que lo quiere. No des un giro hacia lo que los clientes quieren. Más bien alinea tus deseos con lo que los clientes quieren. No des giros: alinea. Siempre.

A quién te diriges

Ahora que sabes cuál es el corazón de tu negocio (el PAR) y has sintonizado a tu equipo para que proteja y sirva al negocio (la Mezcla de 4D óptima), puedes determinar quiénes de tus clientes se pueden beneficiar más de él.

Si eres dueño de un negocio nuevecito que aún no tiene clientes, puedes llevar a cabo una variante de este proceso que estoy por esbozar. Si tienes un negocio establecido que está atendiendo a una mezcla de clientes en este momento te resultará más fácil descubrir quiénes son los clientes adecuados que se alinean con tu PAR.

En mi libro *The Pumpkin Plan* describí el proceso para identificar y clonar a tus mejores clientes. El punto principal es que una vez que sabes quiénes son tus "clientes más importantes", el siguiente paso es "clonarlos" al atraer a otros clientes que tienen las mismas cualidades. En breve te llevaré por una versión abreviada de ese proceso, pero primero debo hacerte una advertencia: no existe ninguna garantía de que los clientes que ya tienes representen la comunidad ideal a la cual debes atender. He trabajado con mis propios clientes en este proceso y pocos de ellos no tenían un solo cliente ideal al que quisieran clonar; es decir, la mayoría tenía un cliente al que quería clonar, y si tú también lo tienes, representa un atajo significativo para hacer crecer a esa comunidad.

Desde que escribí *The Pumpkin Plan* he descubierto dos elementos más del proceso, que es importante que conozcas. Lo primero que encontré es que a pesar de que una psicografía (estilo de vida, personalidad, aspiraciones, valores e intereses de tus clientes) representa una comunidad nicho, es muy difícil acceder a esas comunidades porque por lo general no tienen puntos de congregación importantes. Los puntos de congregación son los espacios donde una comunidad que piensa de manera similar se reúne habitualmente para hacer contactos y compartir conocimientos. Los puntos de congregación existen en la mayoría de los ramos comerciales y también hay un montón de grupos vocacionales, muchos grupos de consumidores y algunos grupos de transición de vida, pero existen muy pocos que giren en torno de la mentalidad.

Por ejemplo, si quieres venderles a dueños de viñedos (un ramo comercial), hay incontables asociaciones de viñedos. Una rápida búsqueda en Google identificó más de 25 y seguramente hay más todavía. Si quieres vender un producto a pilotos de aviones (una vocación), hay una asociación de pilotos, la ALPA (Asociación de Pilotos de Aerolíneas, por sus siglas en inglés). Si quieres venderles a amantes de los vinos (un grupo de consumidores), existen grupos de aficionados a los vinos. Si quieres venderles a mamás primerizas (una transición de vida), hay grupos para eso. Pero si quieres venderles a mamás primerizas que son pilotos de avión y consideran que es benéfico tomar vino mientras están volando, ¡suerte en encontrar ese grupo! Puede ser que la mentalidad exista. Bueno, Dios nos libre si es así, pero puede ser que haya esa mentalidad. Sin embargo, no se congregan en ninguna forma establecida y por tanto predecible, así que es extremadamente difícil tener acceso a esa comunidad. Si la psicográfica de tus clientes no tiene una comunidad, tendrás que crear una tú mismo, lo cual es un trabajo titánico.

La prueba de fuego para saber *con quién* hacer tu compromiso es si tienen puntos de congregación establecidos y puedes lograr tener acceso consistente a ellos. Por ejemplo, mi cliente Gary dice que su mejor cliente es una madre soltera que dirige una pastelería y que ha logrado alcanzar su primer millón de ingresos, a pesar de que está abrumada por el volumen de trabajo y está tratando de criar sola a su hijo (y como no soporta a su madre, no tiene a nadie quien la ayude).

Gary (a quien yo llamo el Gran G) me dijo:

—Si me das una docena de clientes así, mi ingreso se iría por las nubes y sólo tengo que hacer una cosa para encontrarlos. ¡Encontré mi nicho!

Yo le dije:

—Déjame preguntarte algo, Gran G. Lo que me acabas de decir es que estás buscando más clientes que sean "mamás solteras empresarias que odien a sus madres". ¿Cierto?

—Sí, exactamente —me contestó.

Luego le pedí a Gary que me dijera dónde están los puntos de congregación. "¿Dónde se reúnen habitualmente esas personas para aprender unas de otras y compartir experiencias, Gary? ¿Dónde está el CEMOM? Ya sabes, el 'Club Empresarial de Madres que Odian a sus Madres'."

La respuesta es: en ningún lado. No hay puntos de reunión. No hay congresos. No hay podcasts. No hay sitios de internet. No hay un solo punto de congregación. Sí, dos mamás solteras que odian a sus madres podrían conocerse en una fiesta de la oficina y volverse las mejores amigas, pero las casualidades no son un punto de congregación. Un punto de congregación es una presencia consistente para aprender y compartir, y no existe en el caso de este grupo. Esto significa que Gary tiene un obstáculo: no hay grupo al cual acceder. Puede y debería preguntarle a su "cliente más importante" dónde se reúne con gente que piensa similar a ella y que está en circunstancias parecidas, porque tal vez existe algún grupo escondido por ahí. No obstante, hay una probabilidad baja de que esos grupos existan realmente, porque las psicográficas de Gary son demasiado estrechas como para que se apliquen a una comunidad.

Con este nuevo conocimiento, Gary tuvo una nueva aproximación respecto a cómo identificar una comunidad. Se preguntó cuáles son los elementos que distinguen a su cliente favorita y que podrían compartir otras personas que sí constituyen una comunidad. Es dueña de una pastelería exitosa. Eso es lo primero. Estaba abrumada con el trabajo. Eso es un segundo elemento. Era madre soltera y empresaria. Otro elemento. Además, odiaba a su madre. Un elemento adicional.

Una vez identificadas las cuatro piezas, Gary se preguntó cuáles elementos le interesaban más. El Gran G realmente disfrutaba el hecho de que se trata de una pastelería porque le encanta fabricar cosas y eso es básicamente en lo que consiste el negocio. También sentía que podía tener empatía y apoyar a una madre soltera empresaria mejor que la mayoría de los vendedores, puesto que él mismo fue criado por una madre soltera emprendedora. Los demás elementos no eran áreas que le interesaran o en las cuales pudiera tener injerencia.

Una vez identificados los dos elementos, llevó a cabo la prueba. ¿Había puntos de congregación? Con el poder de Google, fue fácil encontrar la respuesta. Gary buscó "asociaciones de pastelerías". Simple, ¿verdad? Rápidamente encontró la Asociación Norteamericana de Pasteleros, la Sociedad Norteamericana de Horneado, la Asociación Independiente de Horneado, y más. Encontró foros en internet. Encontró grupos de Facebook. Todo esto significaba que se trataba de una comunidad establecida y que se reunía. ¡Ésa es una oportunidad!

Cuando buscó "asociación de madres solteras empresarias" no encontró nada. Cuando buscó "grupo de madres solteras empresarias", encontró un grupo de reunión con 12 miembros. No cabe duda de que se trata de un grupo importante, pero no es una oportunidad para el Gran G. Los puntos de congregación no están establecidos, así que entrar en esa comunidad sería muy complicado.

Gary decidió irse por las pastelerías. Habló con su mejor cliente, que ya era miembro de una de esas asociaciones, para pedirle algunas sugerencias con respecto a cómo involucrarse. Con eso, Gary estuvo listo para acudir a donde se reunían sus prospectos. Y, como un buen pan de levadura, su negocio comenzó a subir.

Otras personas identifican nichos muy amplios. Quieren trabajar con "gente rica" o con "pequeños negocios". Ésas son comunidades muy amplias, y aunque es probable que tengan puntos de reunión, el conocimiento que comparten es general y sus necesidades son muy variables.

Necesitas identificar una comunidad que se reúna de manera repetida en uno o más puntos de congregación para atender sus necesidades y sus deseos específicos. Se trata de un área en la que ves a los mismos prospectos, vendedores y personas con influencia una y otra vez. No necesita ser un punto de reunión físico. Podría ser un grupo de Facebook. Podrían ser los suscriptores de un podcast o de una revista. Idealmente, hay una combinación de formas en que se conectan y aprenden. Cuando ves esta repetición de encuentro y aprendizaje en el caso de una comunidad en específico, significa que puedes obtener acceso a dicha comunidad y generar la reputación de ser el proveedor de la solución específica que necesitan.

Así que vamos a encontrar *a quién* te diriges. Lo que sigue es una versión súper corta y *complementaria* del método que detallo en mi libro *The Pumpkin Plan*. Si no has leído el libro, el siguiente ejercicio será suficiente para que tengas la claridad que necesitas para "hacer el compromiso". Si tu negocio ya está planeado conforme al método que se plantea en el libro y por lo tanto tiene un crecimiento explosivo, por favor haz el ejercicio de todas formas. El elemento del punto de congregación te dará nueva información sobre tus "clientes más importantes".

1. Primero evalúa la lista de clientes que ya tienes. Acomódalos por ingreso de mayor a menor. Esto es importante porque las personas que gastan más en tu producto o servicio, en particular si repiten su compra, están demostrando, a través de su comportamiento, que te valoran más. No confíes en las palabras de la gente; confía en su cartera. Dicho de otro modo, las personas pueden decirte lo mucho que te aman hasta el cansancio, pero

aquí se trata de gastar dinero en ti o de *no* gastar dinero en ti, lo cual dejará ver sus verdaderos sentimientos.

2. A continuación evalúa el factor de amor/odio que tienes por cada cliente de la lista. En otras palabras, ¿lo amas, lo odias, o ni lo uno ni lo otro? Automáticamente proporcionarás un servicio excelente a los clientes que te caen mejor porque te resulta natural. Por el contrario, te encontrarás evitando o retrasando el trabajo para los clientes que odias, y los que te son equis recibirán un servicio irregular de tu parte.

3. Luego documenta la comunidad en la que se encuentra cada cliente (ramo, vocación, grupo de consumo o punto de transición).

4. Por último, determina todos los puntos de congregación, es decir, todos los lugares donde se reúnen en un grupo organizado.

ANÁLISIS DE AMOR/ODIO

CLIENTE	AMOR/ODIO	COMUNIDAD	PUNTOS DE CONGREGACIÓN

Necesito dejarte algo muy claro. Lo más importante es tu interés por la comunidad y el hecho de que tengan puntos de congregación. Esto es más importante que lo bien o mal que te caen tus clientes actuales. Tener un cliente excelente que puedas clonar es extremadamente útil, pero puedes tener acceso a una comunidad incluso sin tener un solo cliente que pertenezca a ella. Además, un cliente por el que sientes amor u odio *no* representa la naturaleza de su comunidad.

Lo mismo es cierto en el caso de los clientes que amas. Date cuenta de que representan un atajo para acceder a su ramo y posiblemente a otros prospectos excelentes. (La gente buena se junta con gente buena.) Además, date cuenta de que es posible que tengas clientes malos dentro de una comunidad excelente y de que el monstruo que tienes por cliente no es representativo de esa comunidad y es posible que no sea la mejor puerta de entrada.

La primera lección es juzgar la viabilidad de un mercado con base en sus puntos de congregación. Si tiene muchos y la comunidad está activa en varios, es prueba de que comparten unos con otros a través de canales establecidos. Canales en los que fácilmente puedes obtener la reputación de que eres excelente. Si no puedes identificar ningún punto de congregación, o si los puntos que ubicas son pocos, están dispersos y no están bien establecidos, te espera un gran esfuerzo. Es difícil ser descubierto cuando la comunidad ni siquiera se puede encontrar a sí misma. La segunda lección es optar por un campo más estrecho y construir hacia fuera. La mayoría de los dueños de negocios intenta comenzar con una comunidad amplia y, a partir de ahí, va haciendo más estrecho el campo, y eso no funciona. Por ejemplo, digamos que tu nicho es la industria del vino. Pero eso podría incluir viñedos, tiendas de vinos, distribuidores de vinos, importadores y exportadores. Y la lista sigue y sigue. Dentro de la industria del vino seguramente hay puntos de congregación, pero la misma gente no va a todos. Esto es clave para encontrar un nicho más angosto, a donde acude la misma gente a los mismos puntos de congregación.

Cuando atiendes un nicho más amplio, lo cual es otro oxímoron, como "actúa natural", "opinión objetiva" o "el peinado de Kim Jong-un", es probable que tengas que ofrecer variantes de tu producto o servicio. Lo que los viñedos necesitan puede ser distinto de lo que necesitan las vinaterías. Pero el mayor problema es que cuanto más amplio haces tu campo más costoso (tanto en tiempo como en dinero) se vuelve estar al frente del mismo grupo. Ellos no se hablan entre sí, lo cual hace que identificar nuevos prospectos sea

más difícil y que te recomienden sea casi imposible. Es menos probable que un viñedo esté compartiendo sus buenas prácticas con una
tienda de vinos, porque están en ramos distintos. Es más probable
que los viñedos compartan entre sí con otros viñedos y que las vinaterías compartan entre sí con otras vinaterías.

El problema se amplifica en el hecho de que si intentas hacer
más angosto tu nicho, estarás abandonando a algunos clientes que
ya tienes. Digamos que decides que las vinaterías son tu mejor oportunidad después de todo. Ahora tendrás que desviar tu atención
cada vez más de viñedos, distribuidores, etcétera, y, por default,
disminuir tu oferta hacia ellos. La mayoría de los negocios decide
empezar con un nicho amplio (que, quiero aclararte, en realidad no
es un nicho), de modo que tengan diversidad y puedan tener más
oportunidades. El resultado es que en realidad están diluyendo la
calidad de su oferta y van a incurrir en más gastos, tanto en términos
de tiempo como de dinero, tratando de entrar a ese mercado.

EJEMPLO DE ANÁLISIS DE AMOR/ODIO

CLIENTE	AMOR/ODIO	COMUNIDAD	PUNTOS DE CONGREGACIÓN
Ejemplo de cliente	Amor	Pisos de loseta	Asociación Nacional de Pisos de Loseta
Empresa ABC	Odio	Dueño de viñedo	Podcast para amantes del vino
Corporación XYZ	Amor	Camiones de transporte de mercancías	Congreso de la Asociación de Camiones de Carga

Aprende la lección del caso de Brian Smith, fundador de UGG. Hace
años pasé un día hablando con él sobre el éxito estratosférico de
UGG, lo cual documenté en mi libro *Surge*. Le pregunté, de todas las
cosas que había hecho, cuál había tenido más impacto en el éxito de

su negocio. "Es el nicho, Mike", me respondió al instante, con su acento australiano.

El logro de reconocimiento de la marca UGG se debe a sus 10 años de concentración en un nicho. UGG le vendía a la comunidad de surfistas. El producto era destinado a surfistas: el material, la altura de las botas y el diseño en general estaban hechos teniendo en mente las necesidades de los surfistas. En especial, la necesidad de tener los pies calientes y secos. (El océano es helado en invierno.)

Al dirigirte a un nicho estrecho dominas la siguiente parte del compromiso. Cuando sabes a quién estás atendiendo alineas tu PAR para servirle mejor. UGG descubrió que los surfistas eran su "a quién". El PAR de Brian era crear calzado funcional. De todas las comunidades del mundo a Brian le encantaba la de los surfistas. Así es él. Muy rápido determinó "a quién" e invirtió el tiempo necesario (en realidad fueron años) para mejorar cada vez más su atención hacia ellos. Mejoró el diseño. Creó y fortaleció las relaciones con las personas que tenían influencia en esa comunidad. Se volvió famoso por su producto perfecto en todo el mundo, un mundo diminuto. Ésa también tiene que ser tu aspiración: ser famoso en todo el mundo, un mundo selecto y pequeño. Ese mundo pequeño te llevará en sus hombros hacia el mundo más grande.

El cómo

Entonces ¿cómo atiendes tu "a quién"? ¿Qué haces que los beneficia más de lo que nadie más podría hacerlo? El concepto clave es afinar tu oferta para tus mejores clientes, hasta que tengas algo que ellos compren y recomienden con todas sus fuerzas. Debes hacer esto todo el tiempo mientras garantizas que estás ofreciendo algo que se alinea con tu PAR.

El PAR es por lo que vive tu empresa. El cómo es la forma en que armas el PAR, y todos los demás elementos de tu negocio, para ofrecer lo que ofreces a tus clientes.

La empresa de ropa interior Nation Up North (su abreviatura es NUN) lo hace. Encontró a qué comunidad servir: a los chefs. Puso a prueba su producto, cambiando los materiales y la forma para satisfacer las necesidades de los chefs. Descubrió que había un problema que requería solución urgente, un problemita llamado "trasero de mesero". (Ya sé, hace que la comida suene deliciosa, ¿verdad?) Los meseros, los chefs y el personal del restaurante sudan mucho. Por regla general las cocinas de los restaurantes no tienen aire acondicionado. No hay una forma efectiva de enfriar una cocina que produce más calor que el que el aire acondicionado podría llegar a contrarrestar. Así que las cocinas pueden estar alrededor de 10 grados más calientes que la temperatura ambiente. La ropa interior de NUN, con un diseño que la hace holgada donde debe serlo y que enfría el sudor en las zonas clave, resolvió el "trasero de mesero".

NUN tuvo que hacer muchos intentos hasta obtener su ropa interior especial para el "trasero de mesero". Una vez que logró dominar el producto, la comunidad de chefs comenzó a hablar al respecto. Los calzones empezaron a venderse como pan caliente y NUN rápidamente logró un lugar.

Lo primero que debes hacer es conocer tu PAR. Es el corazón de tu empresa y el tuyo también. Luego debes saber a quién te diriges y debes empatarlo con el cómo. Ahora tienes tu compromiso, y tu capacidad de dirigir un negocio como relojito depende de que cumplas ese compromiso.

* * *

Luego de escribir y publicar mi primer libro descubrí cuál era mi auténtico *a quién:* mamás empresarias que estaban entrando o regresando a la fuerza de trabajo después de que sus hijos habían alcanzado una edad que les permitía tener la suficiente libertad para dirigir un negocio de tiempo completo. Muchas personas sugirieron que mi nicho eran los dueños de pequeños negocios, pero yo sabía que estaba creando mi negocio para las mamás empresarias. ¿Otras personas leyeron mi libro? Claro que sí. Y los amo por ello. (Un hurra para los hombres que están tratando de abrirse paso en Empresalandia. Estoy con ustedes, amigos.) Sin embargo, si me hubiera enfocado en la comunidad más amplia de dueños de pequeños negocios desde el inicio, nadie me habría notado. Experimenté en carne propia la lección que Brian Smith nos enseñó: si quieres tener un gran éxito, primero necesitas enfocarte en una comunidad pequeña y luego empoderar a esa comunidad para que te lleve a mercados más grandes.

Elegir mi comunidad tuvo un fuerte impacto en mi manera de escribir mis libros y también en mi manera de promocionarlos y venderlos. Cuando descubrí dónde se congregaban las madres empresarias: en congresos y retiros organizados por otras madres empresarias (como Ángela Jia Kim), las cuales estaban logrando un crecimiento impresionante de sus negocios, esa comunidad me condujo no sólo hacia otras madres empresarias sino también hacia otros grupos del mismo nicho dentro de la comunidad, más amplia, de los dueños de pequeños negocios. Y la mejor parte de toda esa estrategia fue que aumenté mi audiencia, y mi negocio, con un mínimo esfuerzo. ¿Ves cómo funciona?

El sistema Clockwork en acción

1. Completa los espacios en blanco con el "a quién" y el "cómo": *Nuestro compromiso es servir [poner a quién] mediante el hecho de [poner cómo].* Luego, pega esta frase en tu escritorio donde puedas verla y en alguna parte de tu oficina donde todos los demás la vean.
2. Ahora que sabes cómo equilibrar a tu equipo, piensa quién de tu equipo tiene los rasgos o los instintos adecuados para atender a tu comunidad de clientes. Con base en esa valoración, identifica si está o no en el puesto adecuado.

Capítulo 8

Paso siete: Échale un ojo a tu negocio

Conozco a un empresario que, una vez que llegó a un punto en el que pudo dejar de hacer el "trabajo pesado" y concentrarse en coordinar a su personal, dijo: "A la goma hacer el trabajo, lo único que quiero es mover las piezas del tablero de ajedrez". No me gustó la forma como lo dijo, porque suena a manipulación. Veía a la gente como peones, y eso es espantoso. Se veía a sí mismo como el rey y a sus colegas como parte de su feudo. Controlar a los demás o dictarles lo que deben hacer no va conmigo. Así que no te atrevas a ver a tu gente como peones en un tablero de ajedrez. Te estoy vigilando.

Sin embargo, lo que sí me gusta de la metáfora del ajedrez es la idea de poner a la gente adecuada en los papeles adecuados y guiarlas a los resultados adecuados. Un tablero de ajedrez tiene diferentes piezas con diferentes capacidades, al igual que un negocio tiene diferentes personas, tecnologías y sistemas, todos con diferentes capacidades. Un jugador de ajedrez experimentado mueve las piezas de manera estratégica para lograr la victoria. Tu trabajo consiste en poner las diferentes piezas de tu negocio en los mejores lugares para hacer avanzar a tu empresa. Una mejor forma de visualizarlo es un tablero de control que te permite mantener el dedo pulgar en el pulso de tu negocio. Un tablero de control tiene elementos de medición que muestran cómo estás progresando. Es similar al tablero de tu auto o, si te quieres ver más elegante, al panel de control de un avión.

En el capítulo 6 aprendiste cómo equilibrar a tu equipo de manera que las personas adecuadas estuvieran haciendo las cosas adecuadas, en las proporciones adecuadas, justamente. Tu equipo y sus papeles, tareas y 4D, por supuesto, pueden ser parte del tablero de control. Con el paso de los años he agregado algunos elementos de medición a mi tablero de control y he eliminado otros. Lograr que tu negocio funcione como relojito consiste en más que sólo poner a la gente adecuada en los papeles adecuados; implica medir los aspectos adecuados de tu negocio de modo que seas capaz de identificar un problema desde *afuera* del negocio cuando algo necesite ajuste.

Si la idea de los elementos de medición te está preocupado, tranquilo. No es tan aterrador como suena. No necesitas ser matemático ni ingeniero. Simplemente necesitas elegir las cosas esenciales que quieres medir.

Mantenlo simple

La simplicidad de esto puede ser impresionante. Me puse en contacto con Kevin Fox, el fundador de Viable Vision, una empresa que se especializa en la eficiencia de la fabricación. Al final del día todo negocio es fabricante, lo cual significa que empezamos con materias primas (o ideas primas en negocios basados en servicios) y luego ensamblamos esas materias primas para otorgar un producto final. Los fabricantes llevan a cabo una secuencia de pasos para hacer esos productos. En pocas palabras, hay mucho que aprender de los fabricantes, en particular, de la eficiencia de la fabricación. Al hablar con Kevin compartimos historias poderosas sobre cómo encontrar cuellos de botella en un negocio, es decir, los puntos donde los negocios se ralentizan.

Como una cadena, sólo un eslabón puede ser el más débil. Una vez que fortaleces ese eslabón, por default, otro eslabón se volverá el más débil. Necesitamos enfocar nuestra atención ahí. Pero ¿cómo sabes que el eslabón más débil está arreglado?

"Con una métrica —me explicó Kevin—. No necesita ser un sistema de computadora muy moderno con un número que enciende y apaga reportado en una pantalla plana en la oficina del gerente. De hecho, recomiendo elementos de medición simples, cosas que puedes ver y evaluar en el momento, sin necesidad de cálculos ni algoritmos de computadora. Algo como la medición de la luz azul."

Cuando Kevin dijo esto, de inmediato mi mente pensó en las ofertas que Kmart anuncia con luz azul, la cual enciende y apaga, y la gente corre a los anaqueles en busca de las ofertas. Resulta que no estaba muy errado. Kevin me compartió una historia de un fabricante de defensas para coche que contrató a Viable Vision para mejorar la eficiencia de su empresa. Kevin y su equipo fueron con el fabricante en busca de cuellos de botella donde las cosas estuvieran en espera de ser hechas. Obviamente, justo frente a la estación de soldadura, el inventario se estaba acumulando, ahí arrumbado, esperando… Los cuellos de botella de tu negocio se revelarán del mismo modo. Justo frente al cuello de botella, las cosas se acumulan y esperan. El tiempo se desperdicia.

Con las defensas apilándose, Kevin analizó lo que estaba esperando ser soldado. Ahí estaba el cuello de botella. Se dio cuenta de que la luz azul de los aparatos de soldar rara vez se encendía. Luego simplemente observó. Se dio cuenta de que los soldadores iban a una pila, llevaban las piezas, las ponían en una rejilla, las soldaban en puntos específicos para mantener en posición sus partes y, hasta entonces, encendían la máquina de soldar para unirlo todo. Después limpiaban las partes, las movían hacia la sección donde colocaban lo que ya estaba listo y comenzaban de nuevo el proceso. En total, los soldadores pasaban 10% de su tiempo soldando. Así que las luces azules sólo se encendían —adivinaste otra vez— 10% del tiempo.

El "Trabajo primario" de los soldadores es soldar. Y estaba claro, por la falta de luces azules, que su "Trabajo primario" no se estaba priorizando. De hecho, estaban haciendo su "Trabajo primario" sólo —adivinaste otra vez— 10% del tiempo.

Para arreglar el problema, Kevin simplemente contrató a algunos adolescentes para que sirvieran como ensambladores. Su trabajo era mover las partes con el propósito de que estuvieran listas para los soldadores. Los ensambladores llevarían las partes al soldador y las pondrían en la planilla. Luego trasladarían las partes terminadas a la sección correspondiente. Mientras los ensambladores estuvieran haciendo esto, el soldador pondría los puntos de soldadura y después encendería la máquina de soldar para hacer el trabajo. Luces azules encendidas. Los ensambladores, luego de mover las partes terminadas, regresarían a las partes que estaban esperando ser soldadas, donde ensamblarían las partes en la rejilla (que tenía ruedas) y después harían rodar los componentes de la defensa hacia el soldador. Para ese momento el soldador ya habría terminado de soldar la defensa anterior. Los ensambladores pondrían la nueva rejilla en posición y se llevarían rodando la defensa terminada. El soldador comenzaría a soldar otra vez, con luz azul encendida. Mucho.

Con este arreglo, ahora las defensas comenzaron a pasar por el antiguo cuello de botella a la velocidad de la luz. La pila de partes desapareció en unos días y las partes pocas veces se volvieron a acumular de nuevo. Y el negocio completo fue capaz de fabricar defensas más rápido que nunca. La magia no sólo estuvo en la solución sino en la métrica. Era simple: si Kevin veía luces azules encendidas constantemente, eso significaba que el cuello de botella estaba fluyendo, pero si las luces se detenían por un tiempo, o estaban encendidas con menos frecuencia, eso indicaba que había un problema.

Kevin, y después el dueño de la fábrica, tenía una métrica ridícula, pero increíblemente efectiva: ¿las luces azules están encendidas? Debes procurar que también tu métrica sea lo más simple posible. Quieres medir si tu negocio está fluyendo bien. Eso es todo. Cuando no es así el trabajo de la métrica consiste simplemente en notificarte que hay un problema. Y si hay un problema, tu trabajo, maestro del ajedrez, es investigar en qué consiste y resolverlo. ¿Luces azules encendidas? Todo está bien. ¿No ves tantas luces encendidas? Es una señal de que debes buscar el problema.

Piensa en el tablero de control de tu propio automóvil. Cuando vas manejando, tienes varios elementos que te permiten evaluar que todo está bien. Si das un vistazo de dos segundos, puedes saber si estás manejando demasiado rápido, si tu motor se está sobrecalentando o si te estás quedando sin gasolina. Todos éstos son indicadores sencillos de un problema y de que se necesitan acciones.

Si vas demasiado rápido, quitas el pie del acelerador. Si tu motor se está sobrecalentando, puedes orillarte y revisar tus niveles de enfriador. (O, si eres como yo y no tienes mucha idea de coches, te vas a orillar y vas a salir corriendo del coche pensando que tu motor se está incendiando… Y luego, al llamar a asistencia en el camino, te dirán que sólo era vapor. Historia real.) Si te estás quedando sin gasolina, puedes cargar en la próxima gasolinera. Sin los instrumentos que están en el tablero te podrían detener por exceso de velocidad, podrías ver cómo tu motor se enciende por estar en llamas (de verdad) o podrías quedarte parado a mitad de la nada.

Lo mismo es cierto en el caso de tu negocio. Un tablero de control con los elementos de medición necesarios te mostrará cómo están funcionando los aspectos esenciales de tu negocio. Entonces, si algo está fuera de lugar, rápidamente puedes revisar la salud de tu negocio y hacer los ajustes necesarios. Cuando los elementos de medición de tu tablero indican que todo está bien, puedes concentrarte en el futuro de tu negocio y dejar de preocuparte por las operaciones del día a día. Eso es algo hermoso, porque es cuando ganas dinero en piloto automático. Sí, eso es real. No estoy hablando del "ingreso pasivo" que tantos infomerciales de televisión prometen. Estoy hablando de administrar el negocio que amas, invirtiendo apenas una fracción del tiempo que actualmente pasas haciendo el trabajo en el negocio, recibiendo más dinero del que alguna vez creíste posible y amando cada minuto de ello.

Atrae, convierte, entrega y reúne

Cada año mis amigos Selena Soo y Chris Winfield (¿los recuerdas?, ¿el tipo de la productividad del que hablamos antes?) organizan ocho o nueve cenas en Nueva York para una mezcla de escritores, conferencistas y especialistas. Selena y Chris tienen los mejores contactos del mundo y sus cenas rápidamente se han hecho famosas por incluir a la crema y nata del mundo de la educación empresarial. Para mí es el equivalente a los Oscar, sólo que sin la exigencia del esmoquin y con muchas menos fotografías.

No puedes asistir a la cena así nada más. Te tienen que invitar. Mi primera invitación, hace dos años, dejé de lado el típico juego de "hacerse el difícil" y acepté en milésimas de segundos. Cuatro semanas después estaba en camino hacia Nueva York. La cena comenzó con Selena y Chris mostrando su aprecio por nosotros, sus invitados. Mientras daba un trago a un cabernet increíblemente suave observé con atención la habitación, donde había más o menos 15 invitados. Reconocí la mayoría de los rostros y tú también los habrías reconocido (una de las reglas es que la lista de asistentes es confidencial y los nombres de los asistentes se revelan únicamente con el permiso directo de los anfitriones). "Dios mío, ése es fulanito del nuevo programa sutanito —pensé—. Vaya, ése es el editor de la revista número uno para empresarios." Y justo frente a mí estaba la célebre maestra de la optimización de los negocios, Adrienne Dorison.

Esa noche escuché con toda atención cada palabra que dijo sobre cómo logró que las madererías fueran más eficientes al resolver los incontables cuellos de botella que había; por ejemplo, cambiar la forma en que los árboles eran colocados en el camión de carga para que los descargaran más fácilmente. También contó cómo en los almacenes ayudaron a tener un suministro constante de madera y a impedir que los camiones no lograran hacer alguna entrega a causa de las largas filas. Y cómo lidiar con las políticas y los egos que pueden hacer que el ritmo de una maderería sea más lento que el de un caracol. Todas esas mejoras tienen un impacto pequeño, pero, según yo lo entiendo, ninguna es el PAR.

Le expliqué a Adrienne lo que había aprendido sobre el PAR y le dije lo que yo entendí por impacto. Ella escuchó con interés y estuvo de acuerdo. Resulta que ella había estudiado a las abejas durante años, así que realmente entendía la importancia del PAR.

—Todos los negocios tienen cuellos de botella, Mike. Son partes necesarias de un negocio que deben operar con excelencia, de lo contrario el negocio se ve afectado. Todas las partes del negocio son importantes en distintos grados. Para entregar su producto o servicio a los clientes, todas las partes esenciales del negocio deben funcionar. Las más importantes son los cuellos de botella, las áreas en las que la producción es necesaria pero más lenta de lo que es alimentarla. Y de todas esas partes esenciales de negocio, la más importante es el PAR. Es la marea que levanta todos los barcos, por así decirlo. Todos los elementos de un negocio se pueden dividir en cuatro cuadrantes y, en consecuencia, el PAR sólo puede existir en uno de esos cuatro puntos: dirección, ventas, entregables o flujo de efectivo.

—¿Entonces? —le pregunté a Adrienne—. ¿Cuál es el PAR de las madererías?

Adrienne me miró y estiró el cuello hacia un lado mientras entrecerraba un ojo. Conoces esa mirada, cuando alguien está sorprendido de que hicieras esa pregunta, cuando deberías saber la respuesta. Luego me dijo:

—Dime tú.

Me sorprendió a su vez. Hice una pausa, pensé y luego respondí:

—Bueno, depende, ¿no?

—Exacto —dijo Adrienne.

Seguí adelante.

—¡Claro! El PAR se determina a sí mismo. Justo como en tu negocio, justo como en mi negocio, justo como en cualquier negocio, la industria no determina el PAR. El líder del negocio es quien lo determina. Él elige en qué hará su apuesta el negocio. En consecuencia, las madererías con las que trabajaste pueden elegir. De hecho, necesitan elegir.

Ya estaba encarrilado.

—Una maderería podría fincar su éxito en la velocidad de la operación. Quieren producir madera con rapidez. Y en ese caso el PAR es lo que hace que la operación se mueva más rápido. De la misma forma en que el PAR de un panal es que salgan nuevas abejas de los huevos. Y por eso la abeja reina es honrada, ya que es ella quien pone los huevos.

—¡Justamente! —dijo Adrienne—. Si la maderería declara que la velocidad de la producción es el PAR, entonces debe buscar qué parte de las operaciones del negocio influyen más en la velocidad de producción y qué personas están desempeñando ese papel. Y, para que sepas, eso es lo que la mayoría de las madererías elige como su PAR. Luego, por lo general descubren que la operación de la grúa es el PAR. Si la grúa que descarga los camiones y pone la madera en las máquinas para cortar y quitar la corteza se está moviendo de manera óptima, el negocio fluye; si no, el negocio se ralentiza.

—¡Exactamente! —dije, emocionado y con voz un poco más fuerte de lo conveniente para el tipo de restaurante en el que estábamos—. Y eso significa que el operador de la grúa es quien está sirviendo más al PAR. Él necesita ser protegido y atendido.

—Así es, Mike. Y no olvides que ése sólo es uno de los PAR que se pueden elegir. Una maderería podría determinar que será famosa a nivel mundial por la calidad de su madera. La velocidad se vuelve secundaria con respecto a la selección en este caso. Así que el PAR ahora es identificar la mejor madera como materia prima. El operador de la grúa sigue siendo un empleado importante, por supuesto, pero no es quien está atendiendo el PAR. En cambio, es el gerente de control de calidad de la madera. Él es quien está atendiendo el PAR.

¡Adrienne estaba imparable!

—Pero el PAR de una maderería no se restringe a un producto, a algo entregable —continuó—. También podría estar en atraer prospectos o en convertirlos en clientes. De hecho, una empresa de madera con la que trabajé puso el PAR en la conversión. Creó un equipo de expertos, incluyendo ingenieros, que durante el proceso de ventas, guiaba a los prospectos a tomar las mejores decisiones basadas en valor y llevaba esta guía a un grado que sobrepasaba por mucho el de ninguno de sus competidores. Quizá la madera económica pueda ahorrarle dinero al cliente, pero no logrará funcionar en el proyecto que se prevé y terminará siendo reemplazada con materiales más caros. Así que, aunque terminaban más rápido los proyectos y siempre tenían la madera de la mejor calidad, era el hecho de que los clientes confiaban en ellos lo que contribuía por completo a sus impresionantes ventas.

Adrienne explicó que las madererías no son únicas en cuanto a que todo negocio determina su PAR. Y el PAR siempre se encuentra en uno de los siguientes cuatro cuadrantes: prospectos, ventas, entregables o flujo de efectivo. Yo prefiero pensar en esos aspectos del negocio en términos de cosas que hacemos, de modo que los modifiqué un poco, aunque significan lo mismo: Atrae, Convierte, Entrega y Reúne (ACER). (¿Recuerdas que lo mencioné por primera vez en el capítulo 5?)

Adrienne y yo hablamos toda la noche. Aprendí que cada negocio tiene esos cuatro cuadrantes y que cada vez que un negocio está experimentando ineficiencias, es porque el PAR no está siendo atendido o protegido o hay un cuello de botella en el ACER.

La forma de ver esto de Adrienne me voló los sesos. Permíteme explicarte con mayor detalle lo que aprendí:

1. **Atrae.** Todo negocio necesita atraer nuevos prospectos que preguntan por tu producto o servicio. Los prospectos alimentan tus ventas. Sin ellos las ventas no existirían porque no tendrías a quién venderle.
2. **Convierte.** La responsabilidad de las ventas es *convertir* un prospecto en un cliente que pague. Puede ser que tengas todos los prospectos del mundo, pero si no puedes convertirlos en ventas, tu negocio se irá a pique.
3. **Entrega.** Los entregables son los procesos y servicios necesarios para dar adecuadamente lo que le vendiste al cliente. Si no cumples entregando lo que el cliente compró irá tras de ti... y a veces cancelará su orden, solicitando un reembolso y

probablemente difundiendo que eres de lo peor. ¿No puedes cumplir? Entonces no puedes mantenerte en el negocio.

4. **Reúne.** Si el cliente no cumple con la promesa de pagarte, estás en problemas. Si no puedes cobrar el dinero por el trabajo que hiciste, o no puedes conservarlo (porque el cliente lo pide de regreso o lo pierdes), estás fuera del negocio.

EL MODELO ACER

Éstas son las cuatro funciones clave de todos los negocios. Debes llevarlas a cabo todas bien. Y a medida que empecemos a jugar el famoso juego de todos los líderes de negocios, "reduce los cuellos de botella", contantemente evaluarás y resolverás todo tipo de cosas tanto grandes como pequeñas dentro de esas cuatro áreas, justo como Adrienne hizo en el caso de las madererías. Casi todos los negocios siguen el predecible camino ACER de la sustentabilidad, en la misma secuencia. Primero debes generar interés en tu oferta (Atraer prospectos). Luego, en el caso de las personas interesadas, debes convencerlas de que te compren (Convertir prospectos en clientes). Una vez que son tus clientes, debes Entregar lo que prometiste. En algún punto durante el proceso, debes cobrarles dinero por el trabajo que hiciste (Reunir).

Sin embargo, hay pocos casos únicos. Por ejemplo, algunos negocios funcionan "especulando"; es decir que el entregable se termina antes de que el prospecto se convierta en cliente. En este caso el flujo sería AECR.

Cobrar el dinero puede verse como algo un poco delicado. Por ejemplo, puede ser que cobres incluso desde antes de comenzar el trabajo (el entregable). Pero incluso si has cobrado antes de hacer el trabajo, el dinero no es realmente tuyo hasta que entregues lo que le prometiste al cliente. Si no lo haces, puede pedir la devolución de su dinero. Ya sabes, demandándote. Por esa razón puse las categorías en esa secuencia y por eso necesitas por lo menos un elemento para medir cada una de esas categorías. Así es como puedes ver el flujo de clientes a través de tu negocio.

Permíteme mostrarte mi propio tablero de control de los Profit First Professionals.

1. **Atraer.** Tu métrica para atraer prospectos puede ser cuánta gente ha llevado a cabo una acción específica. En el caso de un programa de capacitación en línea, podría ser cuántas personas te están dando su correo electrónico a cambio de tus contenidos gratuitos. En el caso de una empresa que se dedica a atender a otras empresas, podría ser cuántas personas solicitan una propuesta. En el caso de Profit First Professionals (PFP), es cuántas personas han llenado el formato de registro en nuestra página de internet. Si logramos que tres personas llenen el formato al día, eso se traduce en un poco más de 1 000 aplicaciones al año (tres prospectos al día por 365 días). Cuando llenan el formato y lo mandan, sabemos que tenemos un prospecto. Cuando hay menos personas que están llenando el formato, se detona una pregunta. El elemento de evaluación no indica que nuestra forma no esté funcionando, pero ése podría ser el problema. Indica que tenemos *algún* tipo de problema, porque hay menos personas que están llenando el formato de registro. Esto nos lleva a investigar y a resolver el problema. Al igual que cuando en el coche se enciende la luz que indica que hay que revisar el motor, sabemos que hay que llevar a cabo un diagnóstico. Podría ser algo pequeño (como un cable suelto) o podría ser algo grande (como que la transmisión está arruinada). Cuando vemos que no estamos cumpliendo con nuestra métrica de tres formatos diarios, la pregunta es: "¿Por qué no hay más gente llenado el formato?" La respuesta podría ser que

nuestra página de internet no está funcionando o que la gente nos está llamando por teléfono en lugar de ingresar a internet, o puede ser que tengamos un problema con el PAR (el sistema de mensajería de la página de Profit First) y nada esté fluyendo hacia el otro lado, lo cual significa que tenemos que encontrar y resolver el cuello de botella.

2. **Convertir.** Nuestra métrica para transformar clientes en ventas es el número de personas que se convierten en nuevos miembros tres meses después de haber sido prospectos. Es un porcentaje sencillo: queremos una tasa de conversión de 33%, lo cual implica que tendremos aproximadamente 360 nuevos miembros al año. Dicho esto, no todos los prospectos son iguales (ya sabes a qué me refiero). Algunos son ideales, otros son una patada de mula, otros están en una etapa muy incipiente de su negocio como para ser adecuados, y así sucesivamente. Algunas discusiones cualitativas que surgen durante nuestras juntas trimestrales son cómo tener un mejor servicio de mensajería, cómo atraer prospectos de mejor calidad y cómo vender mejor de modo que podamos separar más rápidamente a los prospectos ideales de los que no lo son. Los elementos de medición simplemente son indicadores de desempeño de nuestro tablero de control, pero los analizamos con mayor profundidad (y tú también deberías hacerlo) para poder tomar decisiones de más impacto. La forma como funciona esta métrica es que sabemos que, si hablamos con 100 personas en un mes y sólo 10 se vuelven miembros (10% en vez de 33%), algo está mal. De igual manera, si 80 se vuelven miembros (por glorioso que suene), algo también está mal. La métrica simplemente indica si hay algo distinto a lo esperado. Cuando eso sucede, necesitas investigar.* Bueno, fuera de nuestro 33% de conversión, nos

---

* A veces, la medición de cualquiera de esas métricas seguirá siendo la misma; no obstante, sigue habiendo un problema. Tu conversión de ventas se queda en 33%, pero sólo estás haciendo una venta al mes. Eso significa que lo más probable es que los prospectos sean el problema y que, sin lugar a dudas, sólo hay tres prospectos

preguntamos qué está sucediendo con las ventas. ¿Introdujimos una nueva estructura de precios que no funcionó? ¿Contratamos a algún nuevo vendedor? ¿La calidad de los prospectos está cambiando? También analizamos la cadena. Antes de las conversiones están los prospectos, de modo que si tenemos una alerta con las conversiones nos preguntamos si también tenemos una disminución en la métrica de los prospectos. Si es así, es probable que el problema sean los prospectos y entonces investigamos ahí primero.

3. **Entregar.** ¿Entregas lo que el cliente espera (o algo mejor)? En el caso de algunos negocios, el mejor indicador de que los entregables fueron excelentes es que los clientes regresan una y otra vez (retención). Otro es cuando los clientes hablan maravillas sobre su experiencia, haciendo mercadotecnia de boca en boca. Tal vez, si tienes estándares más bajos, es que no haya quejas. Por ejemplo, piensa en un restaurante de carretera. Seguro ha sucedido, pero yo creo que raras veces la gente postea: "Acabo de tomarme la malteada más rica del mundo en el restaurante de carretera más hermoso que he visto" o "Tienes que ver esos mingitorios. ¡Son lo máximo!" Si la gente tiene algo que decir sobre un restaurante de carretera por lo general es una queja. Así que, mientras menos quejas, mejor.

En PFP, nuestros entregables se miden con base en escalones terminados. Uno de esos escalones es la certificación. Una vez que una persona se certifica en Profit First ha terminado

---

en un mes. Pero puede ser peor. Es posible que tengas todos los prospectos que esperas, y todas las conversiones, pero que los nuevos clientes sean imposibles de retener. Un problema de este tipo se podría revelar con una métrica de retención, pero el problema podría ser la calidad del prospecto. Esto significa que a veces el problema se revela en alguna otra parte (retención), pero la causa no está ahí (en este caso los prospectos). Toma como ejemplo la reparación de techos. La filtración de agua puede estar entrando a tu casa por una pared, pero el agujero del techo puede estar en un lugar totalmente diferente. En ocasiones, los problemas viajan por ahí antes de revelarse.

una secuencia de capacitación a través de PFP y está lista para pasar esa prueba. Sé que, si la gente obtiene el certificado, ha dominado el proceso en su negocio y está lista para atender clientes. Nuestra métrica es cuántas personas han terminado su certificación a los seis meses de haberse inscrito. Queremos que la medición sea de 97%. Aunque nos encantaría que nuestra métrica fuera 100%, no es realista (hay imprevistos, cosas que pasan en la vida). Y pretender un 100% significa que constantemente estaríamos en una situación de alarma. "Ay, no, otra vez no logramos el 100%, ¿qué sucedió?" Como esto es irrealizable, nunca lo podremos lograr, lo cual significa que comenzamos a ignorarlo.

La lección aquí es que tus elementos de medición no pueden ser tus "números soñados"; haz que sean indicadores realistas. Mientras escribo esto la métrica para la certificación de nuestros miembros es de alrededor de 90%. Es menos de lo que esperamos y sé que significa que probablemente los miembros no están comprometidos en cierto modo. ¿No estamos logrando apoyarlos adecuadamente o han perdido el interés? Necesito averiguarlo, pues estoy seguro de que por lo menos ese 7% que falta está menos comprometido o menos preparado o necesita atención adicional para ponerse al corriente.

4. **Reunir.** Repite después de mí: "El dinero es la sangre que da vida a mi negocio". Otra vez. "El dinero es la sangre que da vida a mi negocio". El dinero es la parte más importante y no obstante más dejada de lado de todos los negocios. Podría ser que no tuvieras un solo cliente, que tus servicios fueran horribles y podrías no tener idea de cómo generar prospectos, pero si tienes toneladas de dinero, tu negocio sobrevivirá. En nuestra empresa buscamos el porcentaje de miembros que no realizan un pago en un mes determinado. Si es más de 5%, tenemos un problema. Cada vez que podemos disminuirlo (descubrimos que podíamos hacerlo ofreciendo un programa de pagos anuales), estamos alimentando a nuestro negocio con el efectivo que

necesita para sobrevivir. ¿Cómo está fluyendo (o cómo no está fluyendo) el dinero en tu negocio? Determina la métrica que puedes usar para evaluar su salud. Tu negocio depende de ello.

5. **El Papel de la Abeja Reina.** Nuestro PAR es que todo el mundo conozca el sistema Profit First y yo soy el principal (aunque no el único) mensajero. La métrica de nuestro PAR es cuántas entrevistas o presentaciones se están llevando a cabo (pláticas, conferencias, seminarios en línea, podcasts, tanto nuestros como de otras personas). Y nuestro PAR se está fortaleciendo. Mientras escribo estas líneas (en un avión, como de costumbre), se están dando sin mí cuatro pláticas sobre Profit First. Todos los días medimos el número de "mensajes que damos". Por supuesto, sería bueno saber el número de asistentes. Un evento en vivo es mucho más fácil de medir a este respecto que una entrevista de radio. Así que simplemente medimos cuántos mensajes se transmiten. Hemos fijado nuestra métrica en dos mensajes al día (14 a la semana), lo cual, si tuviera que hacerlo yo solo, sería factible, pero con dificultades. Y si me enfermara estaríamos en problemas.

A medida que hay más gente atendiendo el PAR, ese número se ha vuelto más consistente y yo estoy trabajando menos (ya sabes, dinero en automático). Mi atención personal al PAR (yo también llevo un registro de mi trabajo) ha disminuido porque he estado ocupado con otros proyectos (¡escribir libros implica mucho tiempo!), lo cual me desvía del PAR. Pero a medida que he liberado a la abeja reina (yo), otras personas están ocupándose del PAR. Aunque escribir un libro sirve al PAR a largo plazo, pues técnicamente soy yo difundiendo las ideas, publicar es un proceso largo, al igual que escribir y reescribir, editar y volver a editar y luego tirar todo a la basura y volver a empezar (lo digo en serio), lo cual no se refleja en la métrica. Las otras personas que están trabajando para el PAR lo están haciendo tan bien que ahora mi prioridad es crear un sistema que les facilite las cosas lo más posible a ellos y a otras personas que quieran hablar y al mismo tiempo garantice consistencia. Y lo estoy haciendo (adivinaste) mediante el hecho de capturar el sistema existente: grabando mis presentaciones y dándoselas a las personas que quieren hacer presentaciones.

Las cuatro áreas clave (Atraer, Convertir, Entregar y Reunir: ACER) se convierten en los elementos de medición de tu tablero de control, además del PAR. Lo que necesitas hacer primero es identificar *cómo* mides el progreso (o la falta de progreso) en cada uno de esos cinco puntos y cuál es tu meta para cada uno. La meta de los elementos de medición es medir la efectividad de tu empresa y de las áreas que probablemente serán cuellos de botella. Los elementos de medición actúan como un simple indicador inicial de que algo está mal y necesita tu atención.

Una métrica por lo general es un número. También puede ser una respuesta binaria sí/no o encendido/apagado), o algo más. Pero siempre es algo medible y comparable. Un sistema de medición fija las expectativas, y cuando lo que la métrica está midiendo es más alto o más bajo de lo esperado, indica que se debe realizar una investigación de la situación y que se requiere una solución.

De regreso a nuestro ejemplo del coche, la velocidad del vehículo podría ser la métrica que estamos midiendo. La señal de límite de velocidad podría ser el número "normal" que deseamos tener y el velocímetro indica el número real. Cuando vamos demasiado rápido o demasiado lento, hay una inconsistencia con la métrica y se debe considerar realizar un ajuste. (Pero, créeme, nadie maneja demasiado lento en Nueva Jersey.)

En cualquier categoría puedes tener la oportunidad de contar con múltiples elementos de medición. Por ejemplo, en los entregables también tenemos una métrica que mide nuestro poder de convocatoria, el cual se refiere a cuántos miembros se inscriben a una capacitación individual en vivo en nuestras oficinas después de haberse hecho miembros de nuestra organización. No sólo es capacitación crucial; también es interacción crucial. Nuevos miembros se conocen entre sí y conocen al equipo en nuestra base de operaciones (así es como llamamos a nuestras oficinas). Si los miembros no acuden a la convocatoria, es probable que presenten problemas de compromiso a largo plazo. La métrica es una proporción muy simple: cuántos miembros califican para estar en la convocatoria (esto es todos los miembros nuevos) *versus* cuántos acuden realmente.

El método Profit First funciona en parte porque tiene elementos de medición incluidos; es su propio tablero de control para manejar efectivo y garantizar que tu negocio sea rentable. La meta es tener un negocio que genere y mantenga el flujo de dinero y de ganancias. En mi libro *La ganancia es primero* explico que necesitas cinco cuentas bancarias básicas: INGRESOS, GANANCIAS, COMPENSACIÓN DEL DUEÑO, IMPUESTOS y GASTOS DE OPERACIÓN. Luego comienzas a distribuir los recursos con base en porcentajes preestablecidos (que también sirven como elementos de medición) para cada una de las cinco cuentas. El dinero entra y se distribuye de acuerdo con esos porcentajes. Si tu negocio no puede distribuir el dinero en los porcentajes establecidos, esos porcentajes sirven como métrica, un indicador de que algo está sucediendo fuera del rango de expectativa, en cuyo caso necesitas descubrir por qué el negocio no puede hacer las distribuciones estipuladas, y tienes que resolverlo. ¿Tienes demasiados costos? ¿Problemas de flujo de efectivo? ¿No tienes suficiente margen? La fluctuación de los números de lo que se espera indica que tienes un problema (te quedaste corto) o las cosas van mejor de lo que esperabas (la hiciste en grande). En cualquiera de los dos escenarios, siempre quieres preguntar por qué. Y busca arreglar lo que anda mal y replicar lo que va bien. Los elementos de medición son tus nuevos mejores amigos; te dicen la verdad con respecto a cualquier problema u oportunidad que tienes y te señalan la dirección de la solución… rápidamente.

La noción de dinero en automático no significa que el dinero te caiga del cielo sin esfuerzo. No es un cajero automático descompuesto atiborrado de dinero y que constantemente está escupiendo billetes. El dinero en automático consiste en establecer un sistema

208 | EL SISTEMA CLOCKWORK

mediante el cual te relajas en el cuarto de controles y observas el flujo. Del mismo modo que con cualquier máquina, sistema o proceso, en ocasiones se va a descomponer y va a necesitar ajustes. Tu trabajo consiste en observar las anomalías y buscar resolverlas. La clave es tener un cuarto de controles lo más simple posible pero efectivo para monitorear los elementos fundamentales de tu negocio. ¿Podrías tener una métrica para todo? Seguro. Pero sería abrumador. ¿Podrías tener una sola métrica? Seguro. Pero sería demasiado vaga como para indicar problemas y oportunidades.

Por ejemplo, con el sistema Profit First, fijas una métrica para tu ingreso esperado cada dos semanas (o cada semana). Hasta un negocio que trabaja por temporada puede hacer esto. Luego comparas dónde estás con ese ingreso *versus* dónde esperas estar. ¿Algo anda mal? Investigas. No tienes que leer los estados de cuenta financieros ni ningún otro reporte para ver si tu negocio necesita dinero o si las ganancias están bajas.

Craig Merrills y yo nos conocimos en un congreso al que fui a dar una charla. Rápidamente nos hicimos amigos. Él y su esposa fueron muy generosos y nos invitaron a mí y a mi esposa, Krista, a su casa en el lago de Smith Mountain, en Virginia. Pasamos esos días juntos jugando "cornhole"* (el magnífico juego al aire libre que puedes jugar sin tener que soltar tu cerveza), encendiendo el asador y platicando horas sobre todo tipo de negocios.

Craig dirige una franquicia de la empresa Wow 1 Day Painting. Tuvo una impresionante habilidad para pedir dinero prestado y justificarlo porque necesitaba equipo. El resultado fue una deuda de 109 000 dólares. Fue entonces cuando Craig implementó algunos elementos de medición muy simples para mejorar las cosas. Simple

---

* "Cornhole" es un juego que surgió en Estados Unidos en el siglo XIX. También se le conoce como "bean bag toss" (arrojar bolsas de frijoles). Se juega al aire libre y los jugadores deben arrojar bolsas de maíz o de frijoles a una plataforma que tiene un agujero en un extremo. Si se logra meter la bolsa en el agujero, se obtienen tres puntos, y si la bolsa se queda sobre la plataforma, se obtiene un punto. El juego continúa hasta que un equipo o un jugador alcanza o supera 21 puntos. [*N. de la T.*]

y sencillamente estableció la meta que tenía con respecto a su ingreso y el porcentaje de gastos de operación (incluyendo la compra de equipo) que podía gastar. Con un porcentaje de gastos de operación constante, si el ingreso disminuía, el gasto de operación recibía una porción más pequeña de manera automática. Sólo gastaba dinero que estaba destinado a gastos.

Craig comenzó el proceso apenas un año y un mes antes de que nos viéramos en su casa del lago. Anotó otros tres puntos en el juego, dio un trago a su cerveza, me miró y dijo: "Ahora estoy completamente libre de deudas".

Pudo erradicar sus deudas porque tenía un instrumento de medición. No lee los estados financieros; usa elementos de medición clave en su tablero de control para medir el flujo de efectivo y liberar fondos para pagar su deuda. Tal vez hayas escuchado esto antes, pero de cualquier manera espero que se te pegue: lo que se mide se hace. Así que, si es importante, mídelo.

No necesariamente tienes que seguir todas mis categorías ni mis elementos de medición para tu tablero de control, pero te sugiero que tengas elementos de medición que muestren indicadores para todo tu negocio. También intenta que tu tablero de control posea entre cinco y ocho elementos de medición. Menos que eso no te permitirá tener una idea completa de lo que está pasando y más que eso puede resultar abrumador. Demasiados botones y demasiados "instrumentos" pueden impedirte darte cuenta cuando algo no está funcionando, lo cual atenta contra el propósito de tener un tablero de control.

Imagina a un guardia de seguridad en el turno de la noche. Puede estar viendo seis pantallas distintas y fácilmente darse cuenta del más ligero movimiento. Pero si le das 600 pantallas, puedes estar seguro de que algo se le va a ir. En todas las películas en las que el chico malo logra burlar al guardia de seguridad que está viendo los monitores es porque el guardia tiene demasiados monitores... o se distrajo con el "ruido sospechoso" del objeto de metal que el chico malo acaba de dejar caer en el pasillo. (Funciona de maravilla.) Un tablero de control te permite ser el guardia de seguridad de tu negocio, así que cuantos menos elementos de medición tengas que monitorear, mejor. Y, por lo que más quieras, no caigas en el truco del "ruido en el pasillo"... siempre es una trampa.

Un botón a la vez

Mi podadora dejó de funcionar en el verano en que empecé a escribir este libro. Comenzó a funcionar de manera intermitente, y en lugar de cortar el pasto, lo acariciaba suavemente, moviéndolo de un lado a otro. Fui al garaje con la intención de reparar esa bestia de una vez por todas y de inmediato cometí un pecado cardinal. Intenté arreglar todas las causas posibles de una sola vez. Limpié el carburador, reemplacé el filtro de aire, cambié el aceite, la llené de combustible, todo al mismo tiempo. Luego intenté encender el motor. Esta vez salió peor.

Como ninguno de mis esfuerzos había resuelto el problema, me preparé para la reparación extrema del motor. Le puse broches nuevos, nuevos interruptores y limpié todas sus piezas. Por supuesto, no funcionó. Por último, después de dos días de trabajar en la podadora, la llevé a un taller. Treinta minutos después estaba arreglada. ¿El problema? El carburador estaba dañado, probablemente por mi culpa. (No aceptaré ni negaré haber golpeado la tapa cuando no cerraba bien.) El problema original era que quizá se había tapado un filtro de aire. Pero, aunque yo había arreglado eso, también había "arreglado" otras cosas al mismo tiempo, lo cual en realidad ocasionó un nuevo problema, que yo equivocadamente consideré que era el mismo del principio.

El punto es que cuando trabajas en muchas cosas a la vez para resolver un problema, en realidad puedes arreglar y descomponer la solución al mismo tiempo, al no darte cuenta de que ya lo habías arreglado y de cuál era la causa. La solución es trabajar en una pieza cada vez y ver si eso resuelve el problema. Comienza con lo que es más probable que sea el problema, pruébalo y luego pasa a lo siguiente que crees que pueda ser la causa.

El tablero de control de nuestro negocio es nuestro proceso. En ocasiones las cosas van a fallar y cuando eso suceda necesitamos girar (arreglar) una perilla a la vez. Toma como ejemplo las ventas. Digamos que te percatas de que tus ventas han bajado. Te das cuenta de que el flujo de efectivo no ha cambiado mucho o incluso se ha incrementado, pero el equipo de ventas está vendiendo mucho menos. Contrataste a un nuevo empleado que está agarrando la onda lentamente y ves que las ventas son mucho más bajas de lo que esperas. De modo que te propones resolverlo. Giras la siguiente perilla de tu tablero de control: le das un nuevo guion de ventas que debe seguir. Le das a ese empleado más prospectos de manera que pueda avanzar más rápido. En vez de que uno de tus empleados con experiencia imparta la capacitación de ventas, ahora tienes a dos personas trabajando con el nuevo empleado, en espera de que se ponga al corriente lo más rápido posible. Pero fracasa. ¿Por qué? ¿Es por el guion? ¿Esa persona está manejando demasiados prospectos al mismo tiempo? O quizá el vendedor se siente muy intimidado cuando hay dos personas que lo están supervisando.

Retrocede y vuelve a empezar. Las ventas están más bajas desde que el nuevo empleado comenzó a trabajar. Concluyes que las dos cosas probablemente están relacionadas. Te vas a lo obvio, al guion, y giras esa perilla. Lo modificas por una versión más sencilla. Luego observas. Las ventas no suben ni bajan. Ahora regresas al guion anterior, colocando la perilla en su posición original, y entonces pasas a la siguiente perilla. Pensando que tiene algo que ver con la capacitación, intentas que otras dos personas trabajen con el nuevo empleado. Como antes, las ventas no se incrementan; en cambio, bajan mucho y muy rápido. Interesante. Encontraste una perilla que está afectando negativamente las ventas. Ahora investigas esta situación extraña que acaba de suceder.

Cuando regresas a que una sola persona monitoree al nuevo empleado, las ventas suben pero siguen siendo más bajas que tu promedio histórico. Luego pruebas la loca idea de eliminar el papel del mentor de ventas y éstas vuelven a la normalidad. Qué raro. Ahora sabes exactamente qué está causando el problema y llevas a cabo una investigación profunda. Descubres que tus mentores de ventas, al trabajar con el nuevo empleado, estaban dejando de lado sus propias llamadas de ventas. Los prospectos llamaban a los mentores y estaban esperando, sin éxito, que los atendieran. Así que cambias el trabajo de capacitación para que se realice en horas extra y lo mejoras con el uso de tecnología al grabar las llamadas. Ahora tus mejores vendedores están cerrando tratos y luego revisan las grabaciones de esas llamadas con el nuevo empleado después de que se acaba el horario de atención. ¿Y adivina qué? Las ventas se van por las nubes.

A veces, cuando identificas un problema en tu tablero de control en una categoría, el problema puede emanar de otra. Por ejemplo, el reto con la cobranza es que a veces a las personas les pagan antes de realizar el trabajo. Eso está muy bien, pero si tu negocio tiene un problema de flujo de efectivo, ¿realmente es el problema de la cobranza? Cuando analizas tu tablero de control, puedes ver que tus ventas han bajado y tus elementos de medición principales están en su sitio. ¿Qué podría significar eso? Tal vez como a los clientes potenciales se les está pidiendo que paguen por adelantado nadie está comprando. ¿La solución? Probar una perilla a la vez. Intenta eliminar el pago por adelantado y ver qué sucede. Si las cosas regresan a lo que esperabas, encontraste la causa. Pero si no, entonces (y ésta es la clave) vuelve a poner el requerimiento del pago por adelantado y luego piensa en la siguiente posible solución. Tienes que poner a prueba cada perilla de manera independiente para descubrir la causa.

Cuando mueves al mismo tiempo varias perillas que afectan un resultado común, nublas la solución. Primero un cambio podrá arreglarlo y otro podría contrarrestarlo, así que, aunque lo hayas arreglado, deshiciste la solución sin siquiera saberlo. Otras veces cambias muchas perillas y no resuelves el problema, pero ahora no estás seguro si lo habías arreglado y luego lo volviste a descomponer al mover otra perilla… o tampoco sabes si ninguna arregló nada. Gira una perilla a la vez (empezando por la que consideres la más probable) y evalúa el resultado. Vuelve a dejar esa perilla en su sitio e intenta con otra y vuelve a evaluar. Gira las perillas en secuencia hasta que encuentres la causa y, sólo después de haber girado cada perilla a la vez, considera hacer movimientos en varias al mismo tiempo, si la situación implica que se necesita ajustar varias perillas a la vez para resolver el problema.

La clave es moverse de manera lineal a través de este proceso, girando sólo una perilla a la vez, empezando con la que consideras más probable que sea la causa, hasta que encuentres la solución permanente. Si intentas girar muchas perillas al mismo tiempo, sin importar el resultado, no vas a saber qué fue lo que influyó. Con base en los resultados, decide qué perilla vas a girar a continuación, que en algunos casos puede ser girar un poco más una perilla que acabas de mover.

Mover una perilla a la vez parece ser algo que lleva mucho tiempo. Así que la pregunta que debes hacer aquí es: "¿Alguna vez puedes girar más de una perilla a la vez?" Cuando se analiza un resultado específico donde las perillas tienen una influencia potencial sobre un resultado común, la mayoría de las veces la respuesta es no. Mueves una perilla a la vez. Pero cuando tu empresa está trabajando en distintos resultados, y las perillas están separadas unas de otras (lo cual significa que producen diferentes resultados), puedes girar muchas perillas al mismo tiempo. Por ejemplo, puedo identificar que tengo un cuello de botella en la categoría de "Convertir" que necesita solución y quiero intentar girar la perilla de volver a entablar contacto con prospectos previos que no se convirtieron en clientes. También puede ser que tenga un cuello de botella en la categoría de "Entregar" que hace que los clientes estén esperando para hablar con un especialista en implementación y quiero probar girar la perilla de hacer sesiones grupales para la implementación en lugar de individuales. Se trata de perillas distintas que afectan resultados distintos, de modo que puedo probar ambos de manera simultánea. Es una oportunidad específica que yo tuve en mi negocio y giramos las dos perillas al mismo tiempo. Y cada una mejoró su resultado específico.

Sé que parece que tienes que hacer un montón de movimientos de perillas y tal vez cuestiones tu habilidad para reconocer cuando algunos aspectos de tu negocio necesitan ajustes, pero lo entiendes. Sé que es así.

Arreglar los buenos problemas

Por lo general no hago llamadas de negocios a la una de la mañana, pero algunas crisis requieren atención inmediata. Acababa de llegar en un vuelo nocturno a Berlín para dar una conferencia sobre el sistema Profit First y estaba viendo mis correos electrónicos medio dormido cuando vi que Cyndi Thomason me había escrito un correo con el asunto "¡En busca de un poco de aire!", el cual llamó mi atención. La primera línea de su correo me despertó por completo: "Estoy aturdida. La verdad es que estoy abrumada por las oportunidades". Le escribí de regreso para acordar una llamada de emergencia. Las siete horas de diferencia estaban a favor de Cyndi, así que la una de la mañana parecía un momento adecuado.

El PAR es una fuerza poderosa. Como la fuerza que Luke Skywalker usaba para levantar por el aire a sus oponentes y arrojarlos al pantano. Una vez que te das cuenta de que puedes mover montañas sin hacer el trabajo, puede hacer que te sientas un poco, o un mucho, abrumado. Cyndi experimentó esto de primera mano, como reveló el último párrafo de su correo electrónico:

"Mike, esto del nicho funciona y el PAR funciona; mis abejitas trabajadoras están atendiendo a los clientes como locas y yo estoy cumpliendo con mi papel de mercadotecnia del PAR. El problema es que no tengo suficientes abejitas trabajadoras, así que no sé si la abeja reina se puede tomar unas vacaciones. No estoy segura si poner el freno a la mercadotecnia pues dos vendedores más me han buscado porque quieren que les dé contenidos.

"Se trata de problemas maravillosos, pero no estoy equipada para resolverlos. ¿Podrías ayudarme a apuntarme en la dirección adecuada?"

En este libro compartí el caso de Cyndi y tal vez recuerdes que siempre parecía imperturbable. No obstante, durante esta llamada la voz de Cyndi sonaba bastante alterada: "No puedo hacer frente a la demanda. No puedo proporcionarles a todos esos prospectos el nivel de servicio por el cual soy famosa".

Tener claro el PAR es la marea que eleva a todos los barcos. El PAR es el cimiento de tu negocio y de todo lo demás en lo cual se basa. El PAR del Hospital de Cape Cod es que los médicos te examinen. Es la prioridad y es lo que se protege. ¿Entonces qué sucede? El hospital se crea la reputación de ser una sala de emergencias a la que vas y te atienden de inmediato. Y eso, a su vez, abre las compuertas. Los pacientes, como el esposo de mi hermana, pasan de largo otros hospitales para hacer el largo viaje hasta el Hospital de Cape Cod.

Cyndi trabaja para vendedores de *e-commerce* o comercio en línea. Su flujo de efectivo es extremadamente complejo. El dinero vuela por todas partes y el PAR de Cyndi es tomar toda esa locura y explicárselas en una forma simple, comprensible y tranquilizadora. Sus clientes se enamoran de la empresa de Cyndi porque por fin encuentran a alguien que se comunica con ellos y resuelve sus problemas individuales. Alguien que los entiende desde adentro (el poder del nicho) y les da exactamente lo que necesitan (el poder del PAR).

Una vez que encuentran a Cyndi, muchos de sus clientes comienzan a recomendar su empresa. Esto es lo que sucede cuando atiendes el PAR. ¿El resultado de haber alardeado? En los años en que Cyndi era una contadora general, tenía más o menos un prospecto al mes. Cuando se comprometió con un nicho y se dedicó a venderle a ese nicho, con el tiempo esa cifra se elevó a un prospecto diario. Eso en sí mismo es notable. Luego, cuando se comprometió con el PAR y con todo lo que conlleva, la cifra se elevó a una asombrosa cantidad de un cliente por hora. El nivel de amplificación haría que hasta la persona más imperturbable estuviera buscando un poco de aire.

En la llamada, Cyndi explicó lo que había sucedido. Gracias a su reputación, el anfitrión de una serie de seminarios en línea muy populares para vendedores de Amazon le había pedido asistir al programa y compartir estrategias para administrar el dinero.

"Una hora después de que se supo que iba a estar en el programa, mi flujo de prospectos aumentó", me contó Cyndi. Algunos vendedores de Amazon ya habían escuchado hablar de Cyndi a otros vendedores de *e-commerce*. Cuando vieron su nombre en el sitio de internet de los seminarios en línea se acercaron a preguntar por sus servicios. Este flujo de prospectos, además de la generación de prospectos que se estaba dando rápidamente a través del proceso de recomendación de boca en boca, la hizo tener más de 25 prospectos diarios.

A la 1:15 a.m. yo ya tenía claro cuáles eran los detalles que estaban detrás del problema. Una vez identificado el PAR, el flujo de prospectos era enorme. La categoría de "Atraer" del esquema ACER estaba fluyendo muy rápido. Pero ese río de prospectos ahora estaba creando un cuello de botella en la etapa de "Convertir". Cyndi no podía convertir todos los prospectos en clientes lo suficientemente rápido. Podía lograrlo haciendo algunos malabares cuando el flujo de prospectos era de uno diario, pero ahora que era de uno cada hora, olvídalo. Le esperaba un desastre. Un posible daño a su reputación.

Así que durante los siguientes 25 minutos, trabajamos en resolver el cuello de botella. Hay pocas cosas que puedes hacer en un caso como éste. Por ejemplo, buscar una forma de atender más rápido a los prospectos. Podrías contratar vendedores o automatizar el proceso de conversión mediante un video de ventas. Para el negocio de Cyndi no escogimos ninguna de estas dos opciones. Hablamos sobre la visión que ella tenía para su empresa e hicimos ingeniería inversa para llegar al cuello de botella.

Cyndi me contó sobre los clientes a los que quería atender y sobre la meta de ingreso y ganancia que había fijado. Tomamos su meta de ingreso/ganancia a largo plazo y preguntamos: "¿Qué necesita suceder este año para hacerlo realidad?" Eso nos dio una meta a 12 meses de ingreso/ganancia.

Luego le pregunté: "¿Con cuántos clientes quieres trabajar para hacerlo realidad?" Cyndi determinó que 100 clientes era la cifra adecuada... lo suficientemente grande de manera que ningún cliente representara más de 5% del ingreso total, pero lo suficientemente pequeña de modo que Cyndi pudiera conocer a cada uno de los clientes y, en caso de que así lo quisiera, pudiera comunicarse con todos ellos.

Todos los clientes necesitan generar 8 000 dólares al año, este año, para lograr la meta fijada por Cyndi. En otras palabras, cuando ella convertía un prospecto en un cliente, si el nuevo cliente sólo generaba, por decir algo, 3 000 dólares de ingreso ese año, ella no sería capaz de lograr la meta deseada. Tal vez el cliente está ganando, porque, después de todo, está trabajando con la mejor contadora especializada en *e-commerce* que existe, pero Cyndi no sería capaz de lograr sus metas.

Sabiendo que el umbral de conversión de Cyndi era de 8 000 dólares al año, comunicamos eso de inmediato a través de una respuesta vía correo electrónico. Comenzando a las 2 a.m., una hora después de que leí el correo de SOS de Cyndi, cuando alguien aplicaba como prospecto, ya no recibía la respuesta automática que decía: "Gracias por su interés. Programaremos una llamada". Ahora todos los prospectos recibían esta respuesta:

Hola [nombre propio del prospecto]:

Muchas gracias por tu interés en nuestro servicio de contabilidad y por compartir con nosotros información sobre tu negocio y sus necesidades.

Nuestra empresa es pequeña. Nuestra presidenta, Cyndi, y su marido (y socio de negocios), David, supervisan cada una de nuestras cuentas. Para mantener el más alto nivel de servicio que nuestros clientes esperan (y que nosotros nos exigimos), es necesario limitar el número de clientes a los cuales atendemos. Nuestros clientes invierten aproximadamente 8 000 dólares anuales en nuestros servicios. Con todo el respeto debido, quise compartir esto contigo para que puedas determinar si esa inversión (ten en cuenta que una vez que evaluemos tus necesidades el precio puede ser más alto o más bajo) satisface tus expectativas.

Si la inversión anterior se encuentra dentro de tus expectativas, por favor házmelo saber de modo que podamos programar una llamada. Me dará mucho gusto agendar una reunión para hablar sobre cómo te pueden ayudar nuestros servicios de contabilidad. Por favor da clic en la siguiente liga para tener acceso al calendario y fijar una reunión en un momento que te resulte conveniente:

[Agendar una junta con Bree]

Si estás buscando una opción de menor costo, permíteme sugerirte que consideres nuestra serie mensual de seminarios en línea, donde ofrecemos asesoría y educación en materia de contabilidad. Si estás interesado en esta opción, por favor házmelo saber para poder darte más información.

Gracias de nuevo por acercarte a nosotros para poner en nuestras manos tu contabilidad y que siempre tengas tu ganancia primero.

Bree

(¿Notaste de quién proviene la respuesta automática? ¡De Bree! ¿La recuerdas? Cyndi la movió al papel adecuado y hacer las llamadas de ventas es parte de su trabajo.)

Cuello de botella resuelto. En un día, el flujo de prospectos se mantuvo igual, pero los clientes se descartaban solos y el equipo de Cyndi sólo tenía que pasar tiempo con los prospectos adecuados. El negocio fluyó de una manera más fuerte y saludable que nunca.

Cyndi ya sabe dónde está comenzando a aparecer el siguiente cuello de botella. En la fase de Entregar. Siguen llegando clientes cada vez más grandes y mejores y todos quieren y merecen el servicio de la más alta calidad. Así que Cyndi está ocupada en diseñar procesos para garantizar que el servicio se lleve a cabo cada vez mejor… Una perilla a la vez.

Cuando está claro el papel de tu abeja reina, los elementos de medición te harán libre

¿Recuerdas la historia de Lisé Kuecker? Es la mujer que abrió franquicias del gimnasio Anytime Fitness. Lisé tuvo su primer negocio cuando estaba en segundo de primaria. Hacía hojas para colorear para sus compañeros del salón y vendía en un dólar cada libro. Ser empresaria es algo que le resulta natural a Lisé y, no obstante, cuando empezó por primera vez en el ramo del ejercicio, vivió una historia muy común. Había contactado a una empresa de Fortune 100 para desarrollar sus programas de pilates y de yoga y, a pesar de las muchas horas y los resultados exitosos, muy pocas veces se iba a casa con dinero ganado. Entonces Lisé decidió dar un salto de fe y comprar tres gimnasios de una joven franquicia llamada Anytime Fitness. Esta vez no planeaba trabajar 80 horas a la semana. De ninguna manera. Una vez que tuviera cada gimnasio listo y funcionando, planeaba trabajar lo menos posible.

Lisé abrió su primer gimnasio mientras su hijo de seis meses la seguía por todas partes en su andadera. Luego abrió otros dos. Luego, otros dos. Por "loco" que suene, es una maestra en la aplicación de la Ley de Parkinson, de la cual hablamos en el primer capítulo. Mientras su esposo estaba trabajando en el ejército, ella tomó cada vez más negocios. Y como no tenía tiempo para trabajar, debía hacer que el negocio trabajara por ella. Ya sabes, como relojito.

Como quizá recuerdes, todos sus gimnasios estaban en estados distintos de donde ella vivía en ese momento y, a pesar de esa dificultad (este… oportunidad), Lisé logró que funcionara. Tenía una estrategia meticulosa que cubría todos los aspectos de la gestión de su negocio y un sistema para rastrear los progresos... que explicaré en un segundo.

En unos años, los cinco gimnasios de Lisé generaban ingresos anuales de siete cifras y ella dirigía todos desde su casa, trabajando como máximo cinco horas a la semana. Sí, debo decir de nuevo que yo sigo sorprendido por ese número. Por lo general Lisé pasaba alrededor de un mes en un gimnasio para dejarlo listo, pero una vez que estaba funcionando, sólo pasaba *cinco horas a la semana* administrando los *cinco gimnasios*. Ella y su esposo vendieron los gimnasios y ahora Lisé se dedica a ayudar a empresarios a hacer crecer sus negocios usando métodos que ella desarrolló y perfeccionó mientras dirigía las franquicias.

Decir que estaba muy emocionado por hablar con Lisé sería quedarme corto. Cuando hablamos por teléfono, de inmediato ella me compartió cómo hizo su tablero de control para dirigir su negocio "en automático". Lisé usaba... espera... espera que ya te lo digo... dos tableros de control. El primero era una hoja de cálculo semanal que contenía información proporcionada por todos los empleados que trabajaban en ventas en los cinco gimnasios. Ya fuera el gerente general del gimnasio, un gerente de entrenamiento personal o un entrenador que administraba sus propias ventas, todos llenaban la información semanalmente en el mismo reporte.

La hoja de cálculo semanal incluía varios elementos de medición clave relacionados con las membresías de los gimnasios: nuevas ventas, renovaciones, cancelaciones y cualquier tipo de pausa a la membresía realizada por los miembros del gimnasio. Este documento también registraba las actividades diarias, como cuántas citas se hacían, cuántas llamadas de teléfono se recibían, cuántos prospectos se acercaban en persona. Por último, rastreaba el porcentaje de cierre de ventas de cada gimnasio.

"Era una hoja de cálculo poderosa —me contó Lisé—. Pero sólo se necesitaban cinco minutos para revisarla, pues tenía elementos de medición excelentes (siete para ser exactos) que daban el pulso del negocio. Luego podía analizar más a fondo cualquier indicador de un problema. Además, mi gerente de distrito veía los elementos de medición semanalmente y luego, en nuestra junta de los lunes por la mañana, me reportaba lo que veía en los números semanales." Así que Lisé no estaba viendo su tablero de control toda la semana; su gerente de distrito era quien llevaba el seguimiento. Lisé sólo veía el resumen semanal del tablero de control durante pocos minutos cada semana. A partir de esa información, podía decir si debía hacer alguna mejora en algún lado.

"Mi junta de los lunes era con seis miembros clave del equipo… y sigo haciendo esto hoy en día como asesora de los negocios que vendimos. Escucho su visión de lo que está sucediendo y luego les doy ánimo y orientación. Dependiendo de la época del año de que se trate, puedo hacer una segunda junta, pero nunca de más de media hora. Es una simple revisión de números. Los números no mienten —explicó Lisé—. Durante la junta, el gerente de distrito explica las circunstancias que están detrás de los números. Por ejemplo, puede decir: 'Sé que los números están bajos, pero el esposo de Brittany se acaba de ir al ejército, así que eso es lo que está pasando'."

Así que Lisé podía decir si un número estaba bajando debido a una situación temporal, como el hecho que una empleada estuviera lidiando con el estrés de que su esposo se hubiera ido al ejército, o si los elementos de medición representaban un problema mayor que necesitaba ser atendido.

"Al final de cada mes me entregaban una hoja completa de mediciones. Además de mi tablero de control que contenía los indicadores clave, cada mes veía los números más a fondo —explicó Lisé—. Era una hoja de cálculo muy sencilla. En una línea estaban las metas que teníamos proyectadas para todo el año. En la siguiente línea estaba el número del año pasado con respecto a las mismas metas. Y en la siguiente cómo nos estaba yendo en términos de cumplir con esas metas en este momento. Podíamos decir de dónde veníamos, hacia dónde creíamos que estábamos yendo, hacia dónde se esperaba que fuéramos el mes siguiente y cómo nos estaba yendo realmente en ese momento.

"Podía ver el índice de deserción del mes de julio del año pasado, por ejemplo, y compararlo con el mes de julio de este año y determinar qué necesitábamos ajustar para que esa métrica estuviera más cerca de donde queríamos que estuviera", continuó Lisé. "Cuando estás fijando metas y haciendo proyecciones para tu negocio, muchos cambios son circunstanciales, en especial a medida que tu equipo crece. Puede ser que pierdas un empleado o que algo disminuya. Los números pueden cambiar rápidamente y este tablero de control me permitía ver el escenario completo."

Recuerda, Lisé sólo estaba físicamente en el gimnasio al inicio, pero durante esas semanas formativas podía asegurarse de que todo el mundo supiera cuál era el PAR y cómo transmitirlo. "Tenía una visión muy clara de cómo quería que se vieran los gimnasios y entendía que le tenía que inspirar esa visión a mi equipo", comentó Lisé. También se aseguró de haber comunicado el PAR de los gimnasios a los miembros ya existentes y a las personas de la comunidad. Y no es de sorprender que hiciera las contrataciones con base en el PAR. Un gerente de gimnasio capaz de dirigir el barco en situaciones difíciles, pero es un patán, no es útil. Un gerente que hará lo que esté a su alcance para proporcionar un servicio al cliente extraordinario, pero que en ocasiones tiene dificultares para hacer que las cosas funcionen, está bien. El PAR siempre está primero.

¿Lisé habría sido capaz de dirigir su negocio (desde otro estado) trabajando sólo cinco horas a la semana (después de haber terminado la instalación el gimnasio) si no hubiera tenido claro su PAR? ¿Habría podido hacerlo si no hubiera entrenado a su equipo para cumplir ese PAR? ¿Y si sus clientes no hubieran pensado que podían confiar en ese PAR? ¿Y si ella no hubiera tenido un tablero de control sólido para mantenerse al tanto de todo? De ninguna manera. De hecho, lo que mantenía motivada a Lisé era su pasión por cambiar la tasa de obesidad, y las historias de éxito que recibía de los miembros del gimnasio la mantenían satisfecha, a pesar de estar lejos de las instalaciones.

* * *

Hace poco mi padre tuvo un problema de salud que nos dio un terrible susto a toda la familia. Cuando llegó a toda velocidad al hospital, de inmediato lo conectaron a ciertas máquinas para medicar signos vitales esenciales. Le monitorearon el pulso, la presión y la temperatura. Aunque ninguno de esos elementos era el problema inmediato, son fundamentales para la vida y por tanto deben ser monitoreados. Su "cuello de botella" fue diagnosticado a través de sus síntomas: debilidad extrema, deshidratación, alucinaciones. Se creía que podía tratarse de un infarto o de una infección de las vías urinarias (que en las personas mayores se manifiesta con los síntomas que él estaba presentando). Las pruebas mostraron que se trataba de lo segundo y le recetaron antibióticos. Los elementos de medición entraron en acción y él recuperó la salud de manera lenta pero segura. Y los elementos de medición demostraron que su salud mejoraba a medida que la infección de las vías urinarias desaparecía. Dos semanas después, todos celebramos su cumpleaños número 90 y él sopló las velas del pastel en un solo intento. Si los elementos de medición no hubieran estado funcionando, no puedo más que imaginar consecuencias horribles.

Con un PAR bien definido y un equipo enfocado en garantizar que el PAR sea entregado de manera consistente, sin falla, puedes monitorear la salud de tu negocio usando un tablero de control constituido por elementos de medición muy simples. Debes tener números que te indiquen expectativas normales para las cuatro partes medulares de tu negocio: Atraer (prospectos), Convertir (ventas), Entregar (cumplir lo que prometiste entregar) y Reunir (cobrar lo que ellos prometieron). Los números no mienten, pero tampoco te cuentan la historia completa. Simple y sencillamente te indican que algo tiene que ser arreglado o amplificado. Una vez que se levanta la bandera de la métrica, pon manos a la obra e investiga. Al final serás capaz de alejarte de tu negocio y de administrarlo a través de los números. Y puedes seguir experimentando alegría y satisfacción a medida que haces que tu negocio crezca. Incluso si sólo trabajas unas horas a la semana.

El sistema Clockwork en acción

En este momento, tómate 20 minutos para determinar cuáles son las métricas fundamentales que quieres usar para crear tu propio tablero de medición. Recuerda mantenerlo simple; es muy difícil rastrear demasiadas cosas. Fija la alarma o el temporizador de tu reloj para dentro de 20 minutos y comienza a identificar esas métricas clave, es decir, esas pocas cosas que mejor indican la salud de tu negocio.

Las métricas ideales incluyen una forma de medir el desempeño de tu PAR, así como el o los cuellos de botella que has identificado con el método ACER. ¿Cuáles son las cosas clave que crees que puedes hacer para que fluya tu ACER? Clasifica esas métricas y evalúa el progreso a lo largo del tiempo. ¿Dónde crees que tu negocio tiene el mayor riesgo cuando hay un problema en el ACER? ¿Qué dimensiones del negocio estás tratando de mejorar? Determina las métricas que te ayudarán a monitorear esas cosas.

¿Sigues teniendo dificultades o quieres llevar a un experto para que te ayude a diseñar de todo a todo un negocio que funcione solo, *como relojito*? Me alegra poder comunicarte que mi reunión con Adrienne Dorison floreció en una sociedad de negocios. Juntos formamos Run Like Clockwork, un marco de trabajo integral diseñado para ayudarte a ti y a tu equipo a optimizar cualquier parte de tu negocio. Si deseas saber cómo podemos ayudarte, ve a RunLike-Clockwork.com.

Capítulo 9
Resistencia (y qué hacer al respecto)

Mi gira de conferencias más reciente en Australia fue el inesperado equivalente de tomarme unas vacaciones de cuatro semanas. Estaba trabajando en este libro en ese momento y me encontraba a la mitad de probar el sistema Clockwork en mi propio negocio. Creo que esto es lo que hace que mi trabajo sea en cierta forma atípico en comparación con el de otros escritores y asesores. Cuando investigo un concepto, primero lo pongo a prueba en mis negocios, a menudo durante años, antes de comenzar a escribir al respecto. Y entonces, durante el proceso de escritura, continúo probando el sistema en otros negocios y haciendo ajustes en los míos. Es un proceso muy repetitivo.

Después de disfrutar un desayuno bufet, que incluía pastelitos de alta cocina, en el icónico y tradicional Hotel Miss Maud en Perth, di un trago a mi café y abrí mi computadora, ahí en la mesa. Había pensado en un giro final al sistema después de haber tenido una conversación con la empresaria australiana Leticia Mooney a comienzos de esa semana. Una vez que hice esa última mejora, ya había terminado la parte esencial del libro y no tenía nada más que hacer. Pensé en dar una segunda vuelta al bufet, pero eso sólo resultaría en llantitas adicionales en mi cintura. Con las manos entrelazadas y girando los pulgares, me pregunté qué podía hacer. Revisé mi correo electrónico. Nada. Lo volví a revisar y siguió sin haber nada. Si alguna vez has experimentado el estrés de una bandeja de entrada atiborrada, no se compara ni de cerca con el terror que sentí al ver una vacía. En ese momento, tuve una epifanía: pensé que por fin había logrado atravesar la mayor barrera para garantizar que mi negocio funcionara solo: mi ego. Pero no fue así...

En Perth, literalmente estaba del otro lado del mundo, casi en el sitio opuesto en el mapa a mi hogar en Nueva Jersey. La diferencia de horario entre los dos lugares es de doce horas, así que mi día era su noche, y viceversa. Esto significaba que mi equipo dormía mientras yo trabajaba todo el día en Australia. Y cuando ellos estaban despiertos y en acción en Nueva Jersey, yo estaba dormido y soñando con comer camarones en la bahía. Con esa diferencia de horario tan extrema, si mi equipo necesitaba algo, no podía acudir a mí de inmediato, ni tampoco yo podía acudir a ellos.

Después de un par de días así comencé a sentir que el mundo no me necesitaba. Fue la desconexión final. La diferencia entre libertad y que no me necesitaran fue inmensa. En realidad, fue un balde de agua fría en la cara. Siempre quise ser libre de mi negocio, pero nadie me llamaba, ni siquiera para pedirme mi tarjeta de crédito para pagar las pizzas de la fiesta de la oficina. Bueno... pues fue difícil de aceptar. Mi equipo no sólo estaba dirigiendo el negocio: lo estaba haciendo sin mí. Me había pasado años diseñando una empresa que pudiera funcionar sola y ahora tenía *pruebas* de que lo había conseguido. ¿Darme cuenta de que no me necesitaban? Eso simple y sencillamente me desgarró el alma.

Solo en mi mesa, empecé a tener una avalancha de pensamientos. Estaba solo en Australia, encerrado junto a una pared de galletitas danesas y pasteles de manzana, y a nadie de mi oficina le importaba. Ni un alma me necesitaba. ¡Pánico total! ¿Se darían cuenta siquiera si yo me iba y no regresaba nunca?

¿Y entonces qué hice? Lo único que podía hacer un ser humano que se enfrenta al hecho de que no es indispensable: volver a involucrarme en el negocio. Comencé a enviar correos electrónicos con preguntas y solicitudes. Me puse a hacer lo que fuera e hice que los demás se dieran cuenta. Comencé a aplicar llaves inglesas a la maquinaria bien aceitada que había creado. En cuanto los miembros de mi equipo en Nueva Jersey despertaron, vieron que les había enviado decenas de correos, que hicieron que bajaran la velocidad, comenzaran a titubear en cuanto a lo que debían hacer y empezaran a buscar mi retroalimentación sobre cómo proceder. De inmediato hice que mis actividades en Australia fueran mucho más demandantes. Brillante, ¿verdad? Si lo piensas por un segundo, mi decisión fue inteligente; sólo imagíname. Ahí estaba yo, sentado en el centro del bufet, rodeado de abuelas australianas (a las que aparentemente les encanta frecuentar Miss Maud), vociferando órdenes y enviando mensajes de voz a mi equipo y, como resultado, poniendo en jaque a mi propia empresa.

Déjame ser claro con respecto a esto: yo nunca dije que fuera la herramienta más lista del lugar. Una herramienta, quizá. Está bien, una buena herramienta. Esto no se trataba de mi cerebro sino de mi ego. Se trataba de mi naturaleza humana. Puede ser que hayas experimentado una necesidad similar de seguir siendo relevante para tu negocio o para algún otro aspecto de tu vida. Tal vez cuando tus hijos se fueron a la universidad. Mi esposa y yo sí lo sentimos. De repente, una casa llena de caos se convirtió en un almacén vacío de "y ahora qué". Primero, cuando cruzan la puerta y se van, tienes la asombrosa sensación de "éste es el primer día del resto de mi vida". Luego, cuando llega la hora de la cena y no hay nadie gritando: "¿Qué hay de cenar, mamá?", te das cuenta de que no te necesitan y te quedas sin aliento. ¡Es doloroso! Así que tomas el teléfono y les llamas y mueves toda su organización en un esfuerzo por sentir que eres indispensable. Para entonces dos de mis hijos ya se habían ido a la universidad y tenía otro a punto de irse, así que mi ego no podía soportar perder a mi último hijo: mi negocio. Al tratar de volver a insertarme en la empresa estaba tratando de jalar de vuelta a la casa a mi "hijo adulto". No era bueno para el equipo y no era bueno para mí.

La verdad es que nuestros hijos nos siguen necesitando después de que se van a la universidad y nuestro equipo nos sigue necesitando cuando está dirigiendo solo el negocio. Sólo que nos necesitan de una *forma distinta*.

Lidiar con nuestro propio ego herido sólo es una de las formas en las que tú (y otras personas de tu empresa) pueden resistirse al proceso de optimización que he detallado en este libro. Cuando comienzas a implementar el sistema Clockwork puedes experimentar resistencia o negación por parte de tu equipo, tus socios, tus colegas, tus amigos y tus familiares... y de ti mismo. Espéralo. Planea a sabiendas de que sucederá. Y, sobre todo, sé paciente contigo y con los demás. El cambio es difícil, amigo. Somos seres humanos y nos caracterizamos precisamente por ser muy humanos.

Se siente al revés de como va a funcionar

La mayor ironía es que, aunque crear sistemas implica un trabajo duro, no es trabajo infructífero. No estarás escribiendo en el teclado todo el tiempo. No estarás en juntas todo el tiempo. No estarás ocupado. Estarás enfocado en el trabajo más difícil de todos: pensar.

Pensar en tu negocio (*Diseñar* tu negocio) requiere mucha energía y concentración. Así que, como somos seres humanos, el instinto natural es distraernos haciendo el trabajo. Puede ser que suene "loco" que hacer el trabajo duro sea más difícil que pensar, pero así es.

Como si tuvieras dos opciones: *1)* intenta cavar una zanja en 15 minutos o *2)* intenta resolver un cubo Rubik en 15 minutos. Para muchas personas, será más fácil terminar la zanja, aunque sea difícil físicamente. Como casi tenemos la garantía de ver un resultado con la zanja, muchas personas van a optar por eso. O puedes tratar de resolver el cubo Rubik durante unos minutos y sentir la frustración de que el estúpido cuadro amarillo del centro sigue estando en el mugriento otro lado que las demás estúpidas piezas amarillas. Así que aventamos el cubo al piso y corremos bajo la lluvia a cavar la zanja. Pensar requiere mucha energía, mucha paciencia y mucha concentración.

Además, cuando estamos "pensando" y "no haciendo", sentimos como que no estamos dando un gran beneficio a nuestro negocio, porque a menudo no obtenemos resultados inmediatos por pensar. Queremos la gratificación instantánea de palomear las tareas de la lista de pendientes, cumplir cuotas, proporcionar servicios, alcanzar una meta.

La verdad es que la persona dedicada a pensar está haciendo un trabajo *muy importante*. Incluso le dedicaron una estatua, *El Pensador*, porque se dio cuenta de que la meta no es hacer cosas, sino más bien pensar cómo se pueden hacer las cosas. Hacer las cosas no es la meta. La meta es lograr que la empresa haga las cosas. En vez de hacer el trabajo, necesita estar pensando en el trabajo y en cómo puede hacerse.

No te engañes creyendo que sólo porque estás ahí sentado con la cabeza apoyada en tu mano no estás trabajando. ¡Todo el mundo sabe que las mejores ideas surgen en la regadera! ¿Por qué? Porque no estás trabajando... no hay correos electrónicos, ni llamadas, ni nada de eso. Estás haciendo un trabajo muy importante: pensar. Ahora, cuando viajo, busco saunas, porque son como regaderas con esteroides (no puedo hacer nada ahí adentro... ni siquiera moverme). Sólo me siento a pensar y por ello en el sauna hago mi mejor trabajo.

¿Quieres saber cómo diseñar un negocio que funcione solo como relojito? Hazte preguntas poderosas y deja que tu mente trabaje en ellas. Y, recuerda, no porque estés desnudo quiere decir que no estás trabajando.

Resistencia de parte de los socios

No te imaginas la cantidad de veces que mi socio me dijo: "No estás haciendo lo suficiente por el negocio. Necesitamos que des más". Entiendo por qué Ron se sentía así. Él seguía estando atrapado en la mentalidad de "hacerlo todo". Todo es importante. Todo es esencial. Todo es urgente. Ron solía decir: "Tú ibas y venías de un lado a otro de la empresa. Nunca he visto a nadie trabajar tanto. Ahora casi nunca vienes", lo cual, como tú sabes, se debía a pasar de la fase de Dar acción a la fase de Diseñar, pero para el mundo exterior (o incluso para tu socio de negocios) puede parecer que abandonaste el negocio.

Ron tiene un corazón de oro. Lo admiro y sé lo mucho que se preocupa por nuestro negocio, por nuestros clientes y por nuestra misión de erradicar la pobreza empresarial. Él se toma todo muy en serio y quiere que todo el mundo tenga una experiencia extraordinaria. Es la persona en quien más confío en el mundo de los negocios.

Cuando comenzamos a optimizar la empresa Profit First Professionals, usamos una de nuestras juntas trimestrales para explicarles a todos los empleados lo que yo hago para servir al PAR y cómo ellos lo estaban apoyando. Expliqué que Profit First era un concepto que yo había creado ocho años antes de que el negocio siquiera existiera; lo había incluido en mi primer libro y luego lo amplié en un artículo que escribí para el *Wall Street Journal*. Fue el tiempo que tuve que trabajar en este concepto y mejorarlo lo que lo convirtió en realidad. Expliqué que ahora mi trabajo consistía en hacer movimientos estratégicos. Planear movimientos importantes. Difundir las ideas y encontrar a otros que pudieran difundirlas también. Cuando comencé la empresa, PFP, yo tenía que hacerlo todo; sólo éramos Ron y yo y los dos éramos necesarios para Dar acción. Ahora se me necesitaba para Diseñar.

Ron y yo nos reunimos en privado y le pedí más ayuda para quitarme responsabilidades. Él no estuvo feliz al respecto. Tuvimos muchas conversaciones difíciles y acaloradas en las que él afirmaba que yo necesitaba pasar más tiempo trabajando en el negocio y menos escribiendo y dando pláticas. Como dije antes, nuestro PAR es difundir el mensaje de erradicar la pobreza empresarial, así que lo que me estaba pidiendo no nos iba a ayudar a hacer crecer nuestro negocio, sino que de hecho lo iba a limitar. Pero para Ron, que estaba ocupado todo el día, todos los días, mi plan parecía contrario a toda lógica.

Su comprensible resistencia en contra de mis esfuerzos por hacer que PFP funcionara sin mí (y sin él) llegó al clímax cuando contratamos una nueva empleada, Billie Anne. Era buena con la tecnología, lo cual me encantaba, porque hasta ese punto yo era la única persona en la empresa que sabía de tecnología. Puesto que yo tenía más experiencia en este terreno que los otros empleados de tiempo completo juntos, era la elección obvia para dirigir el trabajo de desarrollo de aplicaciones, pero como estaba enfocada en servir al PAR y como todavía no me había retirado de administrar otros proyectos, sólo podía trabajar en nuestro proyecto de tecnología esporádicamente.

En ese entonces estábamos desarrollando un software que iba a ser esencial para los miembros de PFP. Yo había estado dirigiendo el proyecto durante cinco meses, pero sólo había logrado llegar al punto de que el software fuera funcional pero no utilizable. Todavía no estaba en el nivel que haría que nuestros miembros quisieran trabajar con él, lo cual se veía en el hecho de que, después de liberar la primera versión del software, seguían prefiriendo usar hojas de cálculo y papel.

Me reuní con Ron, lo actualicé en relación con el proyecto y le dije: "Quiero dejar esto en manos de Billie Anne. Ella puede manejarlo".

Ron insistía en que yo siguiera al frente. Me dijo: "Cuando tomas algo a tu cargo, Mike, es tu responsabilidad darle seguimiento hasta el final. Tienes que trabajar más. Haz un esfuerzo".

Lo que Ron estaba diciendo no era incorrecto. Era congruente con su experiencia, pero esa experiencia no era congruente con la eficiencia operativa sino con el enfoque de la fuerza bruta de "sé más productivo y ya". Yo le echo la culpa al lacrosse.

Cuando éramos jóvenes, Ron y yo estábamos en el mismo equipo de lacrosse en la preparatoria. Ron era mejor jugador que yo (y hace poco descubrí que lo sigue siendo, cuando me dio una lección en un juego organizado durante una reunión de ex alumnos que se celebró recientemente). Todos los miembros del equipo tienen que cargar su peso y a veces peso adicional. Ron conocía muy bien la regla de oro del lacrosse: cuando hay una baja de algún jugador, o cuando alguien no está jugando bien, los capitanes del equipo tienen que jugar con más fuerza. No buscas hacer menos, te pones las pilas y haces más y más y más. Por supuesto, un juego de lacrosse representa un esfuerzo muy breve. La duración total es de una hora. Un negocio es un maratón, ya que el tiempo completo del "juego" puede ser de años, décadas o toda una vida.

"No somos los jugadores del equipo de lacrosse, Ron —le dije—. Somos los dueños del equipo. Tenemos que actuar como los dueños y, dado que aún no hemos contratado entrenadores, tú necesitas desempeñar ese papel mientras yo sirvo a nuestro PAR. Necesitamos dirigir a nuestro equipo, a nuestros empleados, y darles la estrategia para ganar. Estamos en el terreno de juego en este momento."

Creo que escuchaba lo que le estaba diciendo, pero no tenía ningún sentido para él. Esa reunión no terminó bien. Así que, por respeto a Ron, me mantuve como líder del proyecto de tecnología. Pero lo que hice fue llevar a cabo una prueba, con el permiso de Ron. Le pedí a Billie Anne que me ayudara con una parte muy pequeña del proyecto y ella lo hizo excelentemente y no tardó ni un segundo. Luego regresé con Ron, le dije que Billie Ann me había ayudado con una parte y le mostré los resultados.

Ron dijo: "¡Vaya! Es muy rápida. Hay que hacerlo otra vez", y accedió a que Billie Ann asumiera cada vez más tareas. Ahora ella es la líder del proyecto. En el transcurso de tres semanas, convencí a Ron, mostrándole los resultados de Billie Ann, de que sería mejor que yo me retirara del proyecto. Lo más importante es que él se convenció de que era lo mejor. Ron es listo y está ávido de aprender, pero, al igual que tú y yo, se siente cómodo con lo que le resulta familiar. Trabajaba más que ningún otro jugador de lacrosse en el terreno de juego, incluido yo. Trabajaba más que cualquiera de sus colegas, de ahí su éxito, pero ahora tenía que dejar ir la zona de confort de trabajar mucho y comenzar a apoyar el trabajo coreografiado. A veces, tu mayor resistencia, si no proviene de ti, vendrá de tus socios de negocio o de tu equipo ejecutivo. Son seres humanos y necesitan orientación con el cambio. Da pequeños pasos hacia la eficiencia organizacional y demuestra mediante pruebas que todos los miembros de tu equipo ejecutivo necesitan pasar de la fase de Dar acción a la de Diseñar.

Ahora, como no estoy trabajando en el proyecto de software, tengo tiempo para reunirme con socios internacionales y negociar contratos internacionales para PFP. Bajo el liderazgo de Femke Hogema, abrimos una nueva sede en los Países Bajos y reunimos a 30 miembros con muy poco esfuerzo. Luego lanzamos una sede en Australia con Laura Elkaslassy y ella ya está demostrando que puede servir a la comunidad (y hacer crecer nuestra empresa) de maneras extraordinarias. ¿Qué nos espera? México o Japón o algún otro lugar. Están trabajando, pero el PAR siempre es la prioridad.

Te vas a sentir desafiado por socios que siguen actuando como capitanes de equipos, no como asesores o dueños de un negocio. No es que estén equivocados o sean malos. Es que están haciendo lo que siempre han hecho. Trabaja con tus socios. Habla con ellos una y otra vez hasta que logren ver los beneficios de la eficiencia organizacional.

Hice un rápido viaje de un día a Chicago y me reuní con Rich Manders, un amigo de hace mucho tiempo. Su empresa, Freescale Coaching, ha tenido tanto éxito en dar eficiencia, crecimiento y rentabilidad a diversas empresas que sus prospectos de clientes están haciendo depósitos de 10 000 dólares para tener el privilegio de tener su servicio de asesoría en un año o más a partir de ahora. Sí, así de bueno es.

Mientras íbamos caminando por la avenida Michigan para ir a una junta grupal, le pregunté a Rich: "Con todo el éxito que has tenido ayudando a empresas a crecer, ¿cuál dirías que es el obstáculo más común y el más grande que los negocios necesitan superar?" Esperaba que me respondiera que se trataba de algo relacionado con la mezcla de finanzas, mercadotecnia o productos.

Rich me miró y dijo: "Fácil. Siempre se trata de una falta de comunicación y de claridad entre el equipo ejecutivo. Siempre".

El sistema Clockwork no es sólo para ti. Es un sistema para toda tu empresa. Todos necesitan saberlo. Todos necesitan estar en la misma página. Todos necesitan comenzar a transferir el liderazgo de la etapa de Dar acción a la de Diseñar.

Resistencia de parte del resto de la gente

A medida que te muevas hacia la etapa de Diseño y cambies tu negocio para contar con la Mezcla de 4D óptima, es probable que tengas resistencia de otras personas: tu personal, tus vendedores, tus accionistas (si los tienes) e incluso tus clientes. Es más fácil lidiar con la resistencia de parte de esos grupos que con la de los socios porque, al final, tú estás a cargo; no estás compartiendo las decisiones con alguien que tiene la misma autoridad para tomarlas que tú.

La resistencia no significa que estés en el camino incorrecto, ni que tengas que acabar con los conflictos que se presentan sin pensarlo dos veces. Espera encontrar resistencia a lo largo del camino y haz un plan para tener una estrategia anticipadamente. Esto te ayudará a manejarlo. Al final, la resistencia viene de un lugar de miedo e inseguridad. La comunicación clara hace mucho por mitigar algunos de esos sentimientos y también resulta muy útil manejar las expectativas, escuchar preguntas y preocupaciones y tranquilizar a la gente.

Algunas personas tienen ideas firmes con respecto a las tradiciones, el legado y la cultura empresarial. Escuchar su retroalimentación te ayudará a hacer la transición hacia un negocio que funciona solo de una manera suave y exitosa. Después de todo, no puedes prever todos los errores o los giros equivocados, pero las personas que hacen negocios contigo, sin lugar a dudas, pueden ayudarte a identificarlos.

Cuando Ruth Soukup, de la empresa Living Well Spending Less, comenzó a trabajar con Adrienne Dorison para hacer que su negocio funcionara solo, ella identificó que el PAR de su empresa era el diseño de productos. Su empresa se dedica a crear productos que ayudan a las mujeres a simplificar sus vidas y el crecimiento de su negocio depende de mejorar esos productos y crear nuevos.

Ruth es la principal persona que sirve al PAR de su empresa. Es autora de un libro considerado un éxito de ventas por *The New York Times*: *Living Well, Spending Less*, y crea organizadores y otras herramientas muy útiles. No te sorprenderá saber que Ruth descubrió que estaba usando demasiadas camisetas y que necesitaba dejar que su personal realizara una parte de sus labores. Ella y Adrienne fijaron la meta de liberar tres "días de cafetería" a la semana, es decir, tiempo en que Ruth podía enfocarse en diseñar y expandir su visión de la empresa. Pronto resultó claro que, para cumplir con ésta y otras metas, tenía que sumar gente al equipo. Ruth contrató a un nuevo gerente de mercadotecnia y a un nuevo director creativo, que ayudaron enormemente.

Como Ruth le dijo a Adrienne: "Concederme tres días de 'tiempo enfocado' ha forzado a cada departamento a ajustarse para apoyar esa meta. Llevan un registro de las veces en que cumplo con la meta, que es una de sus métricas. Aún no lo logramos del todo, pero estamos en camino de hacerlo. Todo el mundo está trabajando bien en conjunto y están saliendo al quite para hacer lo que hace falta".

Ruth prosiguió a explicar que, por primera vez en la historia de su empresa, no está estresada durante el lanzamiento de un producto. Como comenzó a aplicar el sistema Clockwork a su negocio, ha tenido una rotación de empleados de cero.

Ruth también atendió la forma en que su equipo manejaba el conflicto y puso en vigor un sistema para conocer sus preocupaciones y encontrar soluciones. Por ejemplo, hasta entonces, Ruth había sido la única persona enfocada en los ingresos y el flujo de efectivo. Cuando le puso a su equipo la tarea de cumplir metas de ingreso específicas, en un inicio se topó con cierta resistencia. No era que no quisieran enfocarse en los ingresos, sino que se trataba de una nueva forma de considerar sus papeles dentro de la empresa.

"No te puedo ni contar lo sorprendente que es —añadió Ruth—. Cuando comenzamos este proceso, nuestro cuarto trimestre fue horrible. Acabábamos de sumar a muchas personas y tuvimos dos meses con mal desempeño. Mi equipo se me acercó y me tranquilizó diciéndome que estábamos haciendo lo correcto; me pidieron que confiara en que podían manejarlo. Ellos tomaron las riendas, crearon un nuevo producto en cuatro días y la hicieron en grande."

Con el equipo apoyando las metas y las soluciones específicas de Ruth, el siguiente trimestre la empresa rompió récord de ganancias. Ruth me dijo lo siguiente: "Cuanto más veo sus esfuerzos, más estoy dispuesta a confiar en mi equipo. Estoy muy agradecida de que luchen por aquello en lo que creen, por el margen y por mí, porque saben que es importante".

* * *

A medida que tu negocio comience a funcionar como un maravilloso relojito, encontrarás resistencia de las personas más obvias: tu personal y tus socios, pero también de parte de personas de quienes no te lo esperas. Tu familia puede cuestionar tu nueva libertad y expresar preocupación sobre potenciales problemas de flujo de efectivo. Tal vez tus colegas se pregunten por qué colgaste tu placa de adicto al trabajo y te cuestionen sobre tu nueva forma de dirigir tu negocio. Sin importar quién se muestre reticente con respecto a tu forma de dirigir tu negocio, recuerda que ellos, como tú, son sólo seres humanos. Ya lo entenderán. Y tú también. Para muestra basta un botón, como dice el dicho: un negocio rentable que funciona como relojito.

El sistema Clockwork en acción

Comienza a entablar conversaciones activas sobre la visión y los planes que tienes para tu negocio. Habla con tus socios y escúchalos, así como a tus colegas, vendedores, clientes y familiares. Un diálogo abierto y activo engrasa muchas ruedas para lograr la transición hacia un negocio que funciona solo. La acción lo es todo, así que comienza la conversación ahora mismo. O, mejor aún, en lugar de interrumpir a la gente que te rodea, da el paso de ponerlo en tu agenda y en la suya.

Capítulo 10

Las vacaciones de cuatro semanas

"En dos años a partir de ahora, mi familia y yo estaremos viviendo en Italia. Vamos a estar tomando *limoncello* desde el balcón de nuestro departamento con vista a Roma."

Cuando Greg Redington hizo ese anuncio frente a un grupo indiferente de personas que, como solíamos hacer antes de una junta de empresarios, nos estábamos poniendo al día sobre nuestras vidas personales, captó la atención de todo el mundo. No era lo que esperábamos escuchar. Cuando alguien preguntaba: "¿Tienen algo bueno que contar?", las respuestas típicas por lo general eran una de las siguientes tres: "No, nada nuevo", "Todo en orden" o "Tengo un dolor muy raro en mi [llena el espacio en blanco]". ¿Pero Italia? ¿De dónde demonios había salido eso?

Al principio pensamos que Greg bromeaba, que estaba haciendo un comentario al aire. Cuando nos dimos cuenta de que hablaba en serio, nos quedamos mudos.

"Greg, ¿estás hablando de Italia, Italia? ¿El país con forma de bota? ¿O estás hablando del nuevo barrio italiano que se está formando cerca de donde vives?", le pregunté, todavía confundido de que pensara abandonar su próspero negocio en Nueva Jersey para mudarse a otro país de manera permanente. O por lo menos lo bastante permanente como para declarar que Roma sería su nuevo hogar y el Panteón su lugar favorito para comprar el café de la mañana.

Greg es el fundador de REDCOM Design & Construction, una empresa dedicada a la construcción comercial para el área de Nueva

York y Nueva Jersey. Había logrado que su negocio creciera para convertirse en una empresa importante, con ingresos de 25 millones de dólares al año. Disfrutaba su trabajo enormemente, pero el negocio seguía dependiendo de él. Greg quería más de la vida y más tiempo en su vida. Quería liberarse de servir al PAR.

El don de Greg es la meticulosidad. Lo ves en su forma de vestir, en cómo tiene su casa y hasta en su manera de caminar. Es específico. Es detallado. Es preciso. REDCOM ha creado su reputación con base en esa meticulosidad. En un ramo en el que los errores de construcción, tener que rehacer las cosas y hacer cambios al vuelo son lugares comunes, REDCOM hace bien el proyecto desde el principio hasta el final. Construye estructuras magníficas de una manera perfecta... Ya sabes, como el Panteón, pero en Nueva Jersey. Pero, hasta ese punto, Greg era quien servía al PAR. Como paso final del diseño de su negocio para que funcionara solo tenía que hacerse a un lado de atender el PAR. Y quería hacerlo en grande, volviendo realidad un sueño que tenía desde mucho tiempo atrás.

Cuando mis colegas empresarios animaron a Greg para que diera más detalles, él explicó que quería mudar a su familia a Roma, Italia, durante un año. Para hacerlo, estaba comprometido con la etapa final de establecer un "negocio Clockwork". Se hizo a un lado del negocio, al punto en que éste tuvo que continuar solo. Y el resultado fue asombroso. Greg regresó de Italia después de dos años a un negocio que había duplicado su tamaño, con ingresos anuales de 50 millones de dólares y el doble de personal.

Hacia allá es hacia donde me estoy dirigiendo y es hacia donde te invito a dirigirte. No la cifra, sino la libertad de poder dejar tu negocio y que éste siga adelante. Ya has hecho avances significativos en esa dirección. Has pasado por el proceso de siete pasos y, espero, ya has comenzado a ver mejoras en la eficiencia de tu negocio. Has calmado tu mente y has desarrollado sistemas. Mira, nada más por haber leído completo este libro, ya estás más adelante que muchos empresarios. Es momento de agendar tus vacaciones de cuatro semanas.

Puedes hacerlo. Te lo prometo. Y, claro, quizá algunas personas pensarán que estás bromeando cuando les cuentes tu plan. Tal vez tus amigos muestren resistencia, pero puede ser que estén celosos porque, por la razón que sea, ellos no pueden tomarse cuatro semanas de vacaciones. Tal vez tu familia muestre una enorme resistencia, pues se sienta nerviosa por el dinero. Y tal vez (borra eso... *seguramente*) tendrás resistencia de tus colegas, que no creerán que el dueño de un negocio puede ni merece cuatro semanas de vacaciones. Está bien. En mi experiencia, la resistencia de los demás por lo general es una seña de que estás haciendo algo que desafía la mentalidad previamente programada como de dron que considera que las cosas necesitan hacerse de la misma forma que siempre. Por supuesto, querrás atender las preocupaciones que tiene tu familia con respecto al dinero de modo que puedan disfrutar las vacaciones (este... lee mi libro *La ganancia es primero*), pero ignora lo demás. Has puesto en marcha el sistema y ahora vas a cosechar las recompensas.

Incluso si lo único que haces en tus cuatro semanas libres es sentarte en el jardín a ver las ardillas, tú y tu negocio estarán mejor gracias a eso. Después de todo, si tu negocio puede seguir adelante —e incluso experimentar crecimiento— sin que tú estés en el escenario, imagina lo fácil que será que lo administres cuando vuelvas. (La respuesta es muchísimo más fácil. Del cielo a la tierra.)

Tampoco necesitas dejar atrás las vacaciones. Greg no lo hizo. Después de dos años de vivir en Roma, le resultó difícil irse de Italia. Así que, cuando regresó a su empresa, se aseguró de llevar un poco de Italia con él. No, no me refiero a un *limoncello*. Greg se llevó un Fiat 500. El célebre auto pequeño está estacionado en el "hangar" de su oficina para que todos lo vean y para dar paseos cortos. En los días cálidos de primavera, Greg sale a pasear. No por toda la ciudad, por supuesto, sólo por el barrio de Little Italy.

¿Y qué hay de trabajar en su negocio? ¿Greg se sintió feliz de regresar a servir al PAR? De hecho, sí. Ése es el poder del sistema Clockwork. Esto significa que quedas en libertad de hacer lo que haga saltar tu corazón. A Greg le encanta dirigir proyectos de construcción detallados. Cuando regresó de su sueño de haber vivido en Italia, sólo se dedicó a hacer el trabajo que le gusta. Ya no entra al quite para "arreglar las cosas". La empresa está funcionando bien sola y él es libre de hacer el trabajo que hace mejor y que más ama. Y los resultados son aún más maravillosos.

¿Por qué unas vacaciones de cuatro semanas?

La mayoría de los negocios cumple un ciclo de negocios completo en cuatro semanas. Esto significa que la mayoría tiene una actividad que recorre las cuatro etapas ACER del negocio: Atraer, Convertir, Entregar y Reunir. Si analizas tu negocio en el mes pasado, es probable que se hayan hecho algunos esfuerzos por atraer clientes. Tal vez un cliente te hizo una recomendación o pusiste un anuncio o hablaste en una convención o enviaste una avalancha de correos electrónicos o tuviste visitantes en tu página de internet o una combinación de todos los anteriores. También es probable que en las pasadas cuatro semanas tu negocio haya hecho esfuerzos por convertir en clientes a los prospectos. Tal vez hiciste llamadas de ventas o tu sitio de internet tuvo activa una promoción de "compre ahora" o se hizo una campaña de correos electrónicos automática en busca de ventas. En pocas palabras, intentaste (y espero que lo hayas logrado) convencer a alguien de que te compre.

En las pasadas cuatro semanas es probable que hayas trabajado en algún proyecto para un cliente o creado un producto o enviado mercancías; a solicitud de un cliente, trataste de entregar algo en parte o en su totalidad. Y a lo largo de las últimas cuatro semanas, administraste el flujo de efectivo; probablemente pagaste algo de dinero y (espero) cobraste algo más.

En un ciclo de cuatro semanas, la mayoría de los negocios también experimenta problemas o desafíos internos, grandes o pequeños: un conflicto interpersonal en tu equipo, una epidemia de gripa, un problema con la tecnología; a alguien se le olvidó hacer algo o alguien recordó hacer algo, pero era algo equivocado. Y durante esas cuatro semanas, probablemente también vas a lidiar con problemas externos, como clientes descontentos o el lanzamiento de un nuevo producto de la competencia o un error del banco o un vendedor que no pudo cumplir una promesa.

Cuando te retiras de tu negocio durante cuatro semanas, es probable que suceda la gran mayoría de las cosas que los negocios enfrentan a diario, así que debes encontrar una manera de que el trabajo se realice y los problemas se resuelvan en tu ausencia. Cuando te vas sólo por unos días el negocio a menudo puede confiar en que resolverás los problemas cuando vuelvas. Pero si te vas cuatro semanas, el negocio se ve obligado a sostenerse. Y cuando un negocio se puede sostener durante cuatro semanas, sabes que has logrado tener un "negocio Clockwork". Puedes poner el sello certificado de aprobación "Clockwork" en la puerta de tu empresa y ahora tienes la libertad de irte, si quieres para siempre.

Así que vas a poner a prueba tu negocio y a salir de tu oficina rumbo a donde quieras estar. Tal vez sea tomando *limoncello* con Greg y su esposa. O tal vez prefieras pasar un mes con algún amigo. Sin importar lo que desees hacer con tu tiempo libre, o a dónde vayas, necesitamos sacarte de la oficina tanto física como virtualmente. Necesitamos que estés fuera, sin que tu equipo pueda contactarte.

Vete de vacaciones de verdad

Durante años pensé cómo dejar de lado mis negocios. Sin importar si yo estaba haciendo el trabajo, tomando decisiones por otros con respecto al trabajo, delegándolo o diseñándolo, siempre me sentí atrapado en el negocio. Estaba seguro de que "tenía que estar ahí". Como compartí en el capítulo 1, aun en las pocas ocasiones en que tomé vacaciones, realmente no "vacacionaba". Quizá me había ido físicamente, pero seguía conectado. Me comunicaba con la oficina

244 | EL SISTEMA CLOCKWORK

varias veces al día. Revisaba mi correo electrónico constantemente. Me "escabullía" para llamar por teléfono a los clientes, escribir propuestas y trabajar. Luego, un día, por accidente encontré cómo tomarme unas vacaciones *reales*, unas vacaciones que de verdad me desconectaran del negocio para que éste pudiera seguir adelante solo. Me fui a Maine.

Hay muchos lugares que visitar en Maine que te permitirán seguir conectado con tu negocio. Sin embargo, el lugar que elegimos visitar no tanto. Reservé unas vacaciones en un campamento todo incluido en la región de los lagos y las montañas de Maine, llamado Campamento Grant's Kenebago. Logré encajar el plan de vacaciones en mi saturada agenda y, en mi prisa, no evalué por completo la página de internet del campamento. Vi la parte de "todas las comidas incluidas". Vi el hermoso lago. Vi fotografías de familias en bote y divirtiéndose, todos con enormes sonrisas dibujadas en el rostro.

Lo que escapó a mi atención fue que, en esas fotos, mamá, papá y los hijos estaban usando ropa de camuflaje.

Cuando llegamos al campamento, muy pronto nos dimos cuenta de que había reservado unas vacaciones en un campamento dedicado a la pesca y la cacería. Y la única parte "familiar" del campamento era que los campistas estaban cazando familias de venados.

Estábamos totalmente desconectados del mundo exterior: sin celular, ni televisión, ni nada. La única estación de radio que pudimos sintonizar estaba transmitiendo desde Canadá... en francés. Yo había tomado clases de español en la preparatoria, así que... *no hablo francés.**

El primer día fue una desintoxicación de la conexión constante. *¿El negocio se morirá sin mí?* El segundo día comencé a darme cuenta de mis opciones. *Podía ir al pueblo todos los días para revisar cómo iban las cosas.* El pueblo más cercano estaba a una hora de distancia y yo en serio estaba contemplando la posibilidad de

---

* En español en el original. [*N. de la T.*]

manejar durante dos horas al día para revisar cómo iba el trabajo. *O simple y sencillamente podía disfrutar de ese tiempo con mi familia. Todo el tiempo.* Para el tercer día estaba en paz y disfruté mucho las vacaciones.

Estoy seguro de que no te sorprende, pero el negocio no murió. ¿Mi equipo tuvo problemas? Claro que sí. ¿Los arreglaron solos? Algunos, sí. En cuanto a los que no pudieron resolver, ganaron tiempo de modo que yo los pudiera resolver a mi regreso. Hicieron un estupendo trabajo para cumplir con las expectativas de los clientes, lo cual significaba que, aunque tuvieron problemas, los clientes sabían que sus problemas estaban siendo atendidos.

Terminamos divirtiéndonos como nunca. Nos subimos a rocas, hicimos caminatas y anduvimos en bote por el lago. ¡Vimos gansos y alces! Las vacaciones fueron tan poderosas que en ese momento y en ese lugar declaramos que nuestra mascota familiar sería el alce. Es poderoso y sereno, aunque la impresión que da a primera vista es que es un poco torpe, lo cual, en cierta medida, representa nuestro credo familiar.

Hoy, al reflexionar sobre esas vacaciones que definieron mi vida, las recuerdo con gran alegría. Incluyendo las historias del "ataque de murciélagos" y el "asalto de sanguijuelas" que con mucho gusto Krista y yo te podemos contar en una cena. Recordamos cada uno de los detalles de esas historias y más. ¿El trabajo que me perdí? No recuerdo nada al respecto. De hecho no puedo recordar una sola iniciativa de negocios que tuviera en ese momento.

Mientras escribo este libro estoy planeando mis vacaciones de cuatro semanas y en lo que más pienso es en cómo garantizar el estar desconectado. Necesito protegerme de mi propia debilidad de encontrar excusas para "revisar" el trabajo y arruinar la prueba. Cuando pienses a dónde quieres ir de vacaciones y qué quieres experimentar, toma en cuenta qué tan desconectado quieres estar. ¿Recuerdas mi historia de la primera vez que fui a Australia? Estaba en una zona horaria completamente diferente que la de mi equipo, así que me sentía desconectado por completo, aunque tenía correo electrónico, podía mandar mensajes y hacer videollamadas. Y vaya que usé esa tecnología para arruinar las cosas y molestar a mi equipo. ¿Necesitarás obligarte a desconectarte al elegir un lugar con opciones limitadas para revisar cómo va el trabajo? Tal vez. Sin lugar a dudas, ayuda. Recuerda, no estás tomando estas vacaciones como un descanso necesario de tu negocio, sino que, más bien, le estás dando a tu negocio un descanso necesario de ti.

Diseña tus vacaciones en torno al tipo de experiencia que tú y tus seres queridos quisieran tener, con la intención de estar desconectado. La combinación entre disfrutar de no tener la mente puesta en el negocio y la incapacidad de conectarte te protegerán de caer en la tentación de "revisar cómo van las cosas" y arruinarlo todo.

La meta detrás de planear tus vacaciones de cuatro semanas es liberarte de tu negocio de modo que pueda aprender a funcionar sin ti. Ése es el paso final de la operación quirúrgica que te separa de tu gemelo, tu negocio. Y es una prueba para asegurar que tanto tú como tu negocio pueden vivir el uno sin el otro. Si este ejercicio fuera el empaque de un medicamento, la etiqueta de advertencia diría: "Usted puede recuperar su vida".

Necesitas dar estos pasos ahora, incluso si en tu negocio sólo estás tú, porque hasta los negocios de una sola persona pueden encontrar formas de lograr al menos independencia parcial del dueño con respecto a Dar acción en todo. Puedes automatizar procesos y entregables. La tecnología existe y las personas a quienes puedes subcontratar están allá afuera para inyectar una enorme dosis de independencia a un negocio del tamaño que sea.

Las vacaciones de cuatro semanas están diseñadas para el dueño del negocio. Tú eres el que necesita estar en libertad. Y si deseas llevar tu negocio al más alto nivel de Clockwork (donde navega solo con toda tranquilidad), también puedes dar a tu personal unas vacaciones de cuatro semanas. Mi asistente, Kelsey, se va a tomar un sabático de tres meses el mismo año en que yo voy a tomar mis cuatro semanas de vacaciones y tenemos proyectado el año de mejor desempeño del negocio.

Las vacaciones de cuatro semanas no necesitan ser algo extravagante. Puedes hacerlas donde quieras y con el presupuesto que tengas. Sólo necesitas alcanzar ciertas metas:

1. Desconectarte físicamente de la oficina.
2. Desconectarte virtualmente de la oficina. Hay una forma de hacer esto, incluso si hay señal de celular y Wi-Fi donde estés.
3. Dejar que el negocio funcione todo ese tiempo sin que tú te conectes. Puedes ir a Maine (es maravilloso) o a la casa de tu suegra (aunque no esté al mismo nivel que Maine). Pero hay una manera de hacer esto amigable para tu presupuesto. Tu negocio necesita que hagas esto para que pueda crecer. *Tú* necesitas esto para que puedas crecer.

Operación Vacaciones

Al planear tus vacaciones de cuatro semanas comienza por elegir una fecha que sea dentro de 18 o 24 meses a partir de hoy. Sí, puedes hacerlo más rápido e irte en seis meses. O súper rápido e irte mañana. Pero es probable que no tengas el tiempo suficiente para prepararte. Si planeas tus vacaciones de cuatro semanas con más de un año de anticipación, tendrás la oportunidad de vivir y trabajar esas mismas cuatro semanas del calendario, lo cual es crucial para una planeación efectiva.

Una vez que te comprometas con tus vacaciones, es probable que notes un cambio inmediato en tu manera de pensar. Primero tendrás el momento "¡Dios mío! Pero qué hice". Es normal. Lo superarás en 24 horas. Luego notarás que tu foco ya no va a estar puesto a corto plazo o en lo que es urgente en este momento. Pensamientos como "¿Cómo hago para sobrevivir este día?" se convertirán en "¿Cómo hago para que esto suceda sin mí?" "¿Qué se necesita cambiar para que este aspecto de mi negocio pueda funcionar sin que dependa de mí?"

Para hacer tu vida más fácil he dividido en pasos las tareas que necesitas llevar a cabo. Esto te ayudará a mantenerte en rumbo para que sí te vayas a Roma o a Maine o a Roma en Maine (sí, de hecho, existe) o a donde quieras estar durante 28 días.

Dieciocho meses antes
Decláralo

1. Pon las fechas de tus vacaciones en un calendario. Bloquea esos días. Hazlo *ahora*, mientras lees esto. No lo postergues. Tu libertad y el éxito de tu empresa dependen de ello.
2. Dile a tu familia, a tus seres queridos, a la gente que hará que cumplas tus vacaciones, ¡en especial si te van a acompañar! Ellos te obligarán a seguir adelante con lo planeado.
3. Luego decláramelo a mí. Si aún no lo has hecho, mándame un correo a Mike@OperationVacation.me, diciéndome que estás comprometido a tomarte cuatro semanas de vacaciones. Para asegurarte de que lo veré, en el asunto escribe: "Mi compromiso Clockwork".

Dieciséis meses antes
Haz un análisis de tiempo

1. Lleva a cabo un "Análisis de tiempo" de tu trabajo. Como mínimo, completa tú mismo todos los demás ejercicios de Clockwork.

Catorce meses antes
Díselo a tu equipo

1. Cuéntale a tu equipo tu compromiso con las vacaciones de cuatro semanas. Explícales por qué lo vas a hacer y cuál es el

resultado que esperas obtener. Explica cuál será el beneficio para el negocio y para ellos.

2. Invítalos a hacer preguntas y a compartir sus preocupaciones. Empodéralos para lograr el resultado (¿recuerdas la fase de Delegar para el crecimiento del negocio?).

3. Pídeles apoyo para lograr que esto suceda. Déjales claro que no estás esperando que trabajen más, ni que hagan que la gente que quiere hablar contigo mientras no estás espere o sea disuadida. Diles que la meta es automatizar el negocio lo más posible. Y la meta es nunca postergar ni retrasar, porque eso no resuelve los problemas. La meta es que los problemas sean atendidos o resueltos sin ti.

   a) Si me permites la sugerencia, dale a cada uno un ejemplar de *El sistema Clockwork* para que lo lea. De esa manera, tratarán de proceder de adentro hacia afuera.

4. Establece una mejor comunicación entre los miembros del equipo.

   a) Ten una línea de responsabilidad clara para cada papel que hay en el negocio (quién es la persona responsable de que el trabajo se haga y que se haga bien) y ten una persona de respaldo para cada papel por si la primera persona falla.

   b) Haz un *team back* diario. Puedes hacerlo en persona o de manera virtual, pero es algo indispensable. Revisa las métricas de desempeño clave de la empresa. Haz que cada persona comparta qué fue lo más importante que logró el día anterior y luego que compartan qué es lo más importante que están haciendo hoy y por qué es importante. Luego, reconoce el trabajo de otros empleados y comparte algo tú también. En Clockwork.life está disponible una grabación de uno de los *team backs* diarios de mi empresa.

Doce meses antes
Comienza a reducir tus acciones

1. Ten una junta con tu equipo para determinar qué se necesita para que no estés Dando acción. Elabora un plan de acción para eliminar, transferir y recortar todas tus acciones, incluyendo el trabajo del PAR.
2. Ahora que han tenido dos meses para leer el libro *El sistema Clockwork*, coméntalo con ellos.
3. Si no lo has hecho ya, haz que tu equipo lleve a cabo todos los ejercicios del libro.
4. En los siguientes dos meses, comprométete a recortar tu carga de trabajo de acciones para que represente menos de 80% de tu tiempo. Elimina, transfiere y recorta. Puede ser que ya estés por debajo de 80% y eso es maravilloso. Si ése es el caso, intenta reducir otro 10% de las acciones que tú llevas a cabo y destina ese tiempo a Diseñar.
5. Comprométete a nombrar sustitutos para atender el PAR de modo que tú no seas el único que lo atienda.
6. Visualiza tus vacaciones de cuatro semanas y cómo afectarán tu negocio. ¿Qué prevés que se presentará cuando estés lejos? ¿Qué tan bien funcionará tu negocio sin ti?
7. Si aún no lo has hecho, prepara tus vacaciones: haz reservaciones, deposita anticipos, compra boletos, es decir, haz todo lo necesario para tener un compromiso total. ¡Ahora sí no hay vuelta atrás, amigo!
8. También puedes obtener ayuda profesional con la eficiencia organizacional. Del mismo modo en que hay gente que se une a un gimnasio y se ejercita por voluntad propia, otros consiguen un éxito mucho mayor cuando tienen la guía (y la responsabilidad) de un entrenador. Puedes ir a RunLikeClockwork.com para conseguir un "entrenador" que te guíe para que tu negocio funcione, ya sabes, como relojito.

Diez meses antes
Elimina aún más cosas

1. Realiza un "Análisis de tiempo" en tus tareas. Confirma que estés haciendo 80% o menos.
2. Reúnete con tu equipo para reducir a menos de 40% el tiempo que dedicas a Dar acción. Destina el tiempo que liberes para Diseñar lo más posible.

Ocho meses antes
Mide el progreso y crea respaldos

1. Realiza una vez más un "Análisis de tiempo" en tus tareas. Confirma que menos de 40% de tu tiempo se destina a Dar acción.
2. Comprométete con lograr que el tiempo que destinas a Dar acción sea de 0% en los siguientes 60 días.
3. Reúnete con tu equipo para planear y evaluar el progreso.
4. Identifica respaldos y redundancias de todos los miembros de tu equipo.

Seis meses antes
Realiza una prueba

1. Haz la prueba de tomarte una semana de vacaciones. Sal de la ciudad y vete a un lugar donde no haya conexión a internet o desconéctate virtualmente y quédate en casa. Sólo no vayas a la oficina ni te conectes de manera remota.
2. Haz una junta general el primer día que regreses. Revisa qué funcionó y qué no. Haz mejoras y arregla lo que haga falta.
3. Confirma los planes para tus vacaciones de cuatro semanas.

4. En los siguientes dos meses, comprométete con reducir el tiempo que destinas a Dar acción y a Delegar para que represente 5% y el Diseño 95 por ciento.

Cuatro meses antes
Realiza más pruebas

1. Semana 1: realiza otra prueba tomándote una semana de vacaciones. No te conectes en siete días.
2. Semana 2: regresa por una semana. Reúnete con tu equipo para que te ponga al corriente y arregla los obstáculos para tus cuatro semanas de vacaciones.
3. Semana 3: realiza otra prueba tomándote una semana de vacaciones. No te conectes.
4. Semana 4: reúnete de nuevo para revisar y resolver.

Dos meses antes
Planea una desconexión completa

1. Realiza otro "Análisis de tiempo" en tus tareas. Confirma que estás destinando 0% de tiempo a Dar acción. Si no, establece un plan para lograrlo de inmediato.
2. Planea desconectarte por completo de tu equipo. ¿Quién será responsable de monitorear tu correo electrónico, redes sociales y otras plataformas de comunicación? Cuando te vayas, tendrán que cambiar las contraseñas y no dártelas hasta que regreses. De esa forma ellos pueden administrarlas y tú no tendrás acceso. Dos pájaros de un solo tiro.
3. ¿Quién tendrá tu celular? Si vas a estar en un lugar en específico, dale a tu equipo un número fijo donde pueda localizarte. O puedes comprar un celular prepagado para emergencias en esas cuatro semanas.

4. ¿Quién tendrá tu itinerario de modo que si se presenta una verdadera emergencia sepa dónde estás y cómo contactarte? Esto es en caso de muerte... personal o del negocio.

5. Comprométete a que 99% de tu tiempo esté dedicado a Diseñar. No existe un 100% dedicado a Diseñar porque, al final, tendrás que compartir tus ideas con tu equipo y pedirle su opinión, Delegando y Decidiendo por los demás. Pero la meta es que ese tiempo sea mínimo.

Un mes antes
Actúa como observador

1. Actúa como observador de tu negocio. Sé duro contigo mismo. Asegúrate de que no estás Dando acción ni Decidiendo.

2. Delega los resultados de cualquier trabajo restante.

3. Permite que el tiempo dedicado a Diseñar se presente de manera natural en las cuatro semanas de vacaciones. La meta de las cuatro semanas es poner a prueba tu negocio y garantizar que puede estar libre de ti. Eres empresario, lo cual significa que, aunque te estés desconectando de las operaciones diarias del negocio, durante el viaje destinarás tiempo a Diseñar. ¡No podemos evitarlo! Para prepararte, reúne las pocas herramientas que ayudan a que el tiempo dedicado a Diseñar sea productivo cuando se presente. Visita tu tienda favorita de artículos de oficina o métete a internet y compra una pequeña libreta de notas y una pluma que te quepa en el bolsillo (miniatura o plegable). Cuando te sientas inspirado, puedes usar esas herramientas para capturar tus ideas.

4. Busca cualquier cabo suelto que necesites atar. Pero no los ates; sólo documenta que tienes cabos sueltos. Es un problema, porque un cabo suelto es algo que no fue eliminado, transferido ni recortado. Da esos cabos sueltos a alguien más.

5. Motiva a la persona que te acompañará en las vacaciones de cuatro semanas. ¡Ya sólo faltan cuatro semanas para tus cuatro semanas!

Una semana antes
Tómate unas vacaciones en el trabajo

1. Por así decirlo, tómate unas vacaciones en la oficina. La meta aquí es no tener que hacer ningún trabajo correspondiente a Dar acción. No deberías tener una fecha límite para nada, salvo para cosas que tú te hayas impuesto. Aquí es donde has pasado a enfocarte en lo que es importante y no en lo que es urgente. De hecho, en este punto ni siquiera deberías estar al tanto de lo que es urgente. Tu equipo debería estar manejando todo, excepto las emergencias más graves.
2. Si todavía te queda trabajo que no sea de Diseño, Delégaselo a tu equipo. Esto incluye cualquier tarea que hayas estado guardando para ti en secreto. Ya sabes, eso que, a pesar de toda esta optimización, sigues pensando que sólo tú puedes hacer. Sí, te estoy viendo. Te conozco. Te conozco como a mi hermano gemelo (si lo tuviera). Estamos cortados con la misma tijera, amigo. Es hora de dejar ir esa última cosa...

El día anterior a la Operación Vacaciones

1. Manda tu último correo electrónico (por las próximas cuatros semanas, claro está). Envíalo a Mike@OperationVacation.me con el asunto "¡Estoy fuera!" Soy tu socio en esto y necesito saber que has cumplido el compromiso que hiciste.
2. Pídele a tu asistente (o a la persona a la que le delegaste la revisión de tus cuentas) que cambie tus contraseñas de correo

electrónico, Facebook y cualquier otra que tengas de modo que sólo ella pueda verlas.
3. Métete en el coche. ¡Tus vacaciones te esperan!

Mientras estés fuera

1. No soy bueno para meditar en el sentido tradicional. Sentarme con las piernas entrelazadas mientras digo "om" me parece incómodo en muchos sentidos. Pero en ciertos momentos siento como que me dejo ir o como que sueño despierto. No sé cuándo sucederá eso, pero sí sé cuándo no... cuando estoy concentrado en el trabajo. Sin embargo, si me relajo y voy a caminar, ando en bicicleta, me siento en una cafetería, voy al sauna, tomo un baño largo, esos momentos mágicos de genio puro suceden. *Deja que sucedan.*
2. Ten lista una libreta de notas. Siempre. Yo tengo un pequeño libro de espiral que cabe en mi bolsillo junto con una pluma. Y mi teléfono tiene una grabadora de voz que uso para registrar ideas y pensamientos. Sólo porque no estés en la oficina no significa que no puedas registrar tus ideas o tus metas para tu negocio que luego podrás revisar cuando regreses.
3. Haz conexiones significativas. Una de las primeras cosas que se pueden cambiar en la lista de prioridades es el tiempo que pasamos con nuestros seres queridos, con amigos o con absolutos extraños que quizá tengan algo que compartir con nosotros. Nos movemos demasiado rápido para poder hacer conexiones significativas. Ahora que estás lejos, proponte escuchar a las personas que amas y detenerte a hablar con otro turista, vendedor o músico mientras vas por la calle.
4. Toma fotos. Probablemente esto lo harás de todos modos, pero la razón por la cual estoy sumando esta tarea obvia a tu lista es que necesitas por lo menos una foto memorable que ejemplifique tu experiencia de las vacaciones de cuatro semanas. ¿Por

qué? Porque cuando regreses la vas a poner en un marco en tu oficina como un recordatorio visual de todo lo que has logrado... Y como inspiración para tu siguiente viaje.

Cuando regreses

1. Ten agendada una junta general para el día en que regreses a tu oficina. Y agenda una semanal durante las siguientes cuatro semanas. Vamos a revisar, mejorar, revisar, mejorar, revisar, mejorar.
2. En tus juntas, evalúa lo que funcionó y lo que no. ¿Qué salió como esperabas? ¿Qué desafíos inesperados se presentaron? ¿Qué olvidaste atender antes de irte? ¿Qué áreas necesitan ser mejoradas? Las vacaciones de cuatro semanas van a magnificar lo que no planeaste o no previste. Proponte resolver y mejorar esas cosas.
3. Agenda tus siguientes vacaciones de cuatro semanas para dentro de un año. Esto será algo habitual. Y entonces tal vez quieras hacerlo en grande: las vacaciones de 52 semanas. O tal vez incluso las vacaciones permanentes.

Te habrás dado cuenta de que en ninguna parte de este proceso dije: "Notifica a tus clientes que estarás fuera durante cuatro semanas". El éxito máximo es cuando un cliente dice: "No me di cuenta de que no estabas". Por supuesto, si estás en un negocio en el que tu ausencia podría poner en riesgo a los clientes, debes decírselo. Por ejemplo, si eres médico, puede ser que un paciente quiera localizarte porque tiene una emergencia. O si tienes 50 clientes a los que les llevas la contabilidad y no vas a estar durante las últimas cuatro semanas de la época de declaración de impuestos (lo cual sería una mala idea), tal vez quieras notificárselos y explicarles cómo lo vas a manejar. Yo prefiero no notificar a los clientes, pero usa tu criterio profesional.

* * *

Lo sé. Te estoy pidiendo que hagas algo que en este momento de tu vida podría parecer imposible. ¿Cómo vas a planear unas vacaciones de cuatro semanas cuando estás operando sólo con *cuatro horas* de sueño al día? Quiero inspirarte para que hagas este compromiso, por supuesto, pero sé por experiencia propia que es más importante que hagas un compromiso menor.

En el transcurso de los años me han contactado incontables empresarios y dueños de negocios que han seguido el sistema Profit First, o casi. Muchas personas no siguen el sistema completo. Hacen lo mínimo requerido: apartar un pequeño porcentaje como ganancia en cada depósito. Incluso este cambio diminuto tiene un efecto muy significativo en sus negocios. Así que muchas personas me cuentan sobre su éxito, como si no pudieran creer que el simple hecho de apartar su ganancia primero funcionaría de una manera tan mágica para el crecimiento de su negocio.

Así que ahora, aunque quiero que planees estas vacaciones para que puedas diseñar tu negocio para funcionar solo, te estoy pidiendo que bajes un poco la expectativa. Mantenlo simple. Comienza por comprometerte a hacer dos cambios en tu negocio:

1. Destina 1% del tiempo a Diseñar.
2. Declara cuál es tu PAR.

Una pequeña cantidad de tiempo para Diseñar te puede ayudar a implementar los demás pasos de este libro o te puede ayudar a idear tu próximo producto maravilloso o a pensar una solución para un problema. De manera similar, el simple hecho de *estar consciente* de tu PAR cambiará la manera en que operas día con día.

Dos cambios. Eso es todo. Puedes hacerlo. Cuando seas bueno en estas cosas, puedes hacer más. Este libro estará ahí cuando estés listo para implementar todo el sistema Clockwork. Y yo estaré aquí para apoyarte, pase lo que pase.

Cierre

Me encontré con Ryan Lee como una hora antes de llegar a los estudios de MSNBC a filmar un segmento del programa empresarial *Your Business* [Tu negocio], conducido por J. J. Ramberg. En ocasiones me permiten llevar a un invitado para que vea el programa. Y cuando me llamaron para confirmar mi hora de llegada esa mañana, me dijeron que podía llevar a alguien a la grabación.

Aunque hacer un divertido recorrido por los estudios de MSNBC y los estudios de *Saturday Night Live* en el célebre edificio 30 Rock de Nueva York es tentador, es difícil encontrar quien tenga suficiente flexibilidad en su horario, aunque le digas con semanas o meses de anticipación.

Conocía a Ryan desde hacía años, pero no lo había visto nunca en persona. Pensando que quizá podía estar disponible, lo invité a ir conmigo al estudio una hora antes de la grabación. Me contestó el mensaje de texto unos segundos después: "Me encantaría. Iba a ir al cine, pero eso puede esperar. Nos vemos en una hora".

¿Al cine? Era jueves al mediodía. Seguramente Ryan se había tomado el día libre para llevar al cine a uno de sus hijos para festejar su cumpleaños o tal vez se estaba relajando durante unas horas para descansar de una agenda muy demandante.

Cuando me encontré frente a frente con Ryan descubrí que mis suposiciones no podían estar más lejos de la verdad. La realidad era que Ryan dirige Freedym, un negocio multimillonario que tiene apenas un par de empleados virtuales y funciona sólo unas pocas horas a la semana. El resto del tiempo lo pasa pensando en su negocio, haciendo estrategias para su negocio, monitoreando su negocio. Disfruta su pasatiempo de ver películas y su actividad favorita es pasar tiempo con su esposa y sus hijos. Está con ellos casi todos los días del año.

Así que me senté ahí, mientras una señorita me ponía maquillaje en la cara con el fin de prepararme para mi segmento, y le hice innumerables preguntas a Ryan.

"Tú eres la primera persona que he conocido que tiene una agenda tan flexible y que al mismo tiempo tiene un negocio exitoso. ¿Qué es lo que me he estado perdiendo?"

Ryan tomó una uva, la lanzó al aire para atraparla con la boca, pero rebotó en su mejilla. Comenzó a responder mis preguntas, mientras hacía otro intento de atrapar una uva, esta vez con éxito.

"Necesitas un sistema, Mike. Necesitas un sistema que desde el inicio del día sepas que vas a seguir durante todo el día. Y luego, reaccionar sólo cuando sucede algo inesperado. Así, monitoreas el progreso y, si no estás satisfecho con su desempeño, haces pequeños ajustes y arreglos."

Tomó una uva, me pidió que abriera la boca para tratar de atraparla y la lanzó al otro lado de la habitación. Yo, rápidamente, me incliné a un lado para atraparla y la maquillista, que no esperaba que hiciera ese movimiento repentino, me puso colorete en la nariz (el cual se suponía debía hacer que mis mejillas se vieran un poco más rosadas), lo cual provocó que mi nariz se viera muy rosa. De hecho, en una toma, parecía como que era *demasiado* amante de la bebida. La uva pasó volando, rebotó y cayó al suelo.

Ryan siguió adelante sin perder impulso. "En realidad nunca tuvimos un proceso específico, repetible, para conseguir clientes. Probamos un poco de redes sociales por aquí, unos cuantos anuncios por allá. Pero era esporádico. Realmente no podía medir si algo estaba funcionando. No entendía qué era 'normal' para nosotros y, en consecuencia, no tenía manera de saber qué necesitaba mejorar.

"Pero luego creamos un sistema que administraba una sola persona —continuó—. Lo repetimos todos los días. Lo medimos.

Y, lento pero seguro, lo mejoramos, pero nunca nos desviamos de él. Ahora sabíamos exactamente qué estábamos haciendo todos los días para atraer clientes. Sabíamos en qué lugar poner nuestros anuncios. Sabíamos qué texto usar, qué título sería atractivo y qué imágenes debíamos incluir. Luego simplemente lo medíamos. Si mis métricas mostraban que no estaba funcionando, pues entonces lo modificábamos (un elemento a la vez) hasta que funcionaba."

Ryan lanzó al aire otra uva. Y la atrapó con la boca. Escuché el sonido de la uva al aterrizar en su lengua.

"Nuestro ingreso se duplicó. Éramos predecibles. Y yo delegué el proceso a un colega que lo administra y toma decisiones para que funcione. Yo sólo veo los números, y si algo no se ve bien, investigo. Y ahora paso mucho tiempo haciendo lo que más me gusta en la vida: estar con mi familia y ver, por centésima vez, *Un lobo adolescente*, la mejor película de todos los tiempos."

Todo lo que Ryan me dijo era exacto. Todo lo que dijo funcionaba. Todo era correcto, excepto que *Un lobo adolescente* fuera la mejor película de todos los tiempos. Todos sabemos que es *Terminator 2*.

La historia de Ryan no es especial. No es algo intocable que sólo unas pocas personas tendrán la oportunidad de experimentar. Tampoco se trata de suerte, ni de karma, ni de qué tanto trabajó cuando comenzó su empresa. No se trata de las cuentas que pagó ni de los contactos que tiene. Todo se reduce a sistemas. Tal vez tu negocio esté cojeando o esté atrapado en un hoyo. Tal vez se esté ahogando en trabajo, deudas, o ambos. Puede ser que estés empezando o que estés listo para rendirte. Sean cuales sean las circunstancias, puedes tener tu propia versión de la historia de Ryan.

Ryan no es más listo ni tiene más suerte que tú. De hecho, él también solía tener dificultades con su negocio. Trabajaba como loco, tenía muchas deudas y no había cobrado un cheque por sus ganancias en tres años para poder pagarles a sus empleados. Como resultado del estrés, Ryan desarrolló un dolor en las manos tan severo que no podía abrir ni un tarro. Los pies le dolían tanto que apenas podía caminar. Hoy tiene buena salud y también su negocio.

Sin importar lo que hayas hecho o lo que no; sin importar los desafíos que enfrentas y qué errores has cometido; sin importar nada, puedes lograr tener un negocio rentable que funcione solo. Antes de que tomaras en tus manos este libro, quizá no lo sabías. Ahora estás armado con un sistema factible.

Yo creo que este sistema funciona. Y creo en ti. De hecho, sé que este sistema funciona y estoy seguro de que puedes implementarlo.

No puedo esperar a ver la foto de tus vacaciones en Maine, o en España o en la Antártica, o a dondequiera que planees ir para tus vacaciones de cuatro semanas.

Pongamos manos a la obra para diseñar tu negocio para funcionar solo… como relojito.

Agradecimientos

Creo que, de alguna extraña manera, ser el autor de un libro es como ser el líder de un grupo de música. El líder del grupo recibe toda la atención, no sólo porque esté usando pantalones de licra súper apretados, sino porque él es quien está parado al frente del escenario, gritando en el micrófono. No obstante, no habría música sin todo el grupo. Se necesita que todo el mundo trabaje en armonía para hacer música hermosa. Es un poco injusto que el líder de la banda reciba toda la atención. Así como es injusto que yo, siendo el autor, reciba toda la atención. Hay una poderosa banda conmigo en el escenario. Permíteme presentártela:

En la batería está Anjanette "AJ" Harper. Si yo soy el alma de mis libros, ella es el corazón. Todos y cada uno de mis libros han sido un esfuerzo de escritura colaborativa con AJ. Ella busca incansablemente la calidad en la escritura y la claridad en la comunicación. Por mucho, *El sistema Clockwork* ha sido el proyecto más desafiante que hemos hecho juntos. Después de seis años de trabajo y tras haber tirado a la basura un manuscrito completo (en serio), el proyecto está terminado. *El sistema Clockwork* es lo mejor de mí y lo mejor de Anjanette. Gracias, AJ.

Nuestro compositor es Kaushik Viswanath. Kaushik (se pronuncia "el mejor editor del mundo") nunca acepta que algo ya está bien hecho. Nunca. Él hizo pedazos *El sistema Clockwork* y luego ayudó a reconstruirlo para convertirlo en un libro mucho mejor. *El sistema Clockwork* es exponencialmente mejor gracias al esfuerzo de Kaushik y a su compromiso con la calidad. Gracias, Kaushik.

En la guitarra principal está Liz Dobrinska. He trabajado con Liz durante 10 años. Todos los sitios de internet, todas las gráficas e incluso la portada de *El sistema Clockwork* fueron creados por Liz. Su habilidad para tomar mis ideas y darles vida me sorprende cada vez. Gracias, Liz.

En nuestra segunda guitarra está Amber Dugger. Yo le digo mi Glam RLL, mi glamorosa responsable del lanzamiento del libro. Ella fue quien habló sobre *El sistema Clockwork* incluso antes de que el manuscrito estuviera hecho y sigue llamando la atención de la gente hacia su contenido hoy por hoy. Todo lo que hace lo hace de corazón (ésa es su parte glamorosa). Se dedica a difundir *El sistema Clockwork* porque es lo correcto. Gracias, Amber.

En el bajo está Adrienne Dorison. El bajo es el instrumento que junta todo. Adrienne hace eso con *El sistema Clockwork*. Ella lanzó RunLikeClockwork.com específicamente para apoyar a los empresarios con el sistema Clockwork. Ella es la única persona a quien le confío una responsabilidad tan importante. (Además, realmente sabe lo que hace.) Gracias, Adrienne.

En los coros está Kelsey Ayres. Nunca podré expresar toda mi gratitud por estar trabajando con Kelsey. Ella es más que mi asistente personal. Es mi mano derecha, mi cerebro completo y una amiga maravillosa. Y da la casualidad de que es el alma más amable que ha venido a este planeta. Es un honor poder trabajar contigo, Kelsey. Siempre estaré agradecido por tus incansables esfuerzos para servir a los empresarios con el sistema Clockwork. Gracias, Kelsey.

Por último, pero no menos importante, está mi mayor fan (prácticamente es una *groupie*), mi esposa Krista. Desde el fondo de mi corazón, te agradezco a ti y a nuestros hijos por apoyar mi sueño de escribir libros dedicados a erradicar la pobreza empresarial. Los amo a ti y a nuestros hijos más de lo que jamás seré capaz de expresar. Gracias por nuestro viaje juntos. Te amo.

Glosario de términos clave

ACER. Las cuatro etapas principales del flujo de negocios son: Atraer prospectos, Convertirlos en clientes, Entregar lo prometido a los clientes y Reunir o cobrar el dinero que deben pagarte a cambio. La mayoría de los negocios sigue la secuencia ACER, pero no es necesario que sea así. Algunos negocios, por ejemplo, cobran antes de proporcionar sus servicios. Y otros pueden proporcionar un servicio antes de que el prospecto se convierta en cliente.

Análisis de tiempo activo. Es el proceso de rastrear la manera en que tú, o alguien con quien trabajas, invierte su tiempo en el trabajo de manera general. Usa esta herramienta para descubrir cuánto tiempo dedicas a cada una de las 4D.

Campamento Grant's Kennebago. Ahora se ha vuelto una tradición familiar. Ninguno de nosotros caza ni pesca, así que siempre somos los raros. Pero se ha convertido en parte de nosotros. Si alguna vez vas y nos encuentras, por favor pídele a mi esposa que te cuente la "historia de los murciélagos"… es un clásico familiar.

Cheetos. Simple y sencillamente desagradables. A menos que añadas unas cuantas cervezas. Entonces ya no están tan peor. Añade aún más cerveza y entonces los Cheetos, como por arte de magia, se vuelven muy ricos.

Cliente más importante. El mejor o los mejores clientes de tu negocio, según tu opinión. Por lo general es el cliente que más te paga y con quien más disfrutas trabajar. El proceso de identificar y clonar a tu "cliente principal" está documentado en mi libro *The Pumpkin Plan*.

Compromiso. Una vez que determinas cuál es la oferta ideal de tu negocio (con base en tu capacidad y en tus deseos), identificas el tipo de cliente al que mejor servirá y te comprometes a concentrar tus esfuerzos en servir a ese tipo de cliente.

Eliminar, transferir y recortar. Toma uno de estos tres pasos para quitar el trabajo que distrae a una persona de servir al PAR o de realizar su trabajo primario. Este proceso por lo general hace que el trabajo de las fases de Dar acción y de Decidir pase a manos de empleados "de nivel más bajo" y deja en manos de los empleados "de nivel más alto" el Diseñar y el Delegar.

Fat Daddy Fat Back. El nombre de mi *alter ego* rapero. ¿Quieres saber si de verdad tengo una carrera alternativa como rapero? Tal vez deberías buscarlo en Google para descubrirlo.

Hotel Miss Maude. Un lugar que no te puedes perder si vas a Perth, Australia. Ve al bufet y prueba la tarta de manzana. Está para morirse.

Ley de Parkinson. La teoría que dice que las personas aumentan su consumo de un recurso para cumplir con el suministro. Por ejemplo, cuanto más tiempo dediques a un proyecto, más tardarás en terminarlo.

Mezcla de 4D (4D). Los cuatro tipos de actividades, y las cuatro fases de trabajo, en las que cualquier individuo en una empresa invertirá su tiempo. Estará ya sea Dando acción, Decidiendo en relación con el trabajo de los demás o Diseñando cómo hacer el trabajo. En muchos casos, los individuos estarán haciendo una mezcla de las 4D.

Mezcla de 4D óptima. La mezcla óptima para una empresa es 80% Dar acción, 2% Decidir, 8% Delegar y 10% Diseñar. Ésta no es la mezcla óptima para el empresario o dueño del negocio y no necesariamente es la mezcla óptima para todos los empleados; es la mezcla óptima para el negocio completo (que está conformado por el trabajo de muchos individuos en conjunto).

Operación Vacaciones. Un movimiento organizado por los lectores de *El sistema Clockwork* (y otras personas) que están dedicando tiempo primero para ellos y creando sus negocios en torno de esto. Es similar al método de Profit First, que consiste en apartar primero tu ganancia y luego seguir todos los pasos de ingeniería inversa para garantizar que puedas contar con esa ganancia.

Papel de la Abeja Reina (PAR). Es la función clave de tu negocio y de la cual depende tu éxito.

Sistema Profit First. Es el proceso de destinar un porcentaje predeterminado del ingreso de tu empresa directamente a una cuenta de ganancias antes de que se haga algo más con ese dinero. La distribución de la ganancia se lleva a cabo antes de pagar las cuentas. Este proceso está documentado en mi libro *La ganancia es primero*.

Trabajo primario. Es el papel más importante que realiza un empleado en su trabajo. Necesita convertirse en la prioridad, por encima de cualquier otro trabajo.

Vacaciones de cuatro semanas. La mayoría de los negocios experimenta todas las actividades en un periodo de cuatro semanas. En consecuencia, si tú, como líder del negocio, te haces a un lado de la empresa durante un periodo consecutivo de cuatro semanas, tu negocio se verá obligado a funcionar solo. Al hacer un compromiso de tomar unas vacaciones de cuatro semanas, de inmediato tendrás la mente puesta en lograr que tu empresa funcione sola.

Nota del autor

Gracias por leer *El sistema Clockwork*. Deseo profundamente que te ayude a lograr el negocio que has soñado. Espero que te lleve un paso más cerca de ello.

Me gustaría pedirte un favor, sin que te sientas obligado en lo absoluto.

Lo pido porque las reseñas son la forma más efectiva de que otros empresarios y líderes de negocios descubran el libro y decidan si les resulta útil. Si haces una reseña, aunque sea de una oración o dos, se logrará exactamente eso. Para hacerlo, simplemente ve al sitio de internet de la tienda o del lugar donde compraste el libro y manda una reseña.

Sólo espero tu retroalimentación honesta. Si te gustó *El sistema Clockwork*, por favor cuéntalo. Si lo odiaste, también dilo, por favor (sólo trata de contenerte y no insultarme). Y si el libro te dejó indiferente, por favor, también cuéntalo.

Lo que importa es que otros empresarios escuchen tu opinión sobre *El sistema Clockwork*.

Gracias. Te deseo el mejor año que hayas tenido. ¡Eres lo máximo!

MIKE

El sistema Clockwork de Mike Michalowicz
se terminó de imprimir en junio de 2019
en los talleres de
Litográfica Ingramex, S.A. de C.V.
Centeno 162-1, Col. Granjas Esmeralda, C.P. 09810,
Ciudad de México.